厚德博學
經濟匡時

本书获得上海财经大学“中央高校建设世界一流大学学科和特色发展引导专项资金资助”和“中央高校基本科研业务费专项资金资助”

区域经济学研究专题

高速铁路对中国城市发展的影响

理论分析、实证检验及政策选择

邓涛涛◎著

Impacts of High Speed Rail on Urban Development in China

上海财经大学出版社

图书在版编目(CIP)数据

高速铁路对中国城市发展的影响:理论分析、实证检验及政策选择 / 邓涛涛著. —上海:上海财经大学出版社,2021.5
ISBN 978-7-5642-3771-4/F·3771

Ⅰ. ①高… Ⅱ. ①邓… Ⅲ. ①高速铁路-影响-城市建设-中国 Ⅳ. ①F299.21

中国版本图书馆 CIP 数据核字(2021)第 079572 号

高速铁路对中国城市发展的影响

理论分析、实证检验及政策选择

著 作 者: 邓涛涛 著
责任编辑: 朱静怡
封面设计: 张克瑶
出版发行: 上海财经大学出版社有限公司
地　　址: 上海市中山北一路 369 号(邮编 200083)
网　　址: http://www.sufep.com
经　　销: 全国新华书店
印刷装订: 江苏凤凰数码印务有限公司
开　　本: 710mm×1000mm 1/16
印　　张: 17.75
字　　数: 254 千字
版　　次: 2021 年 5 月第 1 版
印　　次: 2021 年 5 月第 1 次印刷
定　　价: 78.00 元

前言

交通运输是促进城市发展的强大推动力。在宏观层面，交通基础设施作为政府调控经济的重要手段，对于促进人口流动，引导人口和产业向城市集聚具有重要作用。在微观层面，交通基础设施能够影响城市内部空间布局。20 世纪末以来，中国高速公路、高速铁路和航空运输等高速交通发展迅速，特别是近十年来中国高速铁路的大规模建设和网络化发展尤为引人瞩目。随着中国铁路跨越式发展战略的实施，中国在不到十年间即建成了世界上规模最大、运营速度最快的高速铁路网络。高速铁路的开通极大地缩短了城市间的时空距离，产生了巨大的“时空收敛”效应，这一方面加快了人力、资本、技术等生产要素的流动速度，使人口等经济要素向城市集聚；另一方面促使生产要素能在更广阔的空间上实现分配和整合，从而对中国城市发展产生全面而深刻的影响。

交通运输技术决定了区域间相互作用的广度和深度。高速铁路的开通可能会给经济发展落后的地区带来机遇。例如，高速铁路能够改善落后地区交通不便及地理空间上的劣势，促进人口的集聚。然而，交通的快速化也可能带来前所未有的挑战。一个不可忽略的事实是，高速铁路在为沿线城市经济提速带来重要契机的同时，一条贯穿的高速铁路线也加剧了城市之间对生产要素的激烈竞争。高速铁路虽然提高了各地区的交通可达性水平,但对不同区域的影响存在差异,从而对中国区域经济发展产生非均衡时空收敛效应。对于某一具体区域或城镇来说,由于区域自身条件的不同,高速铁路带来的影响可能是积极的,也可能是消极的。高速铁路将经济发展较弱的地区与经济发达地区紧密地联系在一起,一方面有助于落后地区承接发达地区的产业转移;另一方面也加快了生产要素从落后地区向发达地区聚集,从而会对落后地区的经济发展产生一定的消极作用。

当前城市间资源争夺日趋激烈,各城市之间、城市群之间竞争不断加剧。高速铁路建设引致的“同城化效应”促使各城市对人口、产业等要素的争夺更加激烈。如何以中国高速铁路网络化建设为契机,科学引导城市之间人口合理流动、土地有效开发、产业优化布局,推动城市人口、土地、产业发展,是中国快速城镇化进程中亟须解决的重大问题。

本书共七章,主要内容如下:

第一章,中国高速铁路发展历程与空间布局。本章首先回顾了中国高速铁路的发展历程及发展特点;其次依据中国《中长期铁路网规划(2016 年调整)》和《铁路“十三五”发展规划》,介绍了中国“八纵八横”主通道的高铁规划;最后分析了中国高速铁路的空间布局特征。

第二章,高速铁路对城市发展的影响:文献综述。本章主要做文献梳理回顾。首先,提出高速铁路开通带来的最直接影响是提高城市可达性,进而分析高铁带来的区域时空压缩效应;其次,就高速铁路对城市人口规模、城市空间扩张、服务业集聚三个方面分别进行重点文献回顾。

第三章,高速铁路对中国城市人口规模的影响分析。本章以区域经济学、交通地理学的经典理论为基础,对高速铁路如何影响中国城市人口规模进行探究。本章以全国 286 个地级及以上城市为研究对象,选取城市常住人口指标描述城市人口规模,探究高速铁路开通后对城市人口增量和增速的影响。本章主要解决两个问题:第一,检验高速铁路是否对城市人口规模产生影响,如果影响是显著的,其方向如何。第二,引入城市初始规模、城市地理区位、城市群以及城市产业结构等城市特征要素,探究高速铁路对不同类型城市的影响是否存在差异化,其开通后是否给沿线所有城市都带来积极影响。

第四章,高速铁路对中国城市空间扩张的影响分析。本章选用2006—2015年全国247个地级城市的面板数据对高铁影响城市空间扩张展开定量研究。实证方法上,首先运用双重差分模型识别高铁开通影响城市空间扩张的因果效应,其次从城市群内外城市、不同区位城市以及不同高铁站点位置的选择这三个角度展开分类回归,研究高铁影响城市空间扩张的异质性。

第五章,高速铁路对生产性服务业集聚的影响分析。本章通过使用2006—2015年中国286个地级市的数据,采用双重差分法回归分析了高铁开通与不同类型生产性服务业集聚之间的因果关系,并且进一步将高铁日停靠频次、高铁站位置和高铁站级别等高铁运行特征纳入实证分析,探究高铁对不同类型生产性服务业集聚的异质性影响。

第六章,高速铁路对知识密集型服务业集聚的影响:基于中介效应的检验。本章以我国286个地级及以上城市2009—2015年间的面板数据为样本,运用中介效应模型,分析高铁开通对知识密集型服务业集聚的影响。为检验间接效应是否存在以及效应传递的作用机制,本章利用中介效应模型,对中介影响度进行测量,深入探索高铁促进知识密集型服务业集聚的内在机理。

第七章,是什么原因导致了高铁站区的发展差异?来自全球夜间光线数据的证据。首先,本章建立了一个高铁站区发展评估框架,利用DMSP/OLS夜间灯光数据对高铁站区周边发展进行了定量评价。其次,对中国 124 个高铁站区的发展情况进行了较为全面的描述性分析,并阐述了研究框架的拓展应用。第三,通过计量回归分析揭示了影响高铁站区发展的因素,并为高铁引导城市发展实践提出了政策建议。

本书的主题设计、框架确定及科研组织工作由邓涛涛教授主持,各章具体分工如下:第一章,邓涛涛、赵韦舒;第二章,邓涛涛、王丹丹、胡玉坤;第三章,邓涛涛、闫昱霖;第四章,邓涛涛、刘爽;第五章,邓涛涛、代良志;第六章,邓涛涛、付滢;第七章,邓涛涛、甘晨。

邓涛涛

2020 年 12 月 30 日于上海财经大学

目 录

第一章 中国高速铁路发展历程与空间布局

第一节 高速铁路的定义

列车行驶速度是明确高速铁路(简称“高铁”)概念的关键要素。国际铁道联盟将高铁定义为行驶速度超过 200km/h 的铁路体系。国际铁路联盟(International Union of Railways,UIC)定义的高速铁路是指速度达到 250km/h 的客运专线或速度达到 200km/h 的既有线。中国将高速铁路分为两部分:一部分是通过改造达到 200km/h 的现有线路和时速达到 200～250km/h 的新建线路;另一部分是时速达到 300～350km/h 的新建线路。

中国的高铁建设最早始于 2003 年,秦沈客运专线的开通标志着第一条真正意义上的高速铁路线开始试运营。2007 年,中国进行了第六次铁路大提速,并且设立“动车组”,该组列车是以“D”开头的。2008 年,中国开通京津城际高铁线路,开始出现以“C”开头的列车编组,即城际列车。2009 年,中国的武广客运专线首次开行“G”字头列车,“G”意为“高速动车组”。目前,中国的高铁列车组同时包括了“G”“C”和“D”开头的列车。

第二节 中国高速铁路的发展历程回顾

1964 年日本“新干线”开通运营,这是世界上首条时速超过 200km/h

的铁路。此后,法国的地中海线和德国的汉诺威—维尔茨堡高速铁路相继在 70 年代和 80 年代开通。相较于日本、德国和法国,我国高速铁路起步较晚,直到 20 世纪 80 年代才被提出。经过十几年的前期规划研究,2004 年,国务院批复了《中长期铁路网规划》,并于 2008 年修编。修编后的规划提出"到 2020 年,全国铁路营业里程达到 12 万 km,主要繁忙干线实现客货分线,建设高速铁路 1.6 万 km"的目标,着力构建以"四纵四横"为中心的快速客运网的主要骨架,并以长三角、珠三角、京津冀和渤海城市群等地区为重点,建设城际高速铁路,实现高铁线路的网络布局。

尽管起步较晚,但通过学习引进国外先进技术,并经不断研发和再创新,我国成功具备了高速铁路的建设能力,在高起点上实现了高速铁路的快速发展。2008 年,我国时速达 350km 的城际高速铁路——京津城际铁路宣布开通,北京、天津之间的通勤时间由原来的 2 小时缩短至 30 分钟左右。2011 年,中国第一条自主创新、具有世界先进水平的铁路——京沪高速铁路建成通车,该条线路有效地连接了我国人口最为稠密的地区,极大地释放了铁路客运能力。开通第一年,既有线合计发送旅客 21.4 万人次,比开通前增加了 7.6 万人次,增幅达 55%,有效推动了客流增长。2012 年,世界上运营里程最长的高速铁路——京广高铁建成通车,该线路全长 2 298 公里,由北至南连接北京和广州两座特大城市,途经河北、河南、湖北和湖南四省及多个县市,大大加强了沿途城市间的经济联系。

为满足不断增长的客运需求、优化地区发展格局,中国政府在不断完善高铁的网络蓝图。2004 年国务院批复了《中长期铁路网规划》,又于 2008 年进一步完善并印发了《中长期铁路网规划(2008 年调整)》,提出"到 2020 年,建设高铁 1.6 万 km"的目标,着力构建以"四纵四横"为核心的快速客运网的主要骨架。截至 2015 年年底,超过 140 个地级市开通了高铁,基本上完成了"四纵四横"主骨架的建设。在此基础上,2016 年 7 月国家发展改革委、交通运输部和中国铁路总公司出台《中长期铁路网规划(2016 年调整)》,提出了"八纵八横"主通道的高铁建设目标。该规划提出:中期目标是 2020 年实现铁路网规模 15 万 km,高速铁路规模 3 万 km,且能够覆盖到全国 80%以上的大城市;远期目标是到 2030 年基本实现省会城市连通、地方城市快速到达和县域基本覆盖。修编后的规划强调,要在"四纵四横"的基础上,继续增加线路布局,形成以"八纵八横"为主通道的骨架结构,连接全国主要的城市群。2017 年国家印发《铁路"十三五"规划》,再次强调"十三五"期末高速铁路里程将达 3 万 km,2030 年末将形成"八纵八横"的高速铁路新格局。未来,这十六条线路将形成一张巨大的交通网,改善各地区通达性,并对城市的空间格局产生巨大影响。

目前,中国高速铁路成功跻身于世界领先行列,成为世界各国中营运里程最长、发展速度最快、客运能力最强的国家。高铁已成为我国铁路运输系统的核心竞争优势,对我国交通格局以及人们的生活出行都产生了巨大的影响。

第三节　中国高速铁路的发展特点分析

一、高速铁路线路布局迅猛

短短 8 年时间,我国高铁建设取得的成就举世瞩目。2008—2015 年年底,我国高速铁路运营里程由 1 100km 增至 19 000km,连续 6 年位居世界第一。目前,我国高铁运营里程占世界高铁运营里程的 60%以上,占我国铁路运营里程的 15.7%,且两项占比都有逐年提高的趋势。从增量来看,2015 年,我国高速铁路新增营运里程 3 300km,甚至超过了日本的总营运里程。8 年时间,中国高速铁路经历了从无到有、从技术引进到自主创新、从中国标准到世界标准的过程,高速铁路已经成为中国铁路系统的一张建设名片。

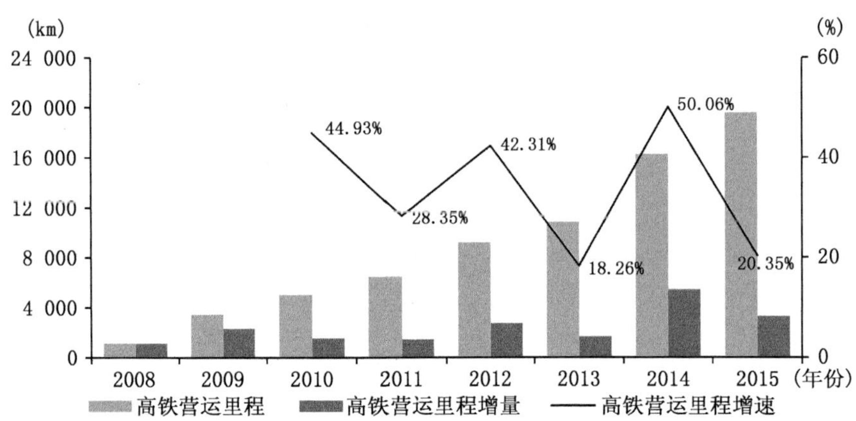

数据来源：由历年《铁道统计公报》整理得出。

图 1—1　中国高速铁路营运里程及增速

二、高速线路地区分布不均

从开通"C"字头和"G"字头高速铁路的城市个数来看，2015 年全国有 152 个地级市开通了高速铁路，其中，东部地区有 68 个，占 44.7%，地域分布明显不均(见表 1—1)。从时间演变趋势看，高速铁路建设率先在东部地区展开，这是由其较高的经济发展水平和较大的交通运输需求所决定的。中部地区和西部地区分别于 2009 年和 2010 年启动高铁建设，此后东部地区开通高铁的城市数量占比总体呈下降趋势。2014 年，东部地区开通高铁的城市数量占比首次下降到 50%以下，且仅比中部地区多 11 个。相较之下，西部地区开通高铁的城市数量仍然较少。但总体而言，高铁资源分布不均衡的问题正在缓解。

表 1—1　　　　我国各地区城市高铁开通情况

年份	通“C”或通“G”的城市地域分布				
	西部(个)	中部(个)	东部(个)	全国(个)	东部占比(%)
2006	0	0	0	0	—
2007	0	0	0	0	—
2008	0	0	2	2	100.0
2009	0	10	11	21	52.4
2010	3	15	23	41	56.1
2011	3	20	38	61	62.3
2012	3	35	50	88	56.8
2013	13	36	59	108	54.6
2014	26	51	65	142	45.8
2015	27	57	68	152	44.7

数据来源：由 2006—2015 年《全国铁路列车时刻表》整理得出。

然而，仅统计一个城市是否开通高铁是不够的。为了准确反映城市的高铁服务质量，我们对 2006—2015 年各城市和地区高铁每日停靠频次指标的变化进行了统计(见表 1—2)。数据显示，东、中、西部地区之间的高铁服务质量存在较大差距，东部地区城市实际上占据了三分之二以上的高铁资源，而占有 71%的国土面积的西部地区仅分配了 3.2%的高铁资源。同时，从增量角度看，东部地区的高铁停靠频次年增长近千次，中西部地区高铁服务水平提高得较为缓慢，特别是西部地区，年增量始终处于两位数之下，没有实现突破式发展。因此，从高铁服务质量的角度看，高铁资源地区分配不均的问题仍然较为严重。

表 1—2　　2006—2015 年东、中、西部地区高铁停靠频次变化趋势

年份	高铁日停靠频次(次)					
	“C”字头			“G”字头		
	西部	中部	东部	西部	中部	东部
2006	0	0	0	0	0	0
2007	0	0	0	0	0	0
2008	0	0	236	0	0	0
2009	0	0	214	0	256	58
2010	0	0	256	2	356	740
2011	0	0	277	16	545	1 724
2012	0	0	458	58	1 168	2 550
2013	0	0	456	47	1 423	3 452
2014	0	128	732	105	2 143	4 781
2015	125	146	1 267	190	2 734	5 260

数据来源:由 2006—2015 年《全国铁路列车时刻表》整理得出。

同时,为进一步深入了解全国范围内高铁的空间分布情况,分析不同城市间高铁资源的差异,本书利用 ArcGIS 软件绘制了全国城市 2015 年高铁停靠频次的分布图,并从省份层面对相关数据进行了统计(见表 1—3)。

表 1—3　　2015 年东、中、西部地区各省份高铁日停靠频次　　单位:次

东　部	高铁日停靠频次	中　部	高铁日停靠频次	西　部	高铁日停靠频次
北 京	495	山 西	74	广 西	89
天 津	291	内蒙古	0	重 庆	6
河 北	513	吉 林	32	四 川	127
辽 宁	130	黑龙江	10	贵 州	0
上 海	567	安 徽	478	云 南	0
江 苏	1 462	江 西	368	西 藏	0
浙 江	884	河 南	653	陕 西	93

续表

东　部	高铁日停靠频次	中　部	高铁日停靠频次	西　部	高铁日停靠频次
福建	62	湖北	435	甘肃	0
山东	664	湖南	830	青海	0
广东	1 459			宁夏	0
海南	0			新疆	0
总计	6 527	总计	2 880	总计	315
占比	67.1%	占比	29.6%	占比	3.2%

数据来源:根据 2015 年《全国铁路列车时刻表》整理得出。

从表 1—3 可以发现以下问题。第一,目前我国高铁主要集中在中部和东部地区。广州市、上海市和北京市的高铁停靠频次最高,达到了 500 次/日的水平;日停靠频次超过 100 次的城市有 26 个、超过 60 的城市有 44 个,且大部分为省会城市和副省级城市。从省份层面看,广东和江苏的日停靠频次达到了 1 400 次以上,显示了这两个工业大省巨大的客运需求。相较之下,西部地区的高铁建设较少,这与城市自身条件有一定的关系。第二,从高铁线路的分布来看,京沪高铁和京广高铁沿线城市日停靠频次较高,说明这两条线路的高铁服务水平较高,实质上反映的是东部地区形成的以北京、上海和广州三座城市为中心的强大交通枢纽网,高铁资源的分配会不自觉地向这个区域倾斜。第三,我国高铁建设任重道远。我国土地资源丰富,地域广阔。目前,“C”字头和“G”字头高速铁路仅覆盖了我国不到三分之一的国土面积,且多集中在大城市,地广人稀的西部地区和偏远地区并未享受到高铁的便利;未来,在延长高铁里程和均衡高铁资源方面,我国仍需付出较大努力。

第四节　中国高速铁路的空间布局

根据中国《中长期铁路网规划(2016 年调整)》和《铁路“十三五”发展规划》,我国的高铁网络将在已形成的“四纵四横”主骨架的基础上,进一步开拓建设“八纵八横”的主通道。

一、“四纵四横”主骨架

2008 年的《中长期铁路网规划(2008 年调整)》提出了“四纵四横”主骨架。“四纵四横”主骨架的具体内容见表 1—4。

表 1—4　“四纵四横”主骨架基本情况概览

	专线名称	沿途主要城市	通车里程
“四纵”	京沪客运专线	北京—天津—济南—徐州—蚌埠—南京—上海	约 1 318km
	京港客运专线	北京—石家庄—郑州—武汉—长沙—广州—深圳—香港	约 2 260km
	京哈客运专线	北京—承德—沈阳—哈尔滨	约 1 700km
	杭福深客运专线	杭州—宁波—温州—福州—厦门—深圳	约 1 600km
“四横”	徐兰客运专线	徐州—商丘—郑州—洛阳—西安—宝鸡—兰州	约 1 400km
	沪昆客运专线	上海—杭州—南昌—长沙—贵阳—昆明	约 2 080km
	青太客运专线	青岛—济南—石家庄—太原	约 770km
	沪汉蓉客运专线	上海—南京—合肥—武汉—重庆—成都	约 1 600km

数据来源:根据《中长期铁路网规划(2008 年调整)》整理得出。

在“四纵四横”的主骨架中,除“四横”中的青太客运专线之外,其他七条专线的通车里程都超过了 1 000km,京港客运专线和沪昆客运专线的通车里程更是超过了 2 000km。在“四纵”的线路中,有三条线路以北京为始发站或终点站,分别为京沪客运专线、京港客运专线和京哈客运专线。在“四横”的路线中,有两条专线以上海为始发站或终点站,为沪昆客运专线和沪汉蓉客运专线。

二、“八纵八横”主通道

2016 年,《铁路“十三五”规划》提出了“八纵八横”主通道的高铁规划。“八纵八横”主通道的具体内容见表 1—5。

表 1—5　　“八纵八横”主通道基本情况概览

		主要线路	途经城市群
“八纵”	沿海通道	1. 大连(丹东)—秦皇岛—天津—东营—青岛(烟台)—连云港—南通—上海—宁波—福州—厦门—深圳—北海(防城港)	京津冀、辽中南、山东半岛、东陇海、长三角、海峡西岸、珠三角、北部湾
	京沪通道	1. 北京—天津—济南—南京—上海(杭州) 2. 南京—杭州、蚌埠—合肥—杭州	京津冀、长三角
	京港(台)通道	1. 北京—衡水—菏泽—商丘—阜阳—合肥(黄冈)—九江—南昌—深圳—香港(九龙) 2. 合肥—福州—台北	京津冀、长江中游、海峡西岸、珠三角
	京哈—京港澳通道	1. 哈尔滨—长春—沈阳—北京—石家庄—郑州—武汉—长沙—广州—深圳—香港 2. 广州—珠海—澳门	哈长、辽中南、京津冀、中原、长江中游、珠三角
	呼南通道	1. 呼和浩特—大同—太原—郑州—襄阳—常德—益阳—邵阳—永州—桂林—南宁	呼包鄂榆、山西中部、中原、长江中游、北部湾
	京昆通道	1. 北京—石家庄—太原—西安—成都(重庆)—昆明 2. 北京—张家口—大同—太原	京津冀、太原、关中平原、成渝、滇中
	包(银)海通道	1. 包头—延安—西安—重庆—贵阳—南宁—湛江—海口 2. 银川—西安以及海南环岛	呼包鄂、宁夏沿黄、成渝、黔中、北部湾
	兰(西)广通道	1. 兰州(西宁)—成都(重庆)—贵阳—广州	兰西、成渝、黔中、珠三角

续表

		主要线路	途经城市群
“八横”	绥满通道	1. 绥芬河—牡丹江—哈尔滨—齐齐哈尔—海拉尔—满洲里	黑龙江及蒙东地区
	京兰通道	1. 北京—呼和浩特—银川—兰州	京津冀、呼包鄂、宁夏沿黄、兰西
	青银通道	1. 青岛—济南—石家庄—太原—银川	山东半岛、京津冀、太原、宁夏沿黄
	陆桥通道	1. 连云港—徐州—郑州—西安—兰州—西宁—乌鲁木齐	东陇海、中原、关中平原、兰西、天山北坡
	沿江通道	1. 上海—南京—合肥—武汉—重庆—成都 2. 南京—安庆—九江—武汉—宜昌—重庆	长三角、长江中游、成渝
	沪昆通道	1. 上海—杭州—南昌—长沙—贵阳—昆明	长三角、长江中游、黔中、滇中
	厦渝通道	1. 厦门—龙岩—赣州—长沙—常德—张家界—黔江—重庆	海峡西岸、长江中游、成渝
	广昆通道	1. 广州—南宁—昆明	珠三角、北部湾、滇中

数据来源：根据《铁路“十三五”规划》整理得出。

在《铁路“十三五”规划》的“八纵八横”主通道中，共有九条线路是新开辟的。“八纵”通道中新辟五条，包括京港（台）通道、呼南通道、京昆通道、包（银）海通道和兰（西）广通道；“八横”通道中新辟四条，包括绥满通道、京兰通道、厦渝通道和广昆通道。

在“八纵八横”的主通道中，有五条线路以北京为始发站或终点站，分别为“八纵”中的京沪通道、京港（台）通道、京哈—京港澳通道和京昆通道和“八横”中的京兰通道；有两条专线以上海为始发站或终点站，包括“八纵”中的京沪通道和“八横”中的沪昆客运专线。

第五节 中国高速铁路的空间布局特征分析

一、我国高铁线路在既有线路上不断拓展

我国高铁网主要线路是在原有铁路线路的基础上扩建而成，或是在已有铁路线路上新建分支而成。我国原有的铁路网络在建设时充分考虑区域之间的协调发展、发达地区和落后地区的贯通、工业区之间的互通、少数民族聚集地区及边疆地区的通达，甚至是地理环境等因素，具有经济性、合理性和政治性。在原有铁路线路上建设高铁既可以保持我国铁路运输继续发挥自身的这些功能，同时还可以进一步加速要素资源流通，促进区域经济社会协调发展。

我国建设的沿海高铁线将东部沿海地区从北到南完整地贯穿起来。在“四纵四横”的主骨架中，京哈线、京沪线和杭福深线为主要沿海线路，经过的主要城市有哈尔滨、沈阳、北京、天津、济南、南京、上海、杭州、宁波、福州、厦门和深圳等。“八纵八横”主通道的规划中专门打造了一条沿海通道，经停的主要城市有大连、秦皇岛、天津、青岛、连云港、上海、宁波、厦门、深圳和北海等。高铁沿海线路的打通，将进一步促进我国经济发达地区的人员、信息等要素的自由流通，加速释放我国东部沿海地区的经济发展效能。

为加速沿江经济带的融合和发展，我国首次打造沿江高铁通道。长江流经我国东、中、西部，辐射我国近一半的人口，地区经济产值占我国总产值的近 50%，是我国经济活动最活跃、经济产值最大、经济发展形态最发达的地区之一。在“四纵四横”的主骨架中，沪汉蓉线是主要的沿江线路，经过主要城市有上海、南京、合肥、武汉、重庆和成都等。在“八纵八横”的主通道中，也专门打造了一条沿江通道，沿线的主要城市有上海、南京、合肥、安庆、武汉、九江、宜昌、重庆和成都等。沿江高铁线的建成，将我国沿江地区的公路、水路和铁路运输方式共同联通，将长江流域各地区

更紧密地连接在了一起，有助于加强长江上、中、下游各区域各产业的合作发展。

二、中国高速铁路贯通主要城市群

从高铁网路已经建成的“四纵四横”主骨架来看，在“四纵”中，京沪高铁线路连接着京津冀城市群、山东半岛城市群和长三角城市群；京港高铁线路贯通了京津冀城市群、长三角城市群和珠三角城市群；京哈高铁线路使得京津冀城市群和辽中南城市群连通在了一起；杭福深高铁线路贯穿了长三角城市群、海峡两岸城市群和珠三角城市群。

在“四横”中，徐兰高铁线路将长三角城市群、关中城市群和中原城市群连接在一起；沪昆高铁线路连通了长三角城市群和长江中游城市群；青太高铁线路贯通了山东半岛城市群和京津冀城市群；沪汉蓉高铁线路连通长江沿岸的长三角城市群、长江中游城市群与西部的川渝城市群。

“四纵四横”主骨架连通的主要城市群情况见表1—6。

表1—6　　“四纵四横”主骨架连通的主要城市群情况概览

	线路名称	连通城市群
“四纵”	京沪客运专线	京津冀城市群、山东半岛城市群、长三角城市群
	京港客运专线	京津冀城市群、长三角城市群、珠三角城市群
	京哈客运专线	京津冀城市群、辽中南城市群
	杭福深客运专线	长三角城市群、海峡两岸城市群、珠三角城市群
“四横”	徐兰客运专线	长三角城市群、关中城市群、中原城市群
	沪昆客运专线	长三角城市群、长江中游城市群
	青太客运专线	山东半岛城市群、京津冀城市群
	沪汉蓉客运专线	长三角城市群、长江中游城市群、川渝城市群

注：十大城市群分类参考国家发改委国地所课题组《我国城市群的发展阶段与十大城市群的功能定位》。

数据来源：根据《中长期铁路网规划（2008年调整）》整理得出。

从高铁网路未来规划的“八纵八横”主通道来看，在“八纵”中，沿海高铁线和京哈—京港澳高铁线都连接了五个城市群。具体来看，沿海通道将辽中南城市群、长三角城市群、山东半岛城市群、海峡两岸城市群和珠三角城市群连接在了一起，而京哈—京港澳通道缩短了辽中南城市群、京津冀城市群、中原城市群、长江中下游城市群和珠三角城市群之间的陆运交通时间；呼南高铁线将关中城市群和西部地区进一步联系在一起；京昆高铁线贯通着京津冀城市群、关中城市群和川渝城市群；包（银）海高铁线和兰（西）广高铁线作为新辟通道都将关中城市群和川渝城市群融合起来，兰（西）广高铁还连接到了珠江城市群。

“八纵”中的京沪高铁线和“四横”时期一样，贯通京津冀城市群、山东半岛城市群和长三角城市群；“八纵”中的京港（台）高铁线依然联通着京津冀城市群、长三角城市群和珠三角城市群，这说明京沪高铁和京港（台）高铁这两条高铁线在“四横”阶段就已经建设得相当完善。

在“八横”中，绥满高铁线开辟在中国东北边疆地区，主要为国际贸易的进出口活动服务；京兰高铁线将京津冀城市群和该城市群的西部省市贯通在一起；青银高铁线连接了关中城市群和京津冀城市群；陆桥高铁线连接着辽中南城市群、长三角城市群、中原城市群和关中城市群；沿江高铁线将分别位于长江上、中、下游的川渝城市群、长江中游城市群和长三角城市群连接在一起；沪昆高铁线贯通了长三角城市群和长江中游城市群；厦渝高铁线连通了珠三角城市群、长江中游城市群和川渝城市群；广昆高铁线在珠三角城市群和该城市群北部地区建立了高铁通道。

“八纵八横”主通道所贯通的主要城市群情况见表1—7。

表 1－7　　　　　**“八纵八横”主通道连通的主要城市群情况概览**

	线路名称	连通城市群
“八纵”	沿海通道	辽中南城市群、长三角城市群、山东半岛城市群、海峡两岸城市群、珠三角城市群
	京沪通道	京津冀城市群、山东半岛城市群、长三角城市群
	京港（台）通道	京津冀城市群、长三角城市群、珠三角城市群
	京哈—京港澳通道	辽中南城市群、京津冀城市群、中原城市群、长江中下游城市群、珠三角城市群
	呼南通道	关中城市群
	京昆通道	京津冀城市群、关中城市群、川渝城市群
	包（银）海通道	关中城市群、川渝城市群
	兰（西）广通道	关中城市群、川渝城市群、珠三角城市群
“八横”	绥满通道	无
	京兰通道	京津冀城市群
	青银通道	关中城市群、京津冀城市群
	陆桥通道	辽中南城市群、长三角城市群、中原城市群、关中城市群
	沿江通道	长三角城市群、长江中游城市群、川渝城市群
	沪昆通道	长三角城市群、长江中游城市群
	厦渝通道	珠三角城市群、长江中游城市群、川渝城市群
	广昆通道	珠三角城市群

注：十大城市群参考国家发改委国地所课题组《我国城市群的发展阶段与十大城市群的功能定位》。

数据来源：根据《铁路“十三五”规划》整理得出。

第二章　高速铁路对城市发展的影响：文献综述

高速铁路作为一种新型运输工具，在城市化发展中起到了重要的支撑作用。其速度快、效率高、输送能力强、时效性好的特点，促使传统的时空距离得到压缩，加快了区域与城市间人口、资源和信息等经济要素的流动，带来的不仅是经济版图和产业布局的重构，同时影响了人们的价值观念和生产生活方式。

第一节　高速铁路引致的时空压缩效应研究

一、高速铁路开通对可达性的影响

高速铁路开通产生的最直接影响就是可达性(accessibility)提升，缩短城市间的时空距离。可达性最早由 Hansen 在 1959 年提出，指使用某种交通系统在特定的时间内从某地到达指定地点的便利度。但追溯其最早的来源，在古典区位论中便有所体现。杜能(1826)的农业区位理论、韦伯(1909)的工业区位理论、克里斯泰勒(1933)和廖什(1940)的中心地理论中均提到运输成本是影响城市区位的重要因素，而作为反映运输成本基本指标的可达性便是在这样的背景下产生的。可达性分为“内部”和“外部”两个层面(贺剑锋，2011)：其中，城市“外部”可达性反映城市在区域交通体系中的交通便捷程度，“外部”可达性提高会极大地减弱城市与外界的空间距离阻碍、缩短通勤时间，有利于在更大范围内实现资源的优化配置。高铁开通能显著提高城市的“外部”可达性，提高城市在区域交通体系中的地位，实现在区域内的产业升级和功能重新定位。

国外学者对高铁影响区域可达性的实证研究始于 20 世纪 90 年代，主要研究对象包括泛欧高铁网络(英国城际铁路、法国 TGV 高铁、西班牙 AVE、德国 ICE)、日本新干线等。可达性曾广泛应用在评价区域内部交通基础设施和经济发展上。Gutierrez(1996)对跨欧洲高速铁路网所引起的欧洲各城市可达性变化进行研究，并预测 2010 年可达性较低的区域面积比 1993 年将大幅度减少，高速铁路网的建设可以提高欧盟整体的经济竞争力。Levinson(2012)研究了美国 2012 年高速铁路发展规划，认为高速铁路开通虽然有利于提高可达性，但在建设过程中产生了高昂的机会成本、对沿线城市产生了空间分割以及噪声污染等，这些弊端和挑战是不容忽视的。

近年来，高速铁路和可达性的研究在国内得到了快速发展。我国学者的研究虽然较晚，但内容丰富。多数学者认为高速铁路开通有利于提高城市可达性，改善落后地区的区位劣势，从而使省际可达性趋于均衡化(罗鹏飞，2004；蒋海兵等，2010；孟德友和陆玉麒，2011；冯长春等，2013)。黄洁等(2016)还提出，高速铁路有利于提高中国省会城市的经济可达性，而且对消除不同城市铁路服务价格和铁路服务消费能力分布的不公平性有明显作用。但也有部分学者认为，高速铁路所提高的可达性强弱具有地带性规律，可能进一步扩大区域差异。

为刻画高铁带来的“时空收敛”效应，国内外学者开始利用“可达性”工具衡量高铁带来的空间效应。对可达性的度量，学术界一般是采用加权平均旅行时间、市场潜力、日常可达性三种指标来计算。大多数学者认为高速铁路对城市可达性水平提升有积极作用。吴威等(2009)分析了在铁路客运背景下可达性的空间格局，指出不同指标均呈现以郑州为核心的中心—外围格局，而且呈现出地域差异，京广线以东(含京广沿线)地区明显优于西部地区。何丹和杨犇(2013)、杨金华(2014)利用日常可达性、加权平均旅行时间等指标分别对皖北地区和湖南城市群的可达性变化进行衡量,发现高铁开通后,区域内部可达性和区域外部可达性均获得了较大提升,但变化的空间差异较为明显,位于高铁线路重要节点的城市成为最大受益者,可达性的区域分布极化趋势可能加剧。冯长春等(2013)采用加权平均旅行时间作为高速铁路可达性的评价指标,通过与普通客运对比来研究高铁时代中国省际可达性及空间格局变化,研究结果发现高速铁路的建成大大缩短了旅行时间,可达性大大改善。方大春和孙明月(2014)则是运用了城市间引力和城市通达度测量可达性,最终也是得出高铁对城市交通可达性具有积极作用的结论。汪德根和章鋆(2015)利用成本加权栅格法分析了高铁对长三角地区都市圈可达性的影响,研究认为高铁扩展了长三角地区一日交流圈范围,高铁站点城市将成为时间收敛效应最大的受益者。钟业喜等(2015)通过测量和比较中心城市的一日交流圈在高铁开通前后的地理变化,发现中心城市一日交流圈向着高铁线路的方向继续扩展。由此可见,高铁改善了城市的可达性,促使城市突破自身地理区位对其发展的限制。汪德根和章鋆(2015)研究了长三角地区五大都市圈(上海、杭州、合肥、南京和徐州都市圈)在高铁开通前后可达性和一日交流圈辐射范围的变化,结果显示,都市圈中的高铁站城市的时间收敛效果最好,其他城市的可达性也有所提高,但幅度不大,另外,五大都市圈的外延都明显沿高铁线路向外扩展,说明高铁对都市圈的空间拓展具有较强的轴向引导作用。姜博等(2016)结合 ArcGIS 空间分析手段探究高铁通车前后沿线城市可达性的动态变化,并得出可达性东、中部强于东北,东北强于西部,纵向强于横向的地带性规律。文娉和韩旭(2017)通过测量高铁城市的加权平均旅行时间,实证得出高铁开通后,高铁城市到其他城市的加权平均旅行时间的平均值降低,说明高铁对沿线城市的可达性具有提升作用。

还有学者从某一高铁线通车前后影响的微观角度展开分析。哈大高铁通车后,沿线城市可达性得到大幅度提高,时空收敛效应显著,加速了东北地区的空间重构,其中,沿海经济带和沈阳经济区就是由辽中南城市群进一步分化而成,哈长经济区也由两个城市群重组而成(姜博等,

2014)。郑西高铁的开通大幅度缩短了沿线五个城市的空间距离,根据空间引力模型计算的可达性指标显示,五个城市可达性的平均增长率约为69.06%,但由于受站点等级与客运组织等因素的影响,不同城市可达性增长的幅度不同(刘志红和王利辉,2017)。以上研究说明,高速铁路确实能显著提高沿线城市的可达性,对城市群、都市圈的形成和重构有着重要的导向意义,但可达性的变化存在较大的空间差异,和城市自身条件、交通系统状况、客运组织以及高铁站点的设立位置等都有较大关系。

二、高速铁路开通产生的时空收敛效应

高速铁路引致的时空收敛效应主要通过改变城市与区域的可达性而实现。高铁通过提升交通可达性加速着区域经济一体化,强化了区域中心向周围地区的经济辐射,促进周边城市的经济增长。以对欧洲高铁的研究为例,Spiekerman 和 Wegener(1994)指出欧洲高铁打破了沿线地区曾经的封闭状态,缩短了区域间的时空距离。

现有大部分文献是通过从城市可达性指标和城市一日交流圈测度高铁缩短城市间时空距离的差异,结果显示不同地区均因高铁产生时空收敛但是这种收敛的程度不同(钟业喜等,2015;文嫮和韩旭,2017)。王姣娥和丁金学(2011)使用最短路线测量可达性,并且进一步给出了对时空收敛效应的解释——中国高铁的地理分布与中国经济、人口格局呈现高度相关,高铁为经济活动和乘客流动节省时间成本的同时,促使沿线地区的"相对区位"发生变化。龙玉等(2017)认为高铁缩短城市之间的通达时间会促进沿线城市增加获得风险投资的机会,这种影响同时也将对城市的经济创新和产业升级起到积极的作用。

三、高速铁路开通对经济的促进作用

高铁经济是指凭借高铁建设带来的相关优势条件,使得一系列生产要素和消费要素在高铁沿线地区集聚发展,以此实现区域范围内资源优

化配置的经济态势(刘继广和沈志群,2011)。高速铁路通过提高设站城市的可达性,降低运输成本,促进区域间要素的流动和集聚。Spiekerman和Wegener(1994)指出欧洲高铁网络通过使沿线城市之间的联络加强,缩短城市之间的时空距离,加快了一体化进程。法国高速铁路建设完成后,有超过70%的公司员工乘坐高速铁路往来于里昂与巴黎之间,这些员工主要从事服务业,出行目的主要是与公司的核心决策或管理技术服务相关(Froeidh,2005)。Takatsu(2007)认为日本新干线开通带来的运输速度提升、成本节约效能,满足了经济发展的交通运输需求。Chen和Hall(2012)发现高铁将英国沿线城市到达伦敦的时间缩短到2个小时内,使得沿线区域的经济互动更加便利和频繁,进而给沿线区域的经济发展带来了更多的机遇。日本的新干线铁路在建成之后促进沿线城市的产业得到充分发展,与未开通新干线站点城市相比,开通城市在城市基础设施建设、工业、零售以及批发等产业方面,增长率提高了16%～34%(李廷智等,2013)。Guiraoa等(2017)通过对马德里2004—2015年数据的实证分析,得出高铁建设对劳动力雇佣增加发挥了正面作用的结论。蓝宏和荣朝和(2017)认为日本通过分阶段高铁骨干线路建设,在区域内集聚生产要素,不断释放高铁促进人口、知识和技术流通的潜力,进而促进经济增长。

针对中国高铁的经济效应,学者们进行了大量的研究,目前学术界普遍认可高铁的建设重塑中国经济空间,拉动区域经济增长的观点(Jia等,2017;张博,2017)。徐长乐和郇亚丽(2011)提出长三角地区、环渤海地区和珠三角地区的区域内互达时间将在2020年左右依次缩短在3个小时内、2个小时内和1个小时内,因而,高铁切实使得沿线城市进一步发挥了同城效应,在区域一体化方面起到了促进作用。董艳梅和朱英明(2016)使用PSM-DID模型,分析开通高铁的城市和未开通高铁的城市在就业、工资和经济增长上的差异,最终的结果是高铁建设直接或者间接作用于这三个方面,改变着中国的空间经济。

四、高速铁路开通产生的非均衡效应

高铁开通会强化人口密度大和经济发展水平高的城市对资源的集中,同时带来区域不均衡的加剧和区域发展的两极分化(Monzón 等,2013;Vickerman,2015;邓涛涛等,2016)。张学良和聂清凯(2010)认为高速铁路具有负溢出效应和替代效应,一方面可能使要素流向发达地区,对落后地区产生消极影响;另一方面对其他运输工具(如航空、公路等)具有替代性,可能产生市场风险。Chen(2012)认为高速铁路的发展会引起城市之间剧烈的时空收敛和变迁,同样也会带来很多的发展机遇和挑战,城市之间发展不平衡、政治竞争、体制因素是中国空间经济重构时面临的三个巨大挑战。方大春和孙明月(2014)从城市吸引力和交通通达度的角度进行研究,提出高铁对省会大城市的影响效果比中小城市突出。高铁促进经济要素和资源向禀赋较好的城市聚集,对经济落后且资源匮乏的区域可能带来经济发展的停滞(李想和杨英法,2014;林晓言等,2015;Givoni,2016)。来逢波等(2016)通过构建因果检验模型分析区域产业结构,发现高铁对产业的优化作用具有滞后性,在同一条铁路线上各个城市会因自身的集聚力不同而产业转型速度也不一。Li 等(2016)和 Diao(2018)研究发现高铁影响下的中小城市在吸引投资上表现不及大城市,中小城市面临吸引外来投资地位边缘化或负向的处境。此外,有研究表明高铁促进经济增长在中国东部表现更为明显(Chen 等,2016;Diao,2018)。

针对高铁带来的区域发展失衡研究,王雨飞和倪鹏飞(2016)使用空间计量和超制图学的方法检验了高铁建设和经济发展之间的关系,发现经济基础较差的地区在高铁建成之后正处于被边缘化的过程中。张克中和陶东杰(2016)采用 2001—2012 年城市数据进行实证研究,发现高铁的"虹吸效应"在东部地区表现强烈,一座城市受到高铁负面影响的程度与其和中心城市之间的距离呈负相关。张俊(2017)选取 2008—2013 年首次开通高铁的县作为处理组并建立了 DID 模型,采用夜间灯光数据分析得出了高铁开通对县级市有正向溢出效应，但是这种效应在县级单位并没有显著表现。

第二节　高速铁路对城市人口规模的影响研究

在高速铁路对城市发展的众多影响中，城市规模是重要方面。城市规模反映城市各要素的集聚和扩散程度，是城市特征的重要体现，一定程度上反映了城市的社会、经济问题。城市规模主要表现为城市人口规模，高铁对人口流动的影响反映了一种动态过程，而对城市人口规模的影响则体现了一种最终的状态。

一、城市人口规模理论研究

（一）城市人口规模的概念和研究内容

城市人口规模是表征城市的重要指标，其概念和内容都是依托于城市这一经济实体而存在的。城市规模反映了城市各要素的集中和扩散程度，是社会、经济和环境的综合数量概念（刘玲玲和周天勇，2006）。广义的城市规模涵盖了经济规模、人口规模和用地规模，是从经济要素的集聚数量、城市人口数量、城市建成区的土地面积三方面来描述城市大小的（韩本毅，2010）。陈宽民和马超群（2003）认为，城市在空间层面的发展与变化，主要表现在城市人口规模变化和占地面积的变化上，而城市用地规模又通常受制于人口规模。因此从这个意义上看，狭义的城市规模即指城市人口规模，在各类官方划分标准和经济理论中也是用人口规模作为衡量城市规模的指标。

我国统计城市人口规模主要依靠人口普查数据。目前，国内各统计资料中所公布的城市总人口、城市市辖区人口或城市非农人口都属于户籍人口的范畴。但在实际中，随着中国人口流动性明显提高，城市外来人口逐渐增多，户籍人口已经不能完全表示一个城市的真实规模。对于外来人口多的城市，户籍人口数量比真实人口数量要少；对于外来人口少的城市，户籍人口数量则偏多。因此，需要用更科学的方法统计城市人口规模（周一星和于海波，2004）。从 2010 年开始，国家开始公布地级市常住人口数据，与户籍人口数据相比，这一数据可以更科学地刻画城市真实的人口数据，据此本书选取常住人口数据作为研究数据。

目前，国内关于城市人口规模的研究内容，主要包括了城市人口规模对城市发展的综合影响（柯善咨和赵曜，2012；孙斌栋和李琬，2016）、城市人口规模预测与最优规模研究（孙久文等，2015；陈海燕和贾倍思，2006；张强和周晓津，2014；刘洁等，2013）、城市人口规模的政策研究（孙文凯等，2011；吴家浩等，2011；邹一南和李爱民，2013）、城市人口规模的等级与时空演化研究（蒲英霞等，2009；刘妙龙等，2008；魏后凯，2014）。

（二）城市人口规模的影响因素研究

关于城市人口规模的影响因素研究，目前主要可以分为单一因素研究和综合因素研究。

单一因素研究主要是指某一因素对城市人口规模产生的影响机制以及影响效果分析。王垚等（2015）利用有序响应模型对中国地级以上城市进行实证研究，发现自然条件优越，行政级别较高的城市人口规模扩张更明显，尤其是行政等级优势，对城市规模扩张有明显的促进作用。项本武等（2012）以受教育程度作为影响因素，通过实证检验得出人力资本积累存在溢出效应，且可以有效促进城市规模扩张的结论。宋晓丽等（2016）利用省际贸易数据，研究出口贸易对城市人口规模分布的影响，结果表明，出口贸易对不同地理区位的城市影响程度不同，对东部城市人口规模的集中有明显促进作用，但对中部和西部地区作用不显著，甚至有分散作用。

综合影响因素研究是以城市人口规模为研究对象，综合分析其影响因素的研究相对较多，研究成果也相对较为成熟。Au 和 Henderson（2006）认为城市规模的影响因素主要包括一个地区的资本存量、市场潜力以及产业结构等。韩本毅（2010）通过数理模型分析城市人口规模的影响因素，认为城市人口规模本质上是城市供给和需求两方面共同作用的结果，具体影响人口规模的因素涵盖了技术创新、土地或住房价格、城乡收入差距以及城市公共政策等方面。朱传耿等(2008)认为城市的经济、社会和消费要素影响了城市人口规模,但经济结构要素影响的相关性较低,不是主要因素。钟少颖(2013)研究1978—2008年中国城镇人口增长后认为,不同时期影响人口增长的因素有差异,但总体来看,固定资产投资、外商直接投资等经济因素以及区域与城市发展战略、户籍制度等社会政策因素始终是重要影响因素。段瑞君(2013)基于分位数回归方法,将城市规模的影响因素归纳为城市经济规模、社会公共服务、城市教育水平或知识溢出、城乡收入差距等方面,并认为不同因素对不同人口规模的城市影响程度不同。覃一冬(2012)基于Zipf法则推算城市人口分布的演化影响,将影响因素归纳为经济地理因素、新经济地理因素与经济政策因素。夏怡然等(2015)分析人口流入的原因,将其归纳为城市经济发展水平、经济或产业结构、人口初始规模等方面,结果表明上述因素都对城市规模的扩大有促进作用,而初始人口规模越大的城市,人口流入越多。邱德荣和陈建军(2016)认为城市内部因素首先通过影响城市房价或房租进一步影响城市人口规模,并将城市内部因素分为城市生产率、城市便利程度、城市税负以及征地成本,前两者为正向影响,后两者为负向影响。

二、交通基础设施对城市人口规模的影响

从历史角度来看,交通运输方式尤其是铁路的发展,都对城市规模产生了重要影响。美国铁路在19世纪得到快速发展,以此为基础,促使美国人口流动速度加快,从而使劳动力结构发生变化,推动了制造业以及服务业的发展(顾宁,2003)。借助铁路发展,美国国内市场重新整合,更低的迁移成本以及西部地区更为丰富的资源使得投资者获取更高的收益,最终带动西部地区的城市化进程(王磊等,2001)。在加拿大,太平洋铁路改线的决定改变了加拿大西部的发展方向,形成了开发时期的城市化格局和模式(傅成双,1999)。在我国城市发展过程中,铁路也起到了重要作用。滇越铁路建设完成后,沿线城市的人口增长率得到大幅提升,高于同时期的其他城市,对云南省完成城镇化起到了重要作用(何云玲等,

2010)。铁路运输促进人口由农村向城市转移,促进城市规模扩张,促进资本向城市集聚,加速了近代中国城市化的进程,对新兴城镇的诞生和发展都具有重要影响(姜益和徐精鹏,2000;王先明和熊亚平,2006)。另外,从可达性角度,王振波等(2010)分析了可达性和人口分布之间的关系,结果表明中国县域可达性以“黑河—腾冲”线为明显分界线,这与中国人口密度的分界线相一致,两者呈现明显的相关性。

三、高速铁路对城市人口规模的影响

(一)高速铁路与人口流动

高速铁路和人口流动存在相互影响的关系。一方面,人口的空间分布与高铁走向基本吻合,是高铁规划和布局的主要影响因素之一;另一方面,高铁建成后,缩短了时空距离,改变了人群的出行方式、目的、频次,加快了人口流动,影响了人口的空间分布,因此二者之间具有较强的空间耦合性(丁金学,2015)。

关于高速铁路对人口流动的影响,可以概括为以下几种主要观点:

第一,微观层面上,高速铁路会改变人群的跨区域移动方式。高铁在一定程度上是对交通方式的重新配置。从人群出行方式选择的角度来看,高铁优于航空,一是成本较低,二是正点率较高,更有利于实现两地通勤。与传统铁路相比,高铁的优越性体现在速度快、正点率高上。因此,只要票价合理、在乘客可以接受的范围内,高铁出行的优势就更大(王缉宪和林辰辉,2011)。景鹏和隽志才(2013)对镇江市老火车站、高铁站和汽车站的乘客进行问卷调查,结果发现,人们在选择交通方式时,更多会受到社会环境的影响,而人口统计特征在不同交通方式上的影响有显著性差异。从人群的出行目的来看,吴康等(2013)对北京、天津四个站点的乘客进行问卷调查,结果表明,人群跨城流动的行为选择和城市功能相互联系,京津城际高铁主要承担了商务出行和旅游出行的客运交通职能。张文新等(2012)对南京、苏州、上海和杭州四城市旅客的消费情况进行问卷调查,通过计算高铁建成前后的城际可达性与不同消费类型之间的相关性,得出长三角地区城际高速铁路对城际文化娱乐、休闲消费空间有较大影响,而对城际实物商品消费空间影响较小的结论。城际高速铁路的建成促进了文化娱乐旅游等休闲消费。

第二,高速铁路影响人口流动的最大媒介是就业。高铁带动的就业可以分为两方面:一方面是在规划和建设高速铁路过程中所带来的直接就业;另一方面是在建成后通过刺激产业发展而间接引致的劳动力需求,从而使得就业岗位得以增加(骆玲,2013;孙婷,2008)。

第三,在城市和区域层面上,高铁对人口流动的影响与城市自身发展水平相关。李祥妹等(2014)通过对沪宁高铁沿线的城市研究,发现城市人口流动的方向与城市对外的经济影响力有关,影响力越高的城市,对高铁沿线城市人口的吸引力越强。在沪宁沿线上,上海对城市人口的吸引力最强,镇江市最弱,但后者人口流入的速度较快,说明高速铁路开通后,促进了沿线城市的人口流入趋势。Brotchie(1991)研究日本新干线,发现建有新干线站点的城市人口增长更明显,相比于未设站城市,平均人口增长率高出22%。

第四,高速铁路促使人口流动的方向存在争议性。观点一是单向流动,高速铁路对沿线城市的人才集聚作用存在差异,对一些中小城市而言,高速铁路的发展可能会导致人才的流失(张萃,2009;刘建彬和崔源,2011;卢旭和许豪,2011;李翠军,2011)。观点二是双向流动,资源在不同城市之间同时存在着扩散与集聚,高速铁路加速了人口和劳动力在大城市与中小城市之间的流动,促使劳动力市场在空间上由不均衡转向均衡(魏后凯,2010;张鑫曦,2010;蒋吉德等,2011)。

(二)高速铁路与城市人口集聚

针对高铁的人口聚集效应,国外学者多采用对比分析和定性分析对此进行研究。Sasak(1997)在研究高铁的人口集聚效应时,先做出了一个假设——日本新干线建设会抑制经济活动和人口在空间上的集聚作用,并通过构建一个供应导向的区域经济模型来验证这个假设,但结果表明新干线的建设不仅不会导致人口和经济活动的扩散,反而会随着高铁的开通促进人口和产业的集聚，并推动商业、贸易、房地产等服务业的繁荣发展。不过，Chen 和 Hall(2011)以英国城际 125/225 为例研究高铁的人口效应时，却得出相反的结论，他们发现高铁的人口效应具有复杂性，高铁的开通可能导致人口从大都市向郊区迁徙。国内学者一般采用实证方法对高铁的人口效应进行分析。Garmendia(2012)通过对西班牙、伦敦和马德里案例分析发现，高铁将郊区到城市中心原本需要 2 小时的通勤时间缩短至 25 分钟，节省了人们的通勤成本，从而促进了人口的集中和大都市的一体化发展。王垚和年猛(2014)利用 2007—2010 年全国 284 个城市的数据进行研究，发现高铁在开通的最初两年会抑制城市人口的增长，但到 2010 年这种影响转变为正向，存在一定的滞后性；高铁站点对于附近 50～100km 范围的其他城市还表现出明显的空间溢出效应。覃成林等(2014)在高速铁路提高城市可达性的前提下探究可达性与城市人口增长的关系，发现城市可达性每提高 1 个百分点，可引起人口增长 0.67 个百分点。宋晓丽和李坤望(2015)则是以我国自 1997 年以来实施的 6 次铁路提速为自然实验，利用 DID 模型考察了铁路提速的人口扩张效应，结果显示，铁路提速后设站城市比未设站城市的人口规模增加了 35.2 个百分点，但是这种促进作用在短期中并不显著。

当前，国内外学者已经开始关注到对于不同类型的城市，高铁的影响也有所不同。有些学者认为，高铁会进一步加快原本的区域中心城市发展，边缘化发展落后的城市，尤其从城市规模角度度量，高速铁路更有利于大城市的发展而对小城市产生更多的负面作用。骆玲(2013)认为，在高铁建成初期，对于发展已经较为成熟、拥有较强竞争力的城市，高铁会进一步促进其发展，产生积极正向的区域经济效应；而对于原本处于弱势地位的中小城镇，高铁的开通可能会加快其要素的外流，使其更容易处于边缘化地位。赵渺希(2012)认为开通高速铁路之后，沿线城市的资本、技术、人才等要素会流入中心城市，进一步促使中心城市的要素集聚和经济发展，而对其他沿线城市不利。Gutierrez(1996)、Coto-Millán(2007)对欧洲高铁研究，认为处于欧洲不同地区的国家或城市受高速铁路的影响不同。高速铁路更容易促进欧洲中部城市的经济发展，而对于处在边缘的城市，如西班牙、葡萄牙的部分城市，则使其边缘化的程度加深。Webber(1976)以旧金山海湾地区的城际高速铁路为例，认为高速铁路促使人口流动速度加快，造成部分城市人口流出，使得城市内部土地价值贬值。也有学者认为，高铁对不同城市的影响存在阶段性的特点，长期来看，高速铁路可以促进区域协调发展。王姣娥等(2014)认为在高铁发展初级阶段，城市间相互作用在东中西部呈现地带性规律：东部地区城市间相互作用力更强，且对外有更强的经济引力，但随高铁发展的不断成熟，西部地区成为更大的受益者，东中西部之间的联系会不断加强，从而使得城市群在空间上得以重构，最终促进了区域一体化的发展。

从研究方法上看，王垚和年猛(2014)利用 DID 模型方法分析 2007—2010 年中国高铁对城市规模扩张的影响，研究发现，高铁对城市发展影响具有复杂性的特点，对城市规模的影响在 2009 年之前为负效应，2010 年后才转为正效应。覃成林等(2014)研究高速铁路对城市人口增长的影响，并计算出在铁路提速的影响下，城市可达性每提高 1%，城市人口增长 0.67%。宋晓丽和李坤望(2015)利用倍差法，消除人口初始规模差异和人口自然增长因素的干扰，最终得出只有在长期作用下高速铁路才会对城市人口规模产生显著影响的结论。宋文杰等(2015)则是将可达性的内容做进一步延伸，并以此为指标直接分类判断高速铁路对不同规模城市发展的影响，结果表明第三产业在大城市具有空间极化发展特点，而处于大城市之间的小城市则受扩散效应影响，呈现均衡发展趋势。从研究数据上看，上述研究均选用市辖区人口作为城市规模的度量指标。

第三节　高速铁路对城市空间扩张的影响研究

一、关于交通基础设施与城市空间扩张的相关研究

鉴于交通基础设施与城市扩展极强的关联性，国内外学者对此展开

了大量深入的研究。一种是从可达性的角度，主张交通基础设施是推动城市扩展的重要动力（Chow 和 Loo，2008；毛蒋兴和闫小培，2004；李京涛等，2014）。Iacono 和 Levinson（2016）考察了明尼苏达州 20 年来道路网络增长与县级城市发展之间的关系，并测试了道路网络增长对人口和就业地点的影响，认为道路网络通过输出可达性影响人口和就业地点，进而对城市扩张产生影响。Narain（2017）介绍了印度西北部地区一个村庄的交通和城市发展，认为若要使城市化进程得以可持续发展，必须利用交通基础设施改善连通性和可达性，从而连接城市与乡村，以及连接发展中的城市和中心城市，使边缘城市也可共享城市化进程。金自军（2009）以西安市为例，从定性和定量两个方面详细论述了城市轨道交通对城市空间结构的影响，他认为城市快速轨道交通能显著提高城市的相对可达性，促进多中心模式的形成。刘明皓等（2012）利用可达性因子对瑞典的土地利用动态规划进行分析，结果发现，可达性因子可有效改善城市土地利用模式；未来城市外围更多的会沿交通干线进行拓展，城市空间形态的变化与城市交通互动具有明显的相互作用关系。冯志新等（2014）以东莞市为例，利用遥感影像提取了城市 2000 年、2005 年和 2009 年的城市用地数据，发现城市新增用地密度和东莞市交通设施密度之间存在高度相关关系：道路密度越大，城市用地面积扩张的速度越快。不过，焦利民等（2016）的研究结果较为不同，他从城市群视角分析了长三角地区城市 1980—2010 年间的空间扩张动态过程，发现交通路网对城市扩张的影响先增强后减弱，城市扩张在 2000—2010 年间呈现空间收敛效应。李善同和王菲（2017）认为在我国城市空间形态的发展过程中，多层次的公共交通网络起到了重要作用，有效加强了城市间经济联系，引导人口、产业向城市的集聚，推动沿线区域空间规模的扩大。

另一种是基于城市扩张与交通互动关系的研究，主张城市交通系统的建设和布局会影响城市扩展的方向和发展模式（Aljoufie 等，2013；Hasibuan 等，2014；潘竟虎和戴维丽，2015）。Mundia 和 Aniya（2005）利用 GIS 绘制了 1976—2000 年内罗毕市土地利用和景观覆盖变化的空间动态图,图像显示,内罗毕市建成区沿着主要道路呈现线性增长。Qiu(2009)和 Xie 等(2016)分别以酒泉市和广州市为研究对象,调查了交通道路与城市化变化的过程,研究结果显示,交通线路在城市扩张中起着非常重要的作用,城市景观结构主要沿着交通道路的横断面变化,但不同类型的道路影响存在差异,相对省级道路来说,国道对城市景观的变化影响更大。Tian 和 Wu(2015)考察了主要道路和河流对城市化时空变化特点的影响,发现城市面积与距离主要道路的远近关系密切,主要道路深刻影响着城市的城市化格局。王雪微等(2015)利用统计分析方法对长春市的土地扩张进行研究,发现长春市的土地扩张是"交通要素驱动制",城市建成区扩张和耕地收缩沿交通干线表现出明显的廊道效应,这种廊道效应与城市和交通干线之间的距离具有很大的关系,距离越近,建设用地所占面积的比例越大。王海军等(2016)利用空间句法的扩张强度指数对广东省棉湖镇的扩展特征进行深入研究,研究区间为 2002—2014 年,发现城镇整体沿主要交通干线的扩展呈现星状扩展模式,城市扩展强度和交通网络扩充强度具有较强的一致性,呈现先高速后放缓的趋势。

20 世纪 30 年代开始,以高速公路和铁路为代表的快捷交通开始迅速发展,推动了资本、人力和技术等重要生产要素在区域范围内的自由配置,进一步促进了城市空间结构的演化重组。在此背景下,许多学者选择对特定类型的道路交通方式进行分析,独立评估它们对城市空间结构的影响,高速公路和铁路是他们的主要研究对象。

高速公路为城市提供了可行的外围空间拓展方向。城市边缘地区是城镇建设进程中最受关注的敏感地带,高速公路的建设会触发这种开发建设中的敏感性。对于用地较为紧张的城市中心,迫切需要一个疏散的突破口,而对于需要进一步城市化的乡村和郊区,也需要一个接轨城市中心的渠道,由此,城市拓展将先以高速公路出入口区域的开发建设为依托,由点及线的展开。Song 等(2016)以中国东部高度城市化交通枢纽杭嘉湖平原为例,探讨了高速公路与农田损失之间的相互作用,研究结果表明,1990—2010 年杭嘉湖平原经历了快速的公路建设,使得农田用地明显减少,严重破坏了区域景观,且城市地区最先发生农田损失之后蔓延到农村,从反面论证了公路建设加快城市扩张的观点。Balakrishnan(2016)对印度的班加罗尔—迈索尔高速公路进行了比较案例分析,发现高速公路沿线的村庄得到了较好的经济发展和规模扩张,其他地区也发生了一系列与城市化相关的变化。Barbara 等(2017)利用 1980—2010 年 2 495 个瑞士市镇的大样本数据对影响瑞士城市扩张的各种经济因素进行分析,发现交通可达性提高是导致城市蔓延的关键因素。国内相关研究有从单一城市扩张的角度展开,如上海市外环线以西的高速公路通过对其出入口地区进行辐射而推动小城镇经济发展,但这种影响还受制于小城镇自身的发展基础(曹秀婷和林涛,2010)。重庆市主城区在"二环八射"的高速道路交通格局下,突破了平行低山岭谷的阻隔,特别是"八射"高速的建成使研究区存在的通道效应可以沿高速通道延伸到更远的区域(李阳兵等,2014)。除此之外,更多学者是从区域扩张和城市群发展的角度出发进行研究。如沪宁线的建成不仅提高了华东地区的交通便捷性,增加区域经济联系的频率,更开拓了沿线城市扩张方向的渠道,这些城市扩张的过程体现的是城市带的建设雏形,不同于一般意义上的城市单纯空间上的拓展(赵学彬和耿虹,2004)。长三角地区城镇发展主要得益于沪宁、沪杭和杭甬高速公路的建设(车前进等,2011)。京津冀地区新增城市用地围绕各市中心和高速公路沿线分别呈圈层和轴线式扩张(曾馨漫等,2015)。中部地区城镇化也呈现明显的"高等级公路偏好"(柳思维等,2011)。

对于铁路运输来说,铁路站点是城市对外联系的重要依托,有效承担着城市在区域交通网络中的节点性角色。因此,铁路网对城市空间扩张的影响往往以铁路站点为门户,随着扩展的深入,进而实现纵深发展。如怀化市的扩展就主要得益于 20 世纪 70 年代的铁路建设,城市的扩展先沿着铁路一边切入,形成紧凑度高的城市形态,进而越过铁路,沿着枝状形态扩展,最后在土地充分扩张后纵向深入发展,实现了城市形态由紧凑到松散再到紧凑的扩张过程(杨立国和周国华,2010)。朱桃杏等(2011)

研究京津冀区域铁路交通网络结构时发现,该地区铁路交通各节点的联动性和控制力较强,但各城市之间存在差异,也因此决定了城市在区域发展中所处的梯队。在规划城市铁路网建设时,应结合各城市产业特征和合作关系,优化铁路线路和班次的规划,实现协调发展。孙平军等(2012)在对全国 246 个地级城市空间扩张的非协调性进行研究时指出,中国城市空间扩展效率低下与区际功能匹配性差有关,而铁路干线对城市功能地位的影响颇大,铁路干线城市的功能地位要大于非铁路干线城市的功能地位。

进入 21 世纪,我国高速铁路开始飞速发展,并吸引了大批学者关注高速铁路这一交通方式对城市空间扩展的影响。上述学者们的研究成果对高速铁路的空间效应研究具有重要的参考价值。

二、关于高速铁路与城市空间扩张的相关研究

高铁站对城市扩张的作用与其自身具有的运输节点和空间载体的“双重身份”密切相关。作为生产要素、知识和信息实现快捷、通畅流动的重要载体,高铁能显著提高城市可达性和降低交通成本;而高铁“运输节点”身份所带来的聚集效应能促使城市完成区域资源的空间配置和优化重组,增强城市的集聚功能,吸引劳动力和产业等在城市和区域层面的聚集,扩大经济规模,进而导致用地需求的扩张。

关于交通的土地增值效应最早可追溯至城市空间经济学理论,该理论从交通成本和地租的角度出发,探究城市交通和土地价值之间的关系。其代表性人物威廉·阿朗索(2011)在《区位与土地利用》一书中,通过建立一个城市土地价值模型来解释城市内部土地价格和土地利用的空间形态,认为地块距离城市中心的距离越远,所需要付出的交通费用越高,进而人们愿意为地块付出的价格就越低,因此,土地价值随着地块距市中心距离的增加而下降,市中心土地价值最高,郊区的土地价值最低。近年来,随着城市快速交通系统的逐步完善与优化,城市可达性得到质的提高,探究轨道交通和铁路对城郊土地增值的影响已成为学者关注的焦点。

目前关于高铁的土地增值效应的研究较少,更多的是聚焦于高铁建设对周边城市的土地开发模式和规划利用的影响,在方法上基本都是采用案例分析和对比分析法。林辰辉(2011)认为,高铁枢纽可通过触媒效应,不断改善周边生产要素之间的自由流动,形成一种城市开发的联动反应,给站点周边地区带来显著的开发机遇。窦迪(2012)深入探讨了城市高铁站点周围区域的土地开发策略、开发模式和功能规划等具体问题,对城市高铁站点如何确认开发项目内容、开发规模以及如何做等问题给出了系统的解答。周曦(2016)发现高铁站区的开通显著促进了土地价值的提升,分析其机制,主要是通过对外可达性、对内可达性和区位因素等渠道产生作用,当然,不同规模的城市由于其自身土地条件和原有交通设施水平的差异,高铁的土地增值效应也有一定差别。初楠臣等(2016)以哈大高铁沿线的 19 个城市为研究对象,从列车运行时间、票价以及停靠频次等多个角度出发,比较分析了高速铁路和普通铁路的交通成本差异和沿线区域土地价值差异,结果发现高铁沿线城市土地价值要远大于普速列车沿线城市,其中,哈尔滨、沈阳、长春和大连 4 个城市土地价值的提升最为明显。

第四节　高速铁路对服务业集聚的相关研究

一、高铁对服务业集聚的影响

交通运输对产业的影响强度随产业的不同而变化,这主要取决于运输成本在具体产业的产品成本中所占比例。由于高速铁路以客运为主,并不能显著提高大宗货物的运输效能,因此高速铁路对生产要素流动性强的第三产业有重要影响,尤其是对以强调快速运输、资讯传递与流通的行业影响最为显著。第三产业的发展对于人的流动性要求更高,高速铁路的开通能够显著提高城市的可达性,降低人们到达该城市的交通成本,从而促进第三产业的集聚。大多数学者认为,高速铁路建设可以使经济要素向城市流动，促进基于知识经济的服务业在城市集聚，特别是旅游业和服务业（Sands，1993；汪德根等，2015；汪建丰和翟帅，2015；邓涛涛等，2017；董艳梅和朱英明，2016）。学者们关于高铁建设对服务业发展的研究主要从三方面展开。

一是大量文献肯定了高铁运营对服务业集聚的促进作用。英国在高铁网覆盖全国后，中西部地区发展商务旅游，获得66亿英镑收入，同时提供了11.5万个就业岗位（Banister 和 Berechman，2001）。Chen 和 Hall（2012）提出高铁降低人们的交通成本，有助于知识经济以及服务业的发展。Verma 等（2013）认为高铁通过降低交通成本，促进服务业发挥集聚经济优势。Cheng 等（2015）研究了1999—2008年欧洲8个大都市区中心城市及其周围区域产业结构的变化，发现高速铁路开通后，专业化指数在下降，中心区与周围区域产业结构相似性增加，他认为这是都市区经济一体化的表现。胡天军和申金升（1999）通过测算京沪高速客流诱发率，发现高铁建成之后沿线客流量都有所增长，因而得出高铁运营促进沿线餐饮业、旅游业等第三产业发展的结论。京津城际高速铁路开通后，由休闲、观光等目的所引发的跨城流动促进了旅游产业的发展，在2008年的天津旅游业的增长中，高速铁路的贡献率达到35%（吴康等，2013）。李廷智等（2013）认为各地区对服务业发展的需求也会促进高铁的开通建设。董艳梅和朱英明（2016）基于全国地级市的数据进行实证检验，以就业反映城市的产业聚集水平，结果发现高铁的产业聚集效应存在区域和产业异质性，高铁对中东部城市高附加值产业的就业影响显著。邓涛涛等（2016）利用DID模型对长三角地区25个城市进行实证分析，定量计算出高铁开通和城市旅客流量之间的关系，结果表明，高速铁路所提高的城市可达性每上升1%，城市游客数量对应提高1.02%，长三角高速铁路网络的建成对沿线城市旅游业有促进作用，并且这种作用呈现逐渐增大的趋势。蒋华雄等（2017）通过使用市场潜力模型测度城市各个产业受高铁影响的程度，分析得出高铁分别通过促进制造业型城市的一般服务业发展和扩大服务业型城市的高端服务业比重来加速沿线城市的产业结构升级。刘芳(2018)通过对中国 2006—2015 年省份数据建立计量模型并分析后，得出高铁与中国知识密集型服务业从业人员数量的提高有显著的正向关系，同时高铁建设通过增加固定资产投资对中国中西部地区知识密集型服务业发展产生显著推动作用。

二是从具体产业类别角度研究，多数学者都认为高铁将会使服务业获得最大收益，尤其是旅游业，这主要是因为服务业离不开人员的流动和商务、购物、休闲等经济活动的交流。高铁作为一种快捷便利的交通出行工具，缩短了游客和旅游目的地的时空距离，降低了游客外出游玩的时间成本，因此，旅游业在高铁建设过程中受到明显的影响。从国外高铁发展经验来看，日本新干线的建设为沿线旅游城市带来了大量客流，促进了观光旅游活动的繁荣和商务、餐饮、休闲等服务业的发展，欧洲里尔项目的实施为里尔的旅游业带来新的蓬勃生机(Pol，2003)。从国内高铁发展经验来看，多数学者认为，中国高铁改善了城市旅游交通的可达性，沿线地区旅游产业从中受益(穆成林等，2015；邓涛涛等，2016)。蔡卫民和熊翠(2011)研究高铁将单一线路旅游向环型、基营式旅游转变并以高铁促进湖南温泉旅游业的发展作为例子给予解释。葛全胜和席建超(2015)也认可高铁带来了旅游业发展格局从点到面的变化。Givoni(2016)认为高铁开通促进了英国旅游业的发展。蓝宏和荣朝和(2017)发现日本新干线促进了沿线城市服务业比重的提高，加速劳动力向第三产业的输入。在高铁带来的区域间旅游业发展差距的问题上，汪德根(2013)认为高铁产生的中心城市辐射边缘地区的作用弱于中心城市的极化作用，所以高铁总体上是拉大了区域旅游的发展差距。胡静等(2015)对比了湖北省高铁开通前后有关旅游产业的集聚水平的经验数据，发现高铁开通以后，湖北省旅游产业的集聚水平出现了明显的提升。汪德根等(2015)认为高铁通过缩短区域间的时间距离和空间距离，使高铁旅游带上各都市圈的联系更加紧密，但同时存在旅游高地对旅游洼地产生虹吸现象。穆成林等(2015)对比了高铁开通前后长三角地区城市间的旅游经济联系强度，认为高铁改变了该地区的旅游交通格局，提升了各旅游城市的可达性水平。

邓涛涛等(2016)发现高铁开通后,非高铁城市旅游业客流量的提升不如高铁沿线城市。

三是从企业选址集聚效应角度研究。Bonnafous(1987)通过前后对比的方法,识别了法国高速铁路对大巴黎地区和罗纳—阿尔卑斯大区企业商业行为的影响,结果表明,法国高铁显著影响企业的商业行为,使两地联系更加密切,尤其促进了两地高端服务业的联系。Sands(1993)认为在法国企业区位选择过程中,是否有高铁站仅是考虑因素之一,还需要考虑企业利润率、市场邻近性、公共支持、其他交通网络的完善程度等方面。Willigers 和 Wee(2011)关于荷兰企业办公区位选址的调查研究很有代表性,他们对兰斯塔德地区 167 家企业管理者设计了企业区位选择的调查问卷,并根据问卷结果中的统计数据进行实证分析,发现高铁站点的设立及其服务水平会从较大程度上影响企业的区位选择。不过,世界银行对中国企业的调查出现了不同的结果,仅有两家国际贸易类企业明确表示其区位选择在一定程度上考虑高铁,相对而言,制造业企业选址主要考虑政策、土地、交通以及物流节点等因素,这也进一步支持学者们从具体产业分类研究时所得出的高铁刺激第三产业发展的结论。

二、高铁对生产性服务业集聚的影响

高铁网络缩短了城市间的通达时间,提高了生产要素的流动效率,因而对经济要素流动性强的生产性服务业有着十分重要的影响。目前,学术界对高铁与生产性服务业的关系的研究较少。覃成林和杨晴晴(2016,2017)对此展开了研究,他们使用 2003—2012 年全国 218 个城市的数据通过修正了的引力模型对不同城市之间的经济联系强度进行测算,得出的结论为高铁开通后城市经济联系度的提高同时带动生产性服务业集聚程度的增强,并发现高铁运营时长与城市生产性服务业集聚速度呈显著正向相关。此外,覃成林和杨晴晴(2016,2017)还采用核密度估计法测算生产性服务业空间布局变化受高铁影响的过程,最后提出我国生产性服务业就业者在高铁经过区域集聚,高铁仅对沿线城市生产性服务业的集聚差异呈显著影响,以及交通网络发达的城市成为生产性服务业集聚的核心城市。蓝宏和荣朝和(2017)研究日本东海道新干线对产业的影响并在最后建议部分提到中国在生产性服务业替代制造业的过程中应做好规划应对就业人口的流动以及消除高铁的负面影响。在高铁对生产性服务业的消极影响上,唐荣和顾乃华(2017)对2004—2014年全国地级数据进行检验,发现无论是在中国的东部、中部还是西部,高铁的开通运营对上游生产性服务业发展起到的是负向效应。

参考文献

[1]曹秀婷,林涛.高速公路沿线小城镇发展的比较研究——以上海S20以西地区为例[J].上海经济研究,2010(7):107－115.

[2]蔡卫民,熊翠.高铁发展对湖南省温泉旅游格局的影响研究[J].热带地理,2011(3):328－333.

[3]车前进,段学军,郭垚,等.长江三角洲地区城镇空间扩展特征及机制[J].地理学报,2011,66(4):446－456.

[4]陈海燕,贾倍思.紧凑还是分散?——对中国城市在加速城市化进程中发展方向的思考[J].城市规划,2006(5):61－69.

[5]陈宽民,马超群.城市道路设施对经济发展作用的定量分析[J].交通运输工程学报,2003(2):93－95.

[6]初楠臣,姜博,李晓庆,等.哈大高铁沿线广义交通成本与土地价值增值分析[J].交通运输系统工程与信息,2016,16(2):19－24.

[7]丁金学.我国高速铁路对人口流动的影响分析[J].综合运输,2015(12):40－45.

[8]段瑞君.中国城市规模及其影响因素研究——来自284个地级及以上城市的经验证据[J].财经研究,2013(9):82－94.

[9]冯长春,丰学兵,刘思君.高速铁路对中国省际可达性的影响[J].地理科学进展,2013(8):1187－1194.

[10]邓涛涛,王丹丹,程少勇.高速铁路对城市服务业集聚的影响[J].财经研究,2017,43(7):119－132.

[11]邓涛涛,赵磊,马木兰.长三角高速铁路网对城市旅游业发展的影响研究

[J]. 经济管理,2016,38(1):137—146.

[12]董艳梅,朱英明. 高铁建设的就业效应研究——基于中国285个城市倾向匹配倍差法的证据[J]. 经济管理,2016(11):26—44.

[13]董艳梅,朱英明. 高铁建设能否重塑中国的经济空间布局——基于就业、工资和经济增长的区域异质性视角[J]. 中国工业经济,2016(10):92—108.

[14]窦迪. 城市高铁客运站周边区域开发策略研究[D]. 上海:交通大学,2012.

[15]方大春,孙明月. 高速铁路建设对我国城市空间结构影响研究——以京广高铁沿线城市为例[J]. 经济学动态,2014(3):136—141.

[16]冯志新,陈颖彪,千庆兰,等. 东莞市交通路网格局对城市空间扩张影响研究[J]. 地球信息科学学报,2014,16(1):79—86.

[17]傅成双. 加拿大太平洋铁路与开发时期的西部城市化[J]. 史学理论研究,1999(4):101—109.

[18]顾宁. 美国铁路与经济现代化[J]. 世界历史,2003(6):57—66.

[19]葛全胜,席建超. 新常态下中国区域旅游发展战略若干思考[J]. 地理科学进展,2015(7):793—799.

[20]韩本毅. 影响城市人口规模的机制及实证[J]. 当代经济科学,2010(2):83—89.

[21]胡天军,申金升. 京沪高速铁路对沿线经济发展的影响分析[J]. 经济地理,1999(5):101—104.

[22]何云玲,刘晓芳,张林艳,田娥. 滇越铁路与云南近代主要城镇人口的变化[J]. 地域研究与开发,2010(3):67—72.

[23]贺剑锋. 关于中国高速铁路可达性的研究:以长三角为例[J]. 国际城市规划,2011,26(6):55—62.

[24]何丹,杨犇. 高速铁路对沿线地区可达性的影响研究——以皖北地区为例[J]. 长江流域资源与环境,2013,22(10):1264—1275.

[25]黄洁,钟业喜,李建新,文玉钊. 基于高铁网络的中国省会城市经济可达性[J]. 地理研究,2016(4):757—769.

[26]胡静,程露萍,周密. 高铁对湖北省旅游产业集聚水平的影响[J]. 重庆交通大学学报(社会科学版),2015,15(5):22—26.

[27]蒋华雄,蔡宏钰,孟晓晨. 高速铁路对中国城市产业结构的影响研究[J]. 人

文地理,2017(5):132—138.

[28]蒋海兵,徐建刚,祁毅.京沪高铁对区域中心城市陆路可达性影响[J].地理学报,2010(10):1287—1298.

[29]蒋吉德,彭峰,卢朝.论我国高铁建设给区域经济带来的机遇与挑战[J].广西大学学报(哲学社会科学版),2011,S1:8—9.

[30]姜博,初楠臣,王媛,等.高速铁路影响下的城市可达性测度及其空间格局模拟分析——以哈大高铁为例[J].经济地理,2014,34(11):58—62.

[31]姜博,初楠臣,修春亮,赵映慧,李晓庆,罗冲.中国"四纵四横"高铁网络可达性综合评估与对比[J].地理学报,2016(4):591—604.

[32]姜益,徐精鹏.铁路对近代中国城市化的作用探析[J].上海铁道大学学报(医学辑),2000(7):57—60.

[33]焦利民,唐欣,刘小平.城市群视角下空间联系与城市扩张的关联分析[J].地理科学进展,2016,35(10):1177—1185.

[34]金自军.城市轨道交通与城市空间布局结构优化分析——以西安市为例[J].新西部月刊,2009(5):154—155.

[35]景鹏,隽志才.人口统计特征对都市圈城际出行方式选择行为意向影响分析[J].统计与决策,2013(20):75—78.

[36]柯善咨,赵曜.城市规模、集聚经济与资本的空间极化——基于我国县级以上城市面板数据的实证研究[J].财经研究,2012(9):92—102.

[37]来逢波,刘春梅,荣朝和.高速铁路对区域经济发展的影响效应及实证检验[J].东岳论丛,2016(6):120—127.

[38]蓝宏,荣朝和.日本东海道新干线对城市群人口和产业的影响及启示[J].经济地理,2017,37(8):93—98.

[39]李想,杨英法.高铁经济效应的两面性及对策[J].云南社会科学,2014(2):94—97.

[40]林晓言,罗燊,朱志航.区域质量与高速铁路社会效用——关于高速铁路建设时机的研究[J].中国软科学,2015(4):76—85.

[41]李廷智,杨晓梦,赵星烁,梁进社.高速铁路对城市和区域空间发展影响研究综述[J].城市发展研究,2013(2):71—79.

[42]李祥妹,刘亚洲,曹丽萍.高速铁路建设对人口流动空间的影响研究[J].中

国人口·资源与环境,2014(6):140－147.

[43]李翠军.高铁效应对武汉发展的影响分析[J].科技创业月刊,2011(7):3－5.

[44]李善同,王菲.我国交通基础设施建设对城市化的影响及政策建议[J].重庆理工大学学报(社会科学版),2017,31(4):1－5.

[45]李京涛,周生路,吴绍华.道路交通网络与城市土地利用时空耦合关系——以南京市为例[J].长江流域资源与环境,2014,23(1):18.

[46]李阳兵,邵景安,赵岩洁,等."二环八射"道路格局对重庆地区建设用地扩展演变特征的驱动[J].地理科学,2014,34(3):288－294.

[47]刘玲玲,周天勇.对城市规模理论的再认识[J].经济经纬,2006(1):112－115.

[48]刘洁,苏杨,魏方欣.基于区域人口承载力的超大城市人口规模调控研究[J].中国软科学,2013(10):147－156.

[49]刘建彬,崔源.高铁带来的人才冲击波[J].中国人才,2011(9):19－21.

[50]刘妙龙,陈雨,陈鹏,陈捷.基于等级钟理论的中国城市规模等级体系演化特征[J].地理学报,2008(12):1235－1245.

[51]刘继广,沈志群.高铁经济:城市转型的新动力[J].广东社会科学,2011(3):20－26.

[52]刘芳.高速铁路建设对知识密集型服务业发展的影响:一个实证[J].科技进步与对策,2018,35(3):132－139.

[53]刘明皓,王耀兴,李东鸿,等.可达性因子影响下城市土地利用动态模拟——以瑞典 Jonkoping 市为例[J].经济地理,2012,32(12):145－150.

[54]刘志红,王利辉.交通基础设施的区域经济效应与影响机制研究——来自郑西高铁沿线的证据[J].经济科学,2017,5(2):32－46.

[55]林辰辉.我国高铁枢纽站区开发的影响因素研究[J].国际城市规划,2011,26(6):72－77.

[56]柳思维,徐志耀,唐红涛.公路基础设施对中部地区城镇化贡献的空间计量分析[J].经济地理,2011,31(2):237－241.

[57]龙玉,赵海龙,张新德,李曜.时空压缩下的风险投资——高速铁路通车与风险投资区域变化[J].经济研究,2017(4):195－208.

[58]卢旭,许豪.高铁经济下沿线中小城市发展的思考[J].东方企业文化,2011

(10):120.

[59]罗鹏飞，徐逸伦，张楠楠.高速铁路对区域可达性的影响研究——以沪宁地区为例[J].经济地理，2004(3):407—411.

[60]骆玲.高速铁路对沿线城镇发展的影响[J].西南民族大学学报(人文社会科学版)，2013(5):109—113.

[61]毛蒋兴，闫小培.城市交通干道对土地利用的廊道效应研究——以广州大道为例[J].地理与地理信息科学，2004，20(5):58—61.

[62]孟德友，陆玉麒.高速铁路对河南沿线城市可达性及经济联系的影响[J].地理科学，2011(5):537—543.

[63]穆成林，陆林，黄剑锋，汪莹，邓洪波.高铁网络下的长三角旅游交通格局及联系研究[J].经济地理，2015，35(12):193—202.

[64]潘竟虎，戴维丽.1990—2010年中国主要城市空间形态变化特征[J].经济地理，2015，35(1):44—52.

[65]蒲英霞，马荣华，马晓冬，顾朝林.长江三角洲地区城市规模分布的时空演变特征[J].地理研究，2009(1):161—172.

[66]覃一冬.我国城市人口规模分布演化影响因素研究[J].人口与经济，2012(4):21—26.

[67]覃成林，朱永磊，种照辉.高速铁路网络对中国城市化格局的影响[J].城市问题，2014(9):9—15.

[68]覃成林，杨晴晴.高速铁路对生产性服务业空间格局变迁的影响[J].经济地理，2017，37(2):90—97.

[69]覃成林，杨晴晴.高速铁路发展与城市生产性服务业集聚[J].经济经纬，2016，33(3):1—6.

[70]邱德荣，陈建军.城市内部因素对中国城市人口规模扩张的影响[J].重庆大学学报(社会科学版)，2016(1):40—49.

[71]宋文杰，朱青，朱月梅，孔翠翠，史煜瑾，顾永涛.高铁对不同规模城市发展的影响[J].经济地理，2015(10):57—63.

[72]宋晓丽，李坤望.交通基础设施质量提升对城市人口规模的影响——基于铁路提速的实证分析[J].当代经济科学，2015(3):19—26.

[73]宋晓丽，沈得芳，张玉.出口贸易对我国城市人口规模分布的影响——基于

我国省级数据的实证研究[J].经济问题探索,2016(4):156－163.

[74]孙平军,修春亮,王绮,等.中国城市空间扩展的非协调性研究[J].地理科学进展,2012,31(8):1032－1041.

[75]孙斌栋,李琬.城市规模分布的经济绩效——基于中国市域数据的实证研究[J].地理科学,2016(3):328－334.

[76]孙久文,张超磊,闫昊生.中国的城市规模过大吗——基于273个城市的实证分析[J].财经科学,2015(9):76－86.

[77]孙婷.高速铁路对城市发展的影响[J].现代城市研究,2008(7):82－87.

[78]孙文凯,白重恩,谢沛初.户籍制度改革对中国农村劳动力流动的影响[J].经济研究,2011(1):28－41.

[79]唐荣,顾乃华.高铁建设与上游生产性服务业发展——基于PSM-DID的实证检验[J].经济与管理研究,2018,(7):58－68.

[80]王缉宪,林辰辉.高速铁路对城市空间演变的影响:基于中国特征的分析思路[J].国际城市规划,2011(1):16－23.

[81]王姣娥,丁金学.高速铁路对中国城市空间结构的影响研究[J].国际城市规划,2011(6):49－54.

[82]王姣娥,焦敬娟,金凤君.高速铁路对中国城市空间相互作用强度的影响[J].地理学报,2014(12):1833－1846.

[83]王磊,伍新木,Michael Latham.铁路、人口流动与城市化——略论美国西部开发模式[J].城市规划汇刊,2001(6):70－74.

[84]王先明,熊亚平.铁路与华北内陆新兴市镇的发展(1905—1937)[J].中国经济史研究,2006(3):149－157.

[85]王垚,王春华,洪俊杰,年猛.自然条件、行政等级与中国城市发展[J].管理世界,2015(1):41－50.

[86]王垚,年猛.高速铁路与城市规模扩张——基于中国的实证研究[J].财经科学,2014(10):113－122.

[87]王振波,徐建刚,朱传耿,祁毅,徐璐.中国县域可达性区域划分及其与人口分布的关系[J].地理学报,2010(4):416－426.

[88]王海军,夏畅,张安琪,等.基于空间句法的扩张强度指数及其在城镇扩展分析中的应用[J].地理学报,2016,71(8):1302－1314.

[89]王雪微,王士君,宋飏,等.交通要素驱动下的长春市土地利用时空变化[J].经济地理,2015,35(4):155—161.

[90]汪建丰,翟帅.高铁经济效应对区域发展机制转型的影响研究[J].华东经济管理,2015(11):76—80.

[91]汪德根,陈田,陆林,王莉,ALAN August Lew.区域旅游空间结构的高速铁路效应及机理——以中国京沪高速铁路为例[J].地理学报,2015,70(2):214—233.

[92]汪德根.武广高速铁路对湖北省区域旅游空间格局的影响[J].地理研究,2013,32(8):1555—1564.

[93]汪德根,章鋆.高速铁路对长三角地区都市圈可达性的影响[J].经济地理,2015,35(2):54—61.

[94]王雨飞,倪鹏飞.高速铁路影响下的经济增长溢出与区域空间优化[J].中国工业经济,2016(2):21—36.

[95]文嫮,韩旭.高铁对中国城市可达性和区域经济空间格局的影响[J].人文地理,2017,32(1):99—108.

[96]威廉·阿朗索.区位和土地利用[M].北京:商务印书馆,2011.

[97]魏后凯.中国城镇化进程中两极化倾向与规模格局重构[J].中国工业经济,2014(3):18—30.

[98]魏后凯.走向互动融合的城乡协调发展——《走向2020年的我国城乡协调发展战略》评介[J].城市发展研究,2010(8):136.

[99]吴家浩,高少慧,许维栋.我国城市规模政策研究[J].中国集体经济,2011(9):41—42.

[100]吴康,方创琳,赵渺希,陈晨.京津城际高速铁路影响下的跨城流动空间特征[J].地理学报,2013(2):159—174.

[101]吴威,曹有挥,梁双波,曹卫东.中国铁路客运网络可达性空间格局[J].地理研究,2009(5):1389—1400.

[102]夏怡然,苏锦红,黄伟.流动人口向哪里集聚?——流入地城市特征及其变动趋势[J].人口与经济,2015(3):13—22.

[103]徐长乐,郇亚丽.高铁时代到来的区域影响和意义[J].长江流域资源与环境,2011,20(6):605—654.

[104]项本武,张鸿武,王珅.人力资本积累对城市规模扩张的影响——基于中国

地级及以上城市面板数据的实证检验[J]. 中南财经政法大学学报,2012(6):15—20.

[105]杨金华. 高速铁路对湖南城市群可达性的影响[J]. 人文地理,2014(2):108—112.

[106]杨立国,周国华. 铁路枢纽城市空间扩展特征及机制研究——以怀化市为例[J]. 热带地理,2010,30(2):173—177.

[107]曾馨漫,刘慧,刘卫东. 京津冀城市群城市用地扩张的空间特征及俱乐部收敛分析[J]. 自然资源学报,2015(12):2045—2056.

[108]赵渺希. 全球化进程中长三角区域城市功能的演进[J]. 经济地理,2012(3):50—56.

[109]张萃. 高速铁路对城镇体系发展影响的研究[D]. 天津:南开大学,2009.

[110]张强,周晓津. 我国大城市人口规模估算与调控路径选择[J]. 西部论坛,2014(2):1—16.

[111]张博. 高速铁路对我国区域经济发展影响研究[J]. 东南大学学报(哲学社会科学版),2017,19:132—133.

[112]张俊. 高铁建设与县域经济发展——基于卫星灯光数据的研究[J]. 经济学(季刊),2017,16(4):1533—1562.

[113]张文新,丁楠,吕国玮,侯雪. 高速铁路对长三角地区消费空间的影响[J]. 经济地理,2012(6):1—6.

[114]张鑫曦. 沪杭高铁与"一小时经济圈"社会经济效应分析[J]. 中国储运,2010(2):81—82.

[115]张学良,聂清凯. 高速铁路建设与中国区域经济一体化发展[J]. 现代城市研究,2010(6):7—10.

[116]张克中,陶东杰. 交通基础设施的经济分布效应——来自高铁开通的证据[J]. 经济学动态,2016(6):62—73.

[117]赵学彬,耿虹. 论高速公路城市出入口区域土地利用[J]. 规划师,2004,20(1):88—91.

[118]钟少颖. 中国城镇人口增长的阶段性影响因素[J]. 首都经济贸易大学学报,2013(2):22—29.

[119]钟业喜,黄洁,文玉钊. 高铁对中国城市可达性格局的影响分析[J]. 地理科学,2015,35(4):387—395.

[120]周一星,于海波. 中国城市人口规模结构的重构(二)[J]. 城市规划,2004(8):33—42.

[121]周曦. 高铁站区开发对土地价值的影响研究[D]. 北京:交通大学,2016.

[122]邹一南,李爱民. 户籍管制、城市规模与城市发展[J]. 当代经济研究,2013(9):53—60.

[123]朱传耿,孙姗姗,李志江. 中国人口城市化的影响要素与空间格局[J]. 地理研究,2008(1):13—22.

[124]朱桃杏,吴殿廷,马继刚,等. 京津冀区域铁路交通网络结构评价[J]. 经济地理,2011,31(4):561—565.

[125]Aljoufie M,Brussel M,Zuidgeest M,et al. Urban growth and transport infrastructure interaction in Jeddah between 1980 and 2007[J]. International Journal of Applied Earth Observations & Geoinformation,2013,21(4):493—505.

[126]Au C C,Henderson J V. Are Chinese Cities Too Small? [J]. Review of Economic Studies,2006,73(3):549—576.

[127]Balakrishnan S. Highway urbanization and Land conflicts:the challenges to decentralization in India[J]. Pacific Affairs,2013,86(4):785—811.

[128]Banister D,Berechman Y. Transport investment and the promotion of economic growth[J]. Journal of Transport Geography,2001,9(3):209—218.

[129]Barbara W,Irmi S,Tobias S. The socio-economic determinants of urban sprawl between 1980 and 2010 in Switzerland[J]. Landscape and Urban Planning,2017,157:468—482.

[130]Bonnafous A. The regional impact of the TGV[J]. Transportation,1987,14(2):127—137.

[131]Brotchie John. Fast rail networks and socioeconomic impacts [C]//Brotchie J et al. Cities of the 21st century:new technologies and spatial systems. New York:Longman Cheshire,1991.

[132]Chen C L. Reshaping Chinese space-economy through high-speed trains:opportunities and challenges[J]. Journal of Transport Geography,2012,22(2):312—316.

[133]Chen C L,Hall P. The wider spatial-economic impacts of high-speed trains:

a comparative case study of Manchester and Lille sub-regions[J]. Journal of Transport Geography, 2012 (24): 89—110.

[134]Chen C L, Hall P. The impacts of high-speed trains on British economic geography: a study of the UK's InterCity 125/225 and its effects[J]. Journal of Transport Geography, 2011, 19(4): 689—704.

[135]Chen Z H, Xue J B, Rose A Z, Haynes K E. The impact of high-speed rail investment on economic and environmental change in China: A dynamic CGE analysis [J]. Transportation Research Part A, 2016, (92): 232—245.

[136]Chow S, Loo B. Sustainable Transport and Urban Spatial Structure: A Case Study of Hong Kong under Urban Expansion[J]. 2008.

[137]Cheng Y S, Loo B P Y, Vickerman R. High-speed rail networks, economic integration and regional specialisation in China and Europe[J]. Travel Behaviour & Society, 2015, 2(1): 1—14.

[138]Coto-Millán P, Inglada V, Rey B. Effects of network economies in high-speed rail: the Spanish case[J]. The Annals of Regional Science, 2007, 41(4): 911—925.

[139]Diao M. Does growth follow the rail? The potential impact of high-speed rail on the economic geography of China[J]. Transportation Research Part A, 2018, (113): 279—290.

[140]Froeidh O. Market effects of regional high-speed trains on the Svealand line [J]. Journal of Transport Geography, 2005, 13(4): 352—361.

[141]Garmendia M, Romero V, Ureña J M, et al. High-speed rail opportunities around metropolitan regions: Madrid and London[J]. Journal of infrastructure systems, 2012, 18(4): 305—313.

[142]Givoni M. Development and impact of the modern high-speed train: a review [J]. Transport Reviews, 2016, (26): 593—611.

[143]Gutierrez J, Gonzalez R, Gomez G. The European high speed train network: predicted effects on accessibility patterns[J]. Journal of Transport Grography, 1996, 4 (4): 227—238.

[144]Guiraoa B, Lara-Galerab A, Campaa J L. High Speed Rail commuting im-

pacts on labour migration: The case of the concentration of metropolis in the Madrid functional area[J]. Land Use Policy, 2017, (66): 131—140.

[145]Mundia C N, Aniya M. Analysis of land use cover changes and urban expansion of Nairobi city using remote sensing and GIS[J]. International Journal of Remote Sensing, 2005, 26(13): 2831—2849.

[146]Hasibuan H S, Moersidik S, Koestoer R, et al. Using GIS to integrate the analysis of land-use, transportation, and the environment for managing urban growth based on transit oriented development in the metropolitan of Jabodetabek, Indonesia [C]//IOP Conference Series: Earth and Environmental Science. IOP Publishing, 2014, 18(1): 012177.

[147]Iacono M, Levinson D. Mutual causality in road network growth and economic development[J]. Transport Policy, 2015, 45.

[148]Jia S M, Zhou C Y, Qin C L. No difference in effect of high-speed rail on regional economic growth based on match effect perspective? [J]. Transportation Research Part A, 2017, (106): 144—157.

[149]Levinson D M. Accessibility impacts of high-speed rail[J]. Journal of Transport Geography, 2012, 22(2): 288—291.

[150]Li X J, Huang B, Li R R, Zhang Y P. Exploring the impact of high speed railways on the spatial redistribution of economic activities-Yangtze River Delta urban agglomeration as a case study[J]. Journal of Transport Geography, 2016, (57): 194—206.

[151]Monzón A, Ortega E López E. Efficiency and spatial equity impacts of high-speed rail extensions in urban areas[J]. Cities, 2013, (30): 18—30.

[152]Narain V. Taken for a ride? Mainstreaming periurban transport with urban expansion policies[J]. Land Use Policy the International Journal Covering All Aspects of Land Use, 2017, 64: 145—152.

[153]Pol P M J. The Economic Impact of the High-speed Train on Urban Regions [C]//ERSA Conference Paper from European Regional Science Association, 2003.

[154]Qiu M. Evaluating the Temporal and Spatial Urban Expansion Patterns of Guangzhou from 1979 to 2003 by Remote Sensing and GIS Methods[J]. International

Journal of Geographical Information Science,2009,23(11):1371—1388.

[155]Sands B. The Development Effects of High-Speed Rail Stations and Implications for California[J]. Built Environment,1993,19(3/4):257—284.

[156]Sasaki K, Ohashi T, Ando A. High-speed rail transit impact on regional systems: does the Shinkansen contribute to dispersion? [J]. Annals of Regional Science,1997,31(1):77—98.

[157]Spiekerman K, Wegener M. The Shrinking Continent. New Time Space Maps of Europe[J]. Enviroment and Planning: Planning and Design,1994,(21):653—673.

[158]Song J, Ye J T, Zhu E Y, et, al. Analyzing the impact of highways associated with farmland loss under rapid urbanization[J]. International Journal of Geo-Information,2016,(5):94—111.

[159]Takatsu T. The history and future of high-speed railways in Japan[J]. Japan Railway and Transport Review,2007,(48):6—21.

[160]Tian G, Wu J. Comparing urbanization patterns in Guangzhou of China and Phoenix of the USA: The influences of roads and rivers[J]. Ecological Indicators,2015,52:23—30.

[161]Verma A, Sudhira H S, Rathi S, et al. Sustainable urbanization using high speed rail (HSR) in Karnataka, India[J]. Research in Transportation Economics,2013,38(1):67—77.

[162]Vickerman R. High-speed rail and regional development: the case of intermediate stations[J]. Journal of Transport Geography,2015,(42):157—165.

[163]Webber M M. The BART experience: What have we learned? [J]. Institute of Urban & Regional Development,1976,12,S1:76—108.

[164]Willigers J, Wee B V. High-speed rail and office location choices. A stated choice experiment for the Netherlands[J]. Journal of Transport Geography,2011,19(4):745—754.

[165]Xie Y, Gong J, Sun P, et al. Impacts of major vehicular roads on urban landscape and urban growth in an arid region: A case study of Jiuquan city in Gansu Province, China[J]. Journal of Arid Environments,2016,127:235—244.

第三章　高速铁路对中国城市人口规模的影响分析

我国正处在高速铁路快速建设时期，高速铁路缩短了城市间的时空距离，加速了生产要素的流动与集聚，产生了巨大的"时空收敛"效应，不仅对城市与区域产业发展产生全面而深刻的影响，同时也成为推动中国城镇化进程的重要因素。虽然高速铁路对城市人口规模的影响受到众多学者的关注，但现有文献主要还是停留在现象描述和分析上，缺乏更深入的研究，尤其是在高速铁路对城市人口规模具体的影响方向和路径问题上，目前研究仍存在较大争议。高速铁路是否会对城市人口规模产生影响？如果产生影响，是否对不同类型城市产生的影响有所差异？高速铁路是加速了要素集聚的非均衡性还是最终促进了区域协调发展？

城市人口规模是城市特征量的表现和概括，是城市化问题中的一项热点研究问题，高速铁路作为交通基础设施的重要组成部分，对城市规模也产生了重要影响，相关研究开始逐渐引起重视。本章以经济地理学和区域经济学为学科理论基础，通过分析高速铁路建成后城市可达性以及城市人口规模的变化，采用计量经济建模分析方法，研究高速铁路与城市人口规模变化之间可能存在的联系。在具体操作上，首先，分析高速铁路对城市人口规模产生影响的作用机制，提出合理的假设。其次，利用已有数据，针对全国 286 个地级及以上城市，研究高速铁路的网络化推进是否会对城市人口规模产生影响，并进一步量化影响的程度。城市规模变动的动态过程是通过人口流动完成的，城市人口规模的扩大或缩小在一定程度上反映了人口流动的方向。基于此，本章进一步分析高速铁路对不同类型城市人口规模影响的差异，从而探究在不同城市在受高速铁路影响下的人口流动方向如何。最后，在理论与实证分析的结果上，结合具体发展现状，提出未来高速铁路发展的方向，为高速铁路促进区域协调发展，推进城镇化建设提供科学的理论依据和政策建议。

本章分为六节：第一节阐述研究背景、研究意义和可能的创新点。第二节根据交通基础设施影响城市规模的经典理论，分析高速铁路对城市规模影响的作用机制。首先，通过将运输成本引入经济学模型，探究高速铁路如何影响城市经济发展；其次，进一步分析高速铁路影响城市人口规模的具体途径；最后，分析相关效应，为实证模型分析提供理论基础。第三节分析中国城市人口规模的发展情况，从时间和空间两个维度探究中国城市人口规模的变化特征与变化趋势。第四节将高速铁路与人口相结合，从描述统计的角度探究高速铁路对城市人口规模的影响。第五节先分析高速铁路开通是否会促进城市人口规模的变化，在此基础上加入城市规模等级、城市地理区位、城市群以及城市产业结构等特征变量，进一步分析交叉项系数的含义，分类探究高速铁路对不同城市人口规模变化的影响。第六节对实证研究结果进行分析扩展，通过分析高速铁路对城市人口规模变化的影响，给出现实意义，为更好地进行高速铁路规划提出政策建议。

第一节　研究背景与意义

一、研究背景

随着经济发展，中国开始进入快速城镇化阶段。根据国家统计局2015年年度数据显示，到2015年年末，中国城镇常住人口为77 116万人，城镇化率达到56.10%。在快速城镇化的同时，许多问题也暴露出来。中国的城镇化存在着区域发展不协调的现象，东部地区常住人口城镇化率达到62.20%，而中、西部地区分别只有48.50%、44.8%。东部地区形成的三大城市群,由于经济活动和人口过于集中,产生了诸如环境恶化、城市拥堵等问题,这也导致了城市人口规模扩张的不可持续性。然而,在另一些地区,人口增长却出现停滞状态,有些地区甚至出现人口流失与城市空间扩张并存的悖论现象,这些城市所面临的"城市收缩"问题,严重阻碍了区域经济的协调发展(徐博和庞德良,2014;杨东峰等,2015;张学良等,2016)。2014 年,国务院发布《国家新型城镇化规划(2014—2020 年)》,强调要进一步优化城镇化格局,增强城市群集聚经济和人口的能力,在提升东部城市群整体国际竞争力的同时,也要推进中西部城市群发展新的重要增长极,最终实现区域协调发展的目标。在这一背景之下,对全国区域内城市人口流动的引导和城市人口规模的调控成为国家经济发展中面临的重要问题。

城镇化过程受多种复杂因素的影响,交通运输是关键因素之一(殷克东等,2008;覃成林等,2014)。随着技术不断创新,新的交通工具和交通方式被创造出来,运输成本降低,运输效率提高,人们的经济活动空间得到扩展,进一步促进了专业化市场的形成和市场规模的扩大,从而影响了人们的出行行为、企业的生产和交易等行为(赵坚,2007)。铁路交通作为交通运输系统的重要组成部分,对人口在城市之间的流动,以及城市人口增长等方面产生重要影响。《国家新型城镇化规划(2014—2020 年)》突出强调,要"发挥综合交通运输网络对城镇化格局的支撑和引导作用",并提出沿着交通干线推进新型城镇化及沿线城市建设的思路。交通干线是在"点—轴"开发过程中形成的交通线路,是综合运输体系的重要"脉络"。20 世纪末以来,中国高速公路、高速铁路和航空运输等高速交通发展迅速,近十年来,高速铁路的大规模建设和网络快速发展尤为引人瞩目(王姣娥等,2014)。随着中国铁路跨越式发展战略的实施,中国在不到十年间即建成了世界上规模最大和运营速度最快的高速铁路网络。与传统铁路以及公路运输相比,高速铁路的开通极大地缩短了城市间的时空距离,产生了巨大的"时空收敛"效应(张学良和聂清凯,2010;王缉宪,2011;骆玲,2013)。这一方面加快了人力、资本、技术等生产要素的流动速度,另一方面促使生产要素在更广阔的空间实现分配和整合，从而对城市与区域产业发展产生全面而深刻的影响（张国华等，2011）。

2008 年 4 月 18 日，京沪高速铁路正式开工，中国开始进入“高铁时代”。高速铁路在中国得到了迅速的发展，截至 2014 年年底，我国高速铁路运营里程已达 1.6 万 km，高速铁路运营里程居世界第一。2016 年 7 月，国家发改委正式发布了 2016—2025 年的《中长期铁路网规划》，针对高速铁路提出“高速铁路网基本连接省会城市和其他 50 万人口以上大中城市，实现相邻大中城市间 1～4 小时交通圈，城市群内 0.5～2 小时交通圈”的目标。在原规划“四纵四横”的主骨架基础上，形成以“八纵八横”主通道为骨架、区域连接线衔接、城际铁路补充的高速铁路网，这表明中国的高速铁路建设又迈入了新的历史时期。在这一背景下，研究近年来高速铁路的网络化推进对城市发展，尤其是城市人口规模产生的影响，进一步分析产生影响的程度和方向，并探究这种影响对于不同类型的城市是否存在差异。在此基础上，结合中国国情，提出高速铁路未来发展的对策建议，从而使其能更好地促进城市建设和区域协调发展。

二、研究意义

（一）理论意义

高速铁路对区域与城市发展的影响一直受到国内外学者的高度关注，与其他国家相比，中国高速铁路的运行时间较短，针对高铁对城市发展的影响研究仍然不够深入。一方面，现有文献大多只是以单一铁路线路或某一区域为研究对象，部分以全国为范围的研究也停留在省级层面，关于高速铁路网络对全国城市层面的影响研究较少。另一方面，对高速铁路和城市发展的影响研究主要以现象描述和政策解读为主，探究影响机制和利用翔实数据进行定量实证研究较少。

已有学者关注到高速铁路会对城市增长和空间格局产生影响。一些学者（张萃，2009；刘建彬和崔源，2011；卢旭和许豪，2011；李翠军，2011）认为，高速铁路对沿线城市的人口集聚作用存在差异，对一些中小城市而言,高速铁路的发展可能会导致人口流失。但也有学者(魏后凯,2010;张鑫曦,2010;蒋吉德等,2011)认为,资源在不同城市之间同时存在着扩散与集聚,高速铁路加速了人口和劳动力在大城市与中小城市之间的流动,最终促使沿线所有城市的协调发展。可以看出,在高速铁路对城市人口规模具体的影响方向和路径问题上,目前研究仍存在较大争议。此外,现阶段的研究还主要停留在推理层面,缺乏更加深入的实证分析。针对此问题,本书在众多学者研究基础上,选取城市人口规模这一城市特征量为研究对象,试图通过理论和实证分析来回答高速铁路能否影响中国城市人口规模的变动、对不同类型的城市影响是否相同、是否给沿线所有城市都带来积极影响等问题,以此来弥补这部分实证研究的不足。

(二)现实意义

高速铁路将沿线的各大城市连接在一起,缩短了时空距离,降低旅客时间成本。在此基础上,集聚效应促使区域内资金、技术、人才等经济要素得以快速地流动和集聚。拥挤效应使得要素过度集中,导致生产和居住成本提高,对城市发展产生负面效应。经济辐射效应则促使生产要素由核心城市向周边地区扩散和辐射。通过这三条具体途径,高速铁路最终对城市人口规模产生影响。研究高速铁路对城市人口规模影响的意义,一是有利于劳动力资源的合理配置,人口流动加速了知识、信息和技术要素流动,从而带动经济发展,在高速铁路影响下的人口流动方向如何?怎样规划高速铁路建设使人口实现有序流动,从而缩小区域发展不平衡?这些都是当前应当考虑的问题。二是高速铁路开通后,对不同类型的城市所带来的冲击可能有所不同。包括城市初始规模、城市地理区位、城市群以及城市产业结构等因素在内的城市特征变量可能使高速铁路开通所带来的影响产生异化。究竟高速铁路的开通能否促进城市规模扩大,推动城市增长?高速铁路是否对所有的城市都有利?新一轮的高速铁路建设应当如何规划才能更有效地推进城镇化建设,优化城镇化布局?这些问题对于正处在高速铁路网络化加速期的中国具有重要的战略意义。

三、可能的创新点

第一，研究对象的扩展。目前研究高速铁路对城市人口规模影响的文献中，多数是针对单一铁路线路为对象，很少文献以高速铁路网为研究对象。本书选择全国 286 个地级及以上城市，研究范围覆盖全国。中国高速铁路发展迅速，截至 2014 年年底，除西藏、云南等少数省份外，高速铁路网络已基本覆盖全国，因此，研究全国可以更全面系统地分析现有高速铁路网络，并结合不同区域的城市人口规模现状进行分析。另外，选取城市常住人口数据进行分析，可以反映更真实的城市人口规模。

第二，分类探究高铁对不同类型城市的影响情况。目前研究更偏向于高铁对大城市发展的影响，高速铁路促进经济要素向大城市集聚，从而促进大城市的产业发展，但从全国范围来看，对不同类型的城市，高铁的影响方向和影响大小可能都不同，因此本书通过分类讨论高铁对不同城市的影响，从而得出更有针对性的结论和建议。

第二节　高速铁路对城市人口规模影响的作用机制

高速铁路作为一种新型交通工具，其本质仍是交通基础设施的一种，因此在研究高速铁路对城市人口规模的影响时，首先将运输成本引入传统的经济学模型，探究运输成本对城市经济发展的影响。在此基础上，分析高速铁路对城市人口规模产生影响的作用机制和路径。

一、高速铁路的空间作用机理研究

（一）空间维度的经济学分析："运输成本"的引入

新古典经济学的基本假设之一是经济活动没有空间障碍，所有的经济活动是在一个没有空间、时间和交易成本的理想空间进行。而在实际情况中，消费者和生产者均处在不同的地理区位，他们必须通过空间位移才可以实现生产与交换，这种位移过程，即是克服空间障碍的过程，这一过程所形成的成本,即是运输成本。正是基于此,Krugman(1991)提出将运输成本引入传统的供给函数和需求函数,根据生产者和消费者所属地理区位的不同,其运输成本也存在着差异,在原函数的价格变量中加入运输成本,间接地体现了空间维度的存在,这弥补了传统经济学中忽视空间维度的缺陷,也奠定了现代空间经济学的基础。

运输成本本身是一种为克服空间障碍所必须承受的负担,因此,在引入运输成本之后,必然会导致实际供给和实际需求的减少。在现实世界中,运输成本可以视为一种机会成本,当一种产品的运输成本过高,消费者可能选择自己生产而不去购买,生产者会选择缩小生产规模甚至不生产。运输成本在一定程度上制约了生产者生产范围和生产规模的扩大。在高效交通基础设施引入之前,单纯地依靠人力和简单的交通工具产生了高昂的运输成本,从而限制了人们的经济活动。随着技术创新,新的交通工具和交通方式被创造出来,人类的运输成本降低,运输活动效率得到提高,从而扩展了经济活动的空间。因此,交通基础设施对运输成本起着决定性的作用。一般而言,交通基础设施的投资建设、交通运输工具的技术创新以及大批量的运输都能够降低运输成本,提高运输活动的效率(赵坚,2009)。

交通运输技术的进步降低了运输成本,提高了运输效率,进一步促使市场范围和市场规模的扩大。杨格定律从劳动分工的角度阐述了市场规模扩大的原因,即不同的经济主体拥有不同的资源禀赋,从而产生比较优势,形成专业化分工,进一步促进规模经济的产生。在此基础上,将交通运输作为中介环节加入,完善了这个循环过程:运输成本的降低意味着人们空间障碍的成本降低,经济活动的空间得以扩展,这使得市场范围扩大,需求曲线发生向右移动。根据杨格定律,专业化分工因此形成,并产生规模报酬递增规律,使供给曲线发生了向右移动,最终促使市场规模进一步扩大。由此可见,在规模经济的形成过程中,运输成本占有非常重要的作用。

（二）高速铁路对城市可达性的影响

运输是伴随人类经济交换和经济生活而产生的一种行为，其内涵非常丰富。从运输成本的角度来看，在运输过程中，所涉及的运输工具和运输人员都会产生相应的费用，这是运输过程中的金钱成本。此外，运输根据空间距离的大小需要花费长短不一的时间，这是运输所产生的时间成本。从运输对象来看，运输的可以是生产的原材料、售卖的商品，也可以是经济活动的主体——“人”。不同的运输工具因其运输特点和主要运输对象的不同，所对应降低的成本也各不相同。海上运输因为运载量大，前期投资小，主要减少了货物运输的金钱成本。公路运输因为灵活性大、连续性强，主要减少了货物运输的时间成本。传统的铁路运输则根据运输对象的不同，在金钱成本和时间成本方面都有所减少。与传统的铁路运输相比，高速铁路具有速度更快、能耗更低、安全性和舒适度更高的特点，这决定了高速铁路的运输对象主要是旅客，因此，高速铁路最主要的作用是降低了旅客的时间成本。

关于运输成本的进一步研究，可达性定义为交通网络的节点之间相互作用所产生的机会大小同运输成本一样，可达性也是一个空间的概念，反映了空间中的个体克服距离障碍的难易程度。在更广泛的意义上，可达性具有经济和社会价值，可达性更高的地区通常具有更高质量的生活、更高的满意度和吸引力，但从本质上看，可达性仍是时间成本的一种表现。高速铁路对可达性的影响是一个相对复杂的过程。首先，高速铁路开通之后，对于区域和城市的影响是不同的。对开通高铁的城市而言，高铁的开通使得旅客可以更快速便捷地移动，到达该城市的能力变强、机会提高，相应的可达性提高。而区域则是一个整体的概念，高速铁路线路经过的区域，有设立站点的城市，也有只是途经的城市。因为开通高速铁路需要保证运行速度，所以会在设站上比一般铁路有所减少。对于一些中小城市来说，虽然有高速铁路线路经过，但不单设站点，当地居民需要绕道至设立站点的大城市乘坐高铁，这就减弱了这些城市的可达性。因此，从区域角度来说，高速铁路并非提升了所有城市的可达性。

考虑到本书研究重点是城市是否开通高速铁路对城市人口规模的影响,因此只根据城市内是否设立高速铁路站点对城市进行区分。从这一角度考虑,可以认为高速铁路的开通降低了旅客的时间成本,从而提高设站城市可达性。

(三)高速铁路对生产要素流动的影响

本节第一部分解释了交通运输工具的进步带来的运输成本降低在循环经济中所起到的作用。第二部分将交通运输工具具体到高速铁路上,说明了高速铁路主要通过减少旅客的旅行时间,节约时间成本从而提高城市可达性。本部分将进一步阐述高速铁路在提高城市可达性之后,如何通过对要素流动产生影响,进一步影响城市规模变化。

区域空间产生差异的主要原因之一是要素集中程度的不同。比较明显的是城市与乡村:乡村主要以农业活动为主,需要的基本要素是土地,而土地本身是不可流动的资源;城市的经济活动则是多样化,包括资本、劳动力、技术等生产要素都是可流动的资源,经济活动促使这些要素得以流动和集聚,最终使城市的要素集中度高于乡村。同理,城市与城市之间也存在要素集聚的非均衡性,不同的要素集中程度使得不同的城市和区域形成自己的比较优势,进而促使生产规模和市场范围扩大,最终形成规模经济。

高速铁路通过提高城市可达性,进一步对要素的流动和集聚产生影响。例如资本要素,通常会由要素回报率低的地区流入要素回报率更高的地区,高速铁路的建成有利于提高城市的要素回报率,进一步促使资本要素的流入。再如技术要素和信息要素,在对知识类型进行划分时,一种划分方法是将其分为编码知识和隐性知识(吕卫文,2007)。编码知识可以通过信息技术手段进行传播,因此不受地域和空间的限制;隐性知识则指那些无法通过概念、公式或图形标准化只能通过面对面交流实现传播的知识,隐性知识或技术受时空限制比较大,因此高速铁路所带来的时空收敛效应可以减少这部分要素的交流时间,降低隐性知识或隐性技术要素的流动成本。除上述提到的资本要素和技术要素外,高速铁路最主要影响的还是劳动力要素，因为高速铁路的运载对象主要是旅客，所直接作用的对象是“人”，所以在对旅客的跨区域流动上，影响最直接，也最显著。在分析高速铁路对城市人口规模的影响上，高速铁路促进劳动力要素的流动是一条重要途径，其作用机制将在下文具体阐述。

二、高速铁路对城市人口规模的影响路径分析

高速铁路建成后，降低旅客的时间成本，提高设站城市的可达性，进一步促进了经济要素的流动与集聚。在分析高速铁路对城市人口规模的具体影响路径时，本书根据其作用过程分为集聚效应、拥挤效应和辐射效应，具体作用路径如图 3－1 所示。

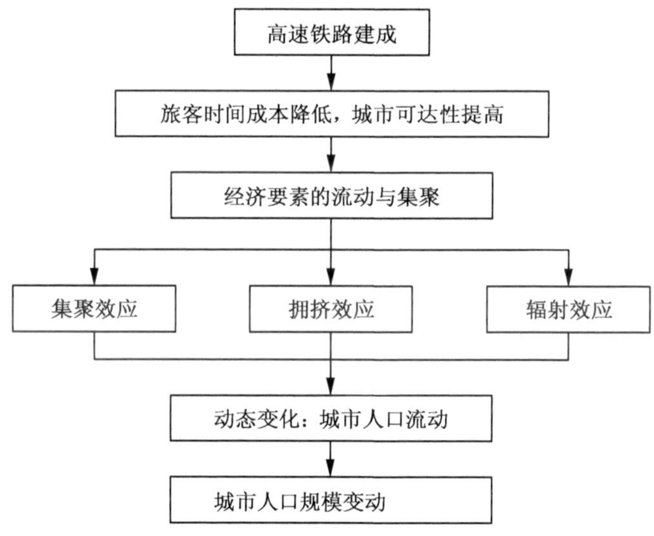

图 3－1　影响机制图

(一)集聚效应

Krugman(1991)基于规模收益递增、运输成本下降以及需求的相互作用提出了核心—边缘理论，其中解释了由于运输成本下降所带来的城市经济与人口的集聚：运输成本下降，可达性提高，会使得该地区的市场

潜能提高，从而产生城市规模经济。高速铁路的发展是交通基础设施技术进步的一项显著表现，高速铁路建成后，可达性提高，区域内资金、技术、人才等经济要素得以快速地流动和集聚。具体在影响城市人口流动时，一方面通过对市场结构的改变与优化扩大本地市场规模，扩大劳动力需求；另一方面直接作用于劳动力，通过形成与扩大劳动力池，提高劳动力的就业效率，两者共同作用，最终影响城市人口规模。

1. 高速铁路对市场结构的影响

高速铁路开通之后，城市可达性提高，对生产者市场和消费者市场均产生影响，进一步改变城市内和城市间的产业结构。对生产者而言，沟通成本、商务成本和交易成本都有所降低，特别是生产性服务业（金融业、信息业、商业服务等）对面对面接触和高频次商旅活动的要求较高。而可达性提高可以有效降低时间成本，提高商务活动效率，扩大商务活动半径，从而为大市场的形成提供可能性。从整体的生产者市场来看，产品和服务市场的扩大可以促使本地市场与外部市场进行融合，进一步减少垄断。厂商之间通过竞争提高产量和生产效率，进而降低价格，提高产品多样性，提高市场整体效率，因此高速铁路成为影响企业区位决策的重要因素。在消费者市场，可达性提高意味着购物和旅行成本降低，从而产生更多的服务需求和更大的客流量，促使服务业得到发展。高速铁路带来的人口流动对城市公共物品的需求增加，促进城市第三产业的发展。

可达性的提高突破了经济活动的地域限制，形成新产业带并改变了原有产业的布局。正如上文分析，高速铁路对服务业的影响更明显，旅游、金融、信息与商务服务等产业发展形成了新兴产业集群并逐步转移到可达性更高的城市，从而改变了城市间产业结构，而产业结构的改变进一步促使劳动力需求发生变化，从而产生劳动力流动，最终影响城市人口规模的变动。

2. 高速铁路对劳动力要素的影响

高速铁路降低旅行时间成本，也降低了劳动力的流动成本，进一步扩大劳动者就业范围，从而促使劳动力池形成。劳动力池的概念最早由

Mashall 提出，他指出劳动力集聚在特定区域形成劳动力池，可以为企业提供充足的劳动供给。对劳动力供给者来说，生产企业集中使得劳动者获得更多就业机会，避免单个企业波动对其造成的冲击，减少长时间失业问题。对劳动力需求者而言，大量专业技能劳动者的集聚可以降低招聘成本，因此，劳动力池的存在可以提高劳动力和工作岗位的匹配度，从而促进劳动力快速流动，扩大劳动力市场。高速铁路降低运输成本，提高可达性，劳动者可以在更大范围内以更低的成本自由流动，企业也可以接近更大的劳动市场，两者的匹配效率提高，从而产生更多的就业机会，最终影响了人口流动和城市人口规模的变动。

（二）拥挤效应

Krugman 强调了运输成本在产业集聚过程中所起的重要作用，因为运输成本的存在，产业在区域集聚的状态是相对稳定的，即存在一种"均衡点"。但在实际情况中，随着生产规模的扩大，集聚程度加深，对于土地、劳动力等生产要素的需求增加，进而导致该城市土地或劳动力价格上涨，产生"拥挤效应"（汪彩君和唐根年，2011）。新古典经济学对于市场的假设是存在完全的信息对称和绝对理性的生产者，生产者在进行决策时，会依据利润最大化原则选择最小的生产资料成本组合。所以，当一个地区的产业过分集中，工资和土地价格的上升所产生的生产成本已经高于集聚效应所节省的成本时，厂商就会考虑从集聚区域撤退，将生产转移至周边土地和劳动力成本更低的区域。

高速铁路对城市人口流动也存在着"拥挤效应"。一方面，当城市可达性提升，人口流动速度加快，人口得到进一步集聚时，对于一些产业集聚已经较为成熟的城市，高速铁路所带来的人口会进一步促进集聚程度的加深，从而使区域内企业的竞争更为激烈，生产成本进一步提高。另一方面，生产原材料成本的提高导致商品价格升高，再加上城市土地成本提高，最终使城市生活成本增加，抑制了城市人口规模的发展，这是高速铁路对城市人口规模扩张所带来的负面影响。

(三)辐射效应

上文提到,高速铁路的开通促使要素集聚,可能发生“拥挤效应”,对城市发展产生负面影响。但厂商由于拥挤效应选择转移产业时,高速铁路的存在又促使要素可以由已经发生拥挤的区域更高效地转移至周边区域,从这一角度来说,高速铁路可以缩小发达地区和欠发达地区的差异,是正效应,本书将这种效应视为高速铁路的“辐射效应”。

高速铁路不仅促进原有核心城市市场的进一步扩大,同时也影响周边城市的发展,产生辐射效应。一方面,高速铁路促进产业集聚,集聚水平的提高伴随着城市产业的分工和升级,研发及服务性部门留在核心城市,部分生产性部门则外迁,服务业在大城市极化发展,而第二产业扩散到中小城市,从而带动周边产业发展。另一方面,可达性提高带来的流动便利性使人才交流更频繁,从而加快知识和技术传递,不同城市文化理念和生活方式得到有效交流,有助于形成创新的思想,产生创新性外溢(陈建军和郑广建,2014)。需要注意的是,辐射效应的影响范围是有限的,距离核心城市越远,所受到的辐射影响越小,对于一些边缘城市而言,甚至会出现资源倒流的虹吸现象。例如,欧洲高速铁路建立后,伦敦、巴黎等中心城市的受益程度最大,其次是一些中型城市或处于中转站位置的城市,而西班牙、葡萄牙的一些城市则边缘化程度加深(Vickerman,1997;Rus 和 Inglade,1997)。因此,高速铁路对处于不同区位的城市影响存在差异。

当然,高速铁路只是影响城市人口规模的一个方面,除此之外,自然特征、经济和社会要素都会对其产生影响。城市自然要素主要包括了环境和地理区位,是表征城市自有特点的要素,优质的城市居住环境和便利开放的地理区位会吸引更多的人口,从而产生集聚。经济要素涵盖了城市经济发展的总量和结构、基础设施建设等方面,这体现了城市的整体发展水平,经济要素越充足的地区,城市活力更高,必然会吸引更多的人口。社会要素体现了城市的公共政策和知识溢出水平,这与个人生活质量息息相关,也是影响人口流动和城市人口规模的重要因素。

第三节　中国城市人口规模的发展情况

城市人口规模是反映城市特征的一个基本指标，在一定程度上可以反映城市在特定时间点和特定时期的人口集聚程度和经济发展水平。目前关于城市人口规模的统计指标包括城市总人口（户籍人口）、城市非农人口、城市市辖区人口和常住人口等。在这些统计指标中，户籍人口和非农人口受户籍制度影响明显，无法准确统计城市人口的流动问题。市辖区人口统计区域范围有限，实际情况中，为了更好地推动城市发展，大多数二三线城市都将诸如高速铁路站点等新型交通基础设施修建在城市边缘区，从而使人口的流动范围进一步扩大，此时市辖区数据已经不能很好地反映城市人口规模的真实水平。与前几种指标相比，常住人口指标综合考虑了广义的城市区域范围和人口流动性，因此可以更准确地刻画城市的真实人口情况。因为中国的城市经济统计数据过去只统计户籍人口，2010 年起才开始公布地级市常住人口数据，因此，本书城市人口数据2010—2013 年数据采用《中国区域经济统计年鉴》中公布的地级行政单位的常住人口数据，2014 年常住人口数据从各省及各市的统计年鉴或《国民经济和社会发展统计公报》中获取。本节以及后文实证部分均是以2010—2014 年的城市常住人口为基本统计量来分析城市人口规模的变化。本节主要对 2010—2014 年间中国城市常住人口的变化情况进行了现状分析，从时间维度分析其变化趋势，从空间维度分析其变化的地区差异，了解目前中国城市常住人口的变化情况，为后续的研究提供支持。

一、中国城市常住人口变化的时间趋势分析

本节主要从时间维度对城市人口规模进行描述性统计分析，了解城市人口规模在不同时间点、不同时间段的总体变化规律。

2010—2014 年全国城市常住人口的总量变化如图 3－2 所示。从图3－2 中可以看出，全国 286 个地级及以上城市的常住人口总量呈现逐年

递增的趋势,由 2010 年的 12.42 亿增长至 2014 年的 12.68 亿,增长幅度不大,说明全国城市常住人口的总量变化较为平稳,基本呈现稳定、小幅增长的趋势。

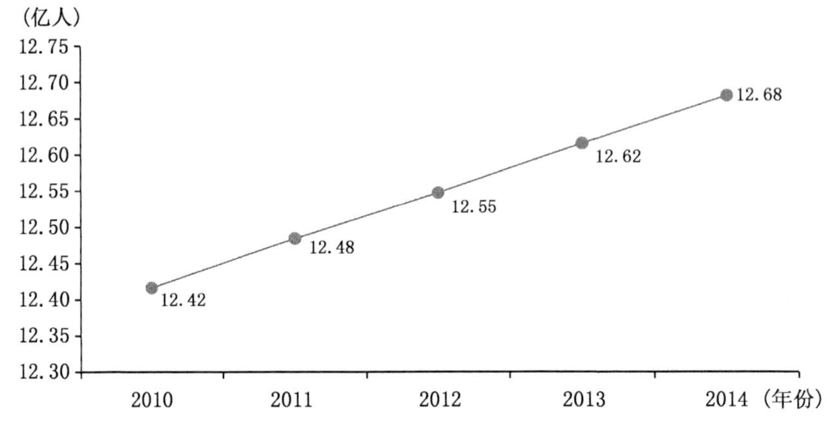

数据来源:根据《中国区域经济统计年鉴》计算得出。

图 3—2 2010—2014 年全国城市常住人口总量变化

表 3—1 反映了 2010—2014 年逐年的城市常住人口变化情况。从表 3—1 可以看出,城市常住人口的平均值随时间逐年递增,但增幅不大,其他各项描述统计数据也呈现逐年小幅增长的趋势,这与人口总量的变化一致。

表 3—1 2010—2014 年城市常住人口描述统计表 单位:万人

年份	2010 年	2011 年	2012 年	2013 年	2014 年
平均值	434.14	436.51	438.72	441.10	443.39
标准差	324.31	328.38	332.03	335.69	338.74
最大值	2 884.60	2 919.00	2 945.00	2 970.00	2 991.40
最小值	23.20	23.30	23.40	23.60	24.13
中位数	354.40	354.35	355.45	355.80	353.86

数据来源:由作者计算得出。

需要注意的是,城市常住人口的最大值与最小值差别较大。以 2014 年为例,最大值为重庆市,达到 2 991.4 万人;最小值为甘肃省嘉峪关市,仅有 24.13 万人，这表明全国城市常住人口数量根据城市所在地区的不同，有较大差异。

表 3—2 反映了 2010—2014 年总体的人口规模变化情况。从表 3—2 可以看出，2010—2014 年全国城市人口规模总体呈现增加趋势。从人口增长率来看，均值为 1.72%，整体呈现加速增长的趋势。增长量的最小值为河南省驻马店市，2010—2014 年城市常住人口减少了 29.60 万人；最大值为天津市，在 5 年时间里常住人口增加了 217.51 万人。增长率的最小值为拉萨市，增长率为－5.33%，常住人口呈现逐年递减的趋势；最大值为天津市，增长率为 15.48%。这表明 2010—2014 年，虽然总体上城市常住人口有所增加，但各城市之间增加量差异较大，有些城市呈现负增长的情况，人口增长依然呈现出地区间不均衡的发展情况。

表 3—2　2010—2014 年城市人口规模变化趋势

	均值	标准差	最小值	最大值
平均人口增长量(万人)	9.25	21.68	－29.60	217.51
平均人口增长率(%)	1.72	2.32	－5.33	15.48

数据来源：由作者计算而成。

表 3—3 反映了 2010—2014 年逐年城市人口规模变化情况。从表 3—3 可以看出，在研究区间内，每一年的人口增长量和增长率都较为稳定，城市常住人口逐年增长均值为 2.31 万人，逐年增长率均值为 0.43%。总体来看，城市人口以每年稳定的增量和增速在增长。

表 3—3　2010—2014 年逐年城市人口规模变化情况

	平均人口增长量(万人)	平均人口增长率(%)
2010—2011 年	2.37	0.45
2011—2012 年	2.21	0.41
2012—2013 年	2.38	0.45
2013—2014 年	2.30	0.41
均值	2.31	0.43

数据来源：由作者计算而成。

二、中国城市常住人口变化的空间差异分析

根据前文分析可知,研究期内城市常住人口变化总体呈现稳定增长的趋势,但各个城市之间仍然存在较大的差异。进一步了解全国范围内城市常住人口的空间分布情况,可以看出,北京、天津、重庆、上海四个直辖市常住人口增长量领先全国。除此之外,武汉、石家庄、乌鲁木齐、成都等省会城市在全国排在前列。增长量为负的区域主要分布在西藏自治区拉萨市、甘肃省和河南省的部分城市以及东北的大部分区域,这些城市在2010—2014年间呈现常住人口减少的趋势,尤其是东北地区出现了较为严重的人口流失问题。值得注意的是,河南省常住人口呈现从周围向中心流动的趋势,省会城市郑州作为河南省的政治经济中心,对人口有较大的吸引力。

总体来看,2010—2014年全国城市常住人口总体呈现正向增长的趋势,具有东部增长量多于西部,直辖市或省会城市增长量多于周围城市的特点。比较特殊的是东北地区,集中呈现出增长量为负的情况,出现较为严重的人口流失问题。

北京、天津等直辖市继续保持人口的快速增长。内蒙古以及宁夏的部分城市虽然人口增长数量居中,但增长率却较高,排在全国前列,呈现人口的积极增长态势。此外,乌鲁木齐、武汉、郑州、三亚等城市也呈现人口快速增长的特点,说明其作为省份中心,对于人口的吸引能力进一步增强。总体而言,增速较快的城市还是集中分布在东中部以及南部的省市,这与人口增长量的变化趋势相一致。

综合分析人口增长量和增长率,可以发现东部省份以及中部的绝大部分省,人口增长呈现平稳缓步增长的趋势;西部省份虽然人口增长量较小,但近年来增长速度加快,人口增长呈现较为良好的态势;东北地区近年来常住人口大量减少,且减少的速度加快,出现了明显的人口流失问题,如何更好地落实中央关于振兴东北的战略部署是目前应该重点关注的问题。另外,省会城市或区域内中心城市作为地区政治经济中心,对于

人口的吸纳能力较为明显，进一步发展区域内中心城市，对人口的合理流动与分布有积极推动作用。

第四节　高速铁路开通对城市人口规模的影响：描述性分析

前两节分别对高速铁路和中国城市常住人口的发展和现状做了描述性统计分析。本节研究的重点是高速铁路对城市人口规模的影响，并将两者相结合进行分析，从描述统计的结果分析高速铁路是否会对人口规模变化产生影响，为实证部分奠定基础。

一、2006—2014 年中国高速铁路通车情况

2006 年全国未有城市开通动车或高铁，而到 2014 年已有 134 个城市开通动车或高铁，占全国城市的 46.85%，高速铁路已覆盖全国大部分城市，形成网络化（见表 3－4）。本书选择从 2010 年起考察高速铁路对城市人口规模的影响有两个原因。一是常住人口数据自 2010 年开始统计。一方面，常住人口比户籍人口更加准确；另一方面，为了推动城市发展，大多数二三线城市将高铁站设在城市边缘区，相对于市辖区人口数据，常住人口数据更科学。综合这两方面，故选取城市常住人口为研究对象。二是因为高速铁路的影响具有滞后性。高速铁路从 2008 年开始通车，到 2010 年有 92 个城市开通动车或高铁，占全国 32.17%，见表 3－4。所以，本书从 2010 年起开始考察高速铁路对城市人口规模的影响情况。

表 3－4　　2006—2014 年全国高速铁路通车情况

年份	通“D”地区		通“G”或“C”地区		通“D”或“G”或“C”地区	
	个数	占全国城市比重	个数	占全国城市比重	个数	占全国城市比重
2006	0	0.00%	0	0.00%	0	0.00%
2007	51	17.83%	0	0.00%	51	17.83%
2008	59	20.63%	2	0.70%	59	20.63%
2009	77	26.92%	12	4.20%	82	28.67%

续表

年份	通"D"地区		通"G"或"C"地区		通"D"或"G"或"C"地区	
	个数	占全国城市比重	个数	占全国城市比重	个数	占全国城市比重
2010	85	29.72%	25	8.74%	92	32.17%
2011	97	33.92%	41	14.34%	101	35.31%
2012	108	37.76%	58	20.28%	112	39.16%
2013	111	38.81%	80	27.97%	115	40.21%
2014	123	43.01%	108	37.76%	134	46.85%

数据来源:根据2006—2014年《全国铁路列车时刻表》计算得出。

二、开通高速铁路和未开通城市简单比较

一般认为,城市交通基础设施建设与城市人口规模、经济发展水平有密切关系。表3—5分析了高速铁路和城市常住人口之间的关系,将研究样本分为开通城市和未开通城市,再进一步将开通城市分为截至2010年年底之前开通城市和2011—2014年之间开通城市,未开通城市为2014年年底之前从未开通高铁的城市。

表3—5　　开通高速铁路和未开通城市简单经济数据对比

	开通高铁城市(2010年年底之前开通)	开通高铁城市(2011—2014年间开通)	未开通高铁城市
2010年城市常住人口(万人)	633.27	372.78	330.58
2014年城市常住人口(万人)	650.84	380.85	335.11
平均增长量(万人)	17.57	8.07	4.54
平均增长率(%)	2.77	2.16	1.37

数据来源:由作者计算得出。

根据表3—5的数据可以看出,2010年基期的城市常住人口数量,2010年年底之前开通高铁的城市最多,未开通高铁城市最少。这说明在规划高速铁路站点时,一般倾向于选择人口规模更大的城市,开通高速铁路的城市自身的人口规模基数较大。进一步分析2010—2014年常住人

口的增长情况，无论是增长率还是增长量，开通高速铁路的城市都比未开通的更高，这说明在开通高速铁路之后，城市常住人口得到进一步增长。在开通高速铁路的城市中，2010 年年底之前开通的城市比 2011—2014 年间开通的城市有更多的人口增长量和更高的增长率，这说明高速铁路发挥作用是一个长期的过程，具有一定的时间效应。

表 3—5 反映了高速铁路对城市常住人口规模的整体影响，但正如前文所分析的，城市有其自身的特点，不同规模、不同区位、不同发展水平的城市，其人口发展呈现较大的差异，在研究高速铁路的影响时，也需要考虑这种差异。高速铁路对不同类型的城市影响可能有所不同，本书将分别探究高速铁路对不同规模等级城市、不同地理区位城市、是否在城市群内城市的人口规模变化所产生的影响，并具体分析这种差异化效应。

三、高速铁路对不同规模等级城市的影响

为进一步探究高速铁路对不同规模城市的影响，本书按照城市初始人口规模进行分类。关于城市规模等级的划分，在《国家新型城镇化规划(2014—2020 年)》(下文简称《规划》)和《中国中小城市绿皮书》中，将城市常住人口 50 万人以下的划分为小城市，50 万～100 万人为中等城市，100 万～300 万人为大城市，300 万～1 000 万人为特大城市，1 000 万人以上为巨大型城市。2014 年，国务院颁发《关于调整城市规模划分标准的通知》，新标准基本与《规划》相同，并且强调了“以常住人口为统计口径”，城市可划分为五档七类①。这说明，与户籍人口相比，常住人口数据更能反映一个城市的规模大小，这与本研究的对象一致。

表 3—6 反映了高速铁路对不同规模等级城市的影响。从是否开通高速铁路角度，可以看出，城市初始规模小于 100 万人的城市中，开通高

① 城区常住人口 50 万人以下的城市为小城市，其中，20 万人以上 50 万人以下的城市为Ⅰ型小城市，20 万人以下的城市为Ⅱ型小城市；城区常住人口 50 万人以上 100 万人以下的城市为中等城市；城区常住人口 100 万人以上 500 万人以下的城市为大城市，其中，300 万人以上 500 万人以下的城市为Ⅰ型大城市，100 万人以上 300 万人以下的城市为Ⅱ型大城市；城区常住人口 500 万人以上 1 000 万人以下的城市为特大城市；城区常住人口 1 000 万人以上的城市为超大城市。

速铁路的城市人口平均增长量和平均增长率都小于未开通高铁的城市,而大于100万人的城市则相反,这说明开通高速铁路的城市具有更多的人口增长量和更高的人口增长率。进一步纵向比较所有开通高速铁路的城市,随着人口规模等级的提高,人口增长量和增长率都呈现增加的趋势,城市初始规模越大的城市,人口的扩张趋势越明显。

表3-6　　2010—2014年高速铁路对不同规模等级城市的影响

城市规模等级(万人)	是否开通高铁(2010年底前)			平均增长量(万人)	平均增长率(%)
	类别	城市数量(个)	比例(%)		
<50	开通	7	13%	2.59	0.62
	未开通	45	87	3.71	1.65
50~100	开通	30	28	3.89	1.07
	未开通	79	72	3.90	1.25
100~300	开通	38	36	14.02	2.16
	未开通	67	64	7.39	1.86
300~1 000	开通	14	82	37.73	3.43
	未开通	3	18	19.11	2.91
>1 000	开通	3	100	140.17	6.04
	未开通	0	0	—	—

数据来源:由作者计算得出。

从表3-6可以发现,高速铁路对不同规模等级的城市具有不同的影响。开通高速铁路后,并非所有城市的常住人口都有相同的增长趋势,对于中小型城市而言,其人口规模增加速度反而小于未开通高速铁路的城市。高速铁路对大城市人口增长的促进作用似乎更明显,这个结论将在实证部分做进一步验证。

四、高速铁路对不同地理区位城市的影响

城市的地理区位由各城市到北京、上海、广州三大中心城市的最短交通距离表示。因为三大中心城市同时也是三大交通枢纽,所以相对于传

统的东、中、西划分方法，与三大中心城市的距离更能反映城市的地理区位。具体计算时，分别列出各城市到三大中心城市的铁路里程数，并从中选取最小值作为指标值。以石家庄市为例，在三大中心城市中，距离北京最近，因此选择石家庄市到北京市的最短铁路里程数为指标值。在全国286个城市中，每个城市都有距离相对最近的中心城市，从地理上看，受距离最近的中心城市影响更多，这种影响称为"辐射"，如石家庄市是受北京辐射的城市之一。

表3—7列出了北京、上海、广州辐射城市的情况。三大中心城市中，北京辐射的城市数量最多，这从地理学角度可以解释，北京位于中国中北部，相对于上海在东南部、广州在南部，北京的地理区位更靠近中心，因此辐射城市数量更多。进一步分析高速铁路开通情况，截至2010年年底，辐射城市开通高速铁路比例由高到低依次为上海、北京、广州，可以看出，三大中心城市中上海的可达性最好，这与高速铁路的开通有关。

表3—7　　三大中心城市高速铁路辐射情况

	北京	广州	上海
辐射城市数量（个）	132	83	71
辐射城市中开通高铁数量（个）	39	15	38
开通高铁比例（%）	29.55	18.07	53.52
辐射城市平均交通距离（千米）	970.05	897.82	744.94

数据来源：由作者计算得出。

为进一步探究高速铁路对不同区位城市的影响，需将城市进行分类。关于到中心城市距离分类，目前国内还没有统一标准，可参考国外学者和机构的研究成果。Garmendia（2008）研究欧洲高速铁路认为高铁可以促进大都市区周围约100km的城市融入大都市区。而世界银行研究认为750km是高速铁路相对航空运输具备优势的范围（Zheng和Kahn，2013）。因此，本书将城市按区位划分为100km以内、100～750km和大于750km三类，并分类探究每类城市中开通和未开通高铁的人口变量情况（见表3—8）。

表 3—8　　2010—2014 年高速铁路对不同地理区位城市的影响

到中心城市距离(km)	是否开通高铁(2010 年年底前)			平均增长量(万人)	平均增长率(%)
	类别	数量(个)	比例(%)		
<100	开通	7	64	56.30	3.51
	未开通	4	36	10.99	2.30
100~750	开通	48	39	16.83	2.22
	未开通	76	61	6.53	1.81
>750	开通	37	25	11.21	1.44
	未开通	114	75	4.28	1.40

数据来源:由作者计算得出。

表 3—8 反映了高速铁路对不同地理区位城市的影响。从是否开通高速铁路角度,可以看出,无论到中心城市的距离处于何种范围,开通高速铁路城市的平均人口增长量和增长率都大于未开通高速铁路的城市。进一步纵向比较所有开通高速铁路的城市,可以发现,高速铁路对不同地理区位的城市具有不同的影响。开通高速铁路后,距离区域中心城市越近的城市,人口平均增长量越大,平均增长率越高,人口的扩张趋势越明显。上述结论将在实证部分进一步验证。

五、高速铁路对城市群的影响

城市群是在特定的地理范围内形成的一种城市组织,一般由特大城市为中心、周边城市为依托,形成一个完整的经济区域单元。城市群内部的城市之间空间分布紧凑,经济联系密集,彼此呈现较为一致的发展趋势,是城市发展到成熟阶段的一种比较良好的空间组织形式。在城市群内部,一般有比较成熟的交通轨道网络连接各个城市,因此高速铁路在城市群内外的布局也不完全相同,下面将具体分析高速铁路对城市群内城市和城市群外城市的不同影响。

中国的城市群发展经历了较为漫长的阶段。20 世纪 90 年代,中国经济的快速发展催生了一批城市群的诞生。京津冀城市群、长三角城市群和珠三角城市群是最早发展也是最具有代表性的城市群。这三大城市群内含有北京、上海、广州三大中心城市，无论从人口、面积还是从经济来看，都处于中国城市群发展的最前列，是国家最先颁发相关文件进行总体规划和政策支持的城市群。1997 年，重庆市成为中国第四个直辖市，之后经济和人口都得到快速扩张与发展，截至 2014 年年末重庆市常住人口已经达到 2 991.4 万人，成为西部地区人口最多的城市，以此为中心形成的成渝城市群也得到了国家的重点关注，并成为国家级城市群之一。2015 年，国务院批复《长江中游城市群发展规划》，长江中游城市群成为中国第五个国家级城市群。表 3—9 是中国城市群发展的情况。

表 3—9　　中国城市群发展概况

名　称	范　围	相关政策发展情况
京津冀城市群	北京市、天津市、河北省全部(11 市)	(1)2004 年启动规划编制工作。 (2)“十一五”规划期间完成《京津冀都市圈区域规划》。 (3)2015 年 4 月，中央政治局审议通过《京津冀协同发展规划纲要》。
长三角城市群	上海市、江苏省(9 市)、浙江省(8 市)、安徽省(8 市)	(1)1992 年，长三角建立 15 个城市间合作机制。 (2)2010 年国务院批准《长江三角洲地区区域规划》。 (3)2016 年 5 月，国务院通过《长江三角洲城市群发展规划》。
珠三角城市群	广东省(9 市)	(1)1994 年正式提出“珠三角”概念。 (2)2008 年 12 月《珠江三角洲地区改革发展规划纲要(2008—2020)》正式发布。
长江中游城市群	江西省(10 市)、湖北省(10 市)、湖南省(8 市)	2015 年 4 月，国务院发布《长江中游城市群发展规划》，明确长江中游城市群的范围和定位。
成渝城市群	重庆市、四川省(15 市)	2016 年 4 月，国家发展改革委、住房城乡建设部联合发布《成渝城市群发展规划》。

数据来源：由作者整理得出。

本书研究的城市群就是京津冀城市群、长三角城市群、珠三角城市群、长江中游城市群以及成渝城市群。之所以选择这五个城市群,主要有两个原因。第一,这五大城市群属于国家级城市群,是国家已经明确批复并提供相关政策支持的城市群,其形成时间较早,发展已经较为成熟。第二,这五大城市群分别位于中国的北部、东部、南部、中部和西部,地理范围基本覆盖全国,更具有代表性。需要说明的是,在国务院颁发的《长江三角洲城市群发展规划》中包括了上海市、江苏省、浙江省和安徽省共 26 个城市,但在学术研究中一般选取核心的 16 个城市,本书也采用核心的 16 市进行划分。

表 3—10 反映了五大城市群内城市高速铁路开通以及 2010—2014 年常住人口的增长情况。

表 3—10　　　　城市群内高速铁路及常住人口发展情况

城市群名称	城市总数(个)	(截至 2010 年)开通高铁城市数	开通高铁比例(%)	人口增长量(万人)	人口增长率(%)
京津冀	13	9	69	46.01	4.00
长三角	16	11	69	15.67	1.70
珠三角	9	3	33	16.32	2.51
长江中游	28	16	57	9.36	1.88
成渝	16	5	31	10.87	0.91
总计/均值	82	44	52	19.65	2.20

数据来源:由作者计算得出。

从城市群内开通高速铁路的情况来看,京津冀城市群与长三角城市群开通比例最高,均为 69%;成渝城市群开通比例最低,仅有 31%。从常住人口的变化情况来看,京津冀城市群的人口增长量和增长率都排在第一位,其次是珠三角和长三角城市群。综合对比五大城市群,较早形成和发展的三大城市群无论是高速铁路建设还是人口增长都排在相对靠前的位置,而新批复成立的长江中游城市群和成渝城市群则相对落后,但也呈现积极的增长态势。

表 3—11 反映了高速铁路对城市群内城市与城市群外城市的不同影响。

表 3—11　　2010—2014 年高速铁路对城市群城市的影响

是否在城市群内	是否开通高速铁路(2010 年底前)			平均增长量(万人)	平均增长率(%)
	类别	数量(个)	比例(%)		
是	开通	44	54	28.01	2.66
	未开通	38	46	5.25	1.37
否	开通	48	24	8.01	1.40
	未开通	156	76	5.31	1.63

数据来源:由作者计算得出。

从是否开通高速铁路分析,可以看出,城市群范围内的城市中,开通高铁的城市无论是人口增长量还是增长率都明显高于未开通城市;城市群范围外的城市中,开通高铁的城市人口增长量高于未开通城市,但人口增长率则呈现相反的情况。进一步纵向比较所有开通高速铁路的城市,可以发现,城市群内的城市人口增长量和增长率都明显高于城市群外的城市。

总体来说,高速铁路对城市群内外的城市有不同影响:对于城市群内的城市,开通高速铁路后人口增长量和增长率都明显提升;对于城市群外的城市,高速铁路的作用不是非常显著。由此可见,高速铁路对城市群内部的城市人口增长的促进作用似乎更明显,这个结论将在实证部分进一步验证。

第五节　高速铁路开通对城市人口规模的影响:计量分析

一、研究模型构建

(一)数据说明

本节数据根据《中国区域经济统计年鉴》和《中国城市统计年鉴》数据

计算整理而成,选取全国 286 个地级及以上城市作为样本。目前《中国城市统计年鉴》统计了 290 个地级及以上城市,其中,毕节市和铜仁市设立于 2011 年,三沙市设立于 2012 年,海东市设立于 2013 年。考虑到本书实证研究区间为 2010—2014 年,故剔除新设立的四个市,最终选取 286 个地级市。铁路通车情况来源于 2010 年 12 月的列车时刻表,获取了截至 2010 年年底的高速铁路通车情况。

城市人口规模数据方面,不同于目前多数研究所采用的市辖区人口数据(王垚和年猛,2014;覃成林等,2014;宋晓丽和李坤望,2015),而是选取城市常住人口数据来度量城市规模。主要原因有两个:第一,为了更好地推动城市发展,大多数二三线城市将高速铁路站点建在城市边缘区而非市内,但市辖区人口只统计市内人口,无法准确刻画城市的真实人口数据;第二,常住人口数据可以排除户籍制度对城市人口规模变化的影响。由于中国的城市经济统计数据只统计户籍人口,自 2010 年起才开始公布地级市常住人口数据,因此,城市人口数据 2010—2013 年采用《中国区域经济统计年鉴》公布的地级行政单位的常住人口数据,2014 年常住人口数据从各省及各市的统计年鉴或《国民经济和社会发展统计公报》获取。

(二)基本模型

城市是一个变动的经济景观,经济要素在空间上的集聚和扩散构成了其发展的主要过程,城市规模就是其在某一发展阶段物质与要素集聚程度的一种体现。一般研究中,主要用城市人口数量来表征城市规模大小。

本书在研究高速铁路对城市人口规模的影响时,将其区分为两层含义。第一层是高速铁路对城市人口规模变动大小的影响。即在研究期内高速铁路的开通是否会导致城市人口规模的数量大小变化,这是一种绝对量的概念,表示高速铁路对城市人口规模变动“量”的影响。第二层是高速铁路对城市人口规模变动速度的影响。一般而言,城市人口规模的变动由人口增长率来表示,这是变化率的概念,表示高速铁路对城市人口规模变动“速度”的影响。

1. 高速铁路对城市人口规模变化量的影响

具体模型设置如下：

$$\Delta P_i = \alpha_0 + \alpha_1 HSR_i + \beta_i control_i + \xi_i \quad (3.1)$$

式中，被解释变量 ΔP_i 表示 i 城市的城市常住人口增长量。因研究期是 2010—2014 年，故该变量表示 i 城市 2010—2014 年城市人口规模的变动情况，是一个变化量的概念。解释变量 HSR 为虚拟变量，代表 i 城市截至 t 时期(一般为该年年末)是否开通高速铁路。因研究的高铁变量表示截至 2010 年年末是否开通高速铁路，若开通，该变量值取“1”，否则取“0”。

模型研究了开通高速铁路之后，是否会对城市人口规模的变化量产生影响。

2. 高速铁路对城市人口规模变化率的影响

在已有研究中，多数学者主要是对人口增长率进行了研究，如覃成林(2014)、王垚(2014)等学者均采用 Glazer(1995)提出的城市人口增长模型作为基本形式，具体如下：

$$\ln\left(\frac{P_{i,t+1}}{P_{i,t}}\right) = aX_{i,t} \quad (3.2)$$

式中，$P_{i,t+1}$ 表示 i 城市在 $t+1$ 时期的人口数量，即采用城市常住人口数据。$\ln(P_{i,t+1}/P_{i,t})$ 表示人口增长率；$X_{i,t}$ 代表 t 时期所有影响 i 城市生产率水平和城市生活质量的因素集合。

进一步将高速铁路作为变量加入其中，如下式所示：

$$\ln\left(\frac{P_{i,2014}}{P_{i,2010}}\right) = \alpha_0 + \alpha_1 HSR_{i,2010} + \beta_i control_{i,2010} + \xi_i \quad (3.3)$$

式中，被解释变量是 2010—2014 年的城市常住人口增长率，解释变量 HSR 表示截至 2010 年年底是否开通高铁，其他控制变量均为 2010 年的基期值。

模型研究了高速铁路开通后，是否会对城市人口规模的变化速度产生影响。

需要注意的是,无论研究对象是城市人口变化量还是人口变化率,本书均采用了截面数据回归的方法,即被解释变量为城市常住人口 2010—2014 年总体的变化情况,解释变量和控制变量都是 2010 年初始的情况。之所以采用这种回归方法,是因为在研究城市人口的增长时,会出现"时差"问题(朱农和曾昭俊,2004)。

在 Glazer 的人口增长模型中,城市人口的增长率和其他解释变量之间具有相互影响的关系。例如,城市原始资本积累的增加会提高城市平均工资,从而吸引更多的人口;而人口的增加又会进一步促进要素集聚,从而推动产业发展。因此,在回归模型中,很难区分这种因果关系。假设"时差"的存在,需采用一种"滞后变量"的处理方式,从而避免可能存在的内生性问题。当前城市生产率或城市生活质量的提高并不会立即影响人口流动,而是对未来时期的人口流入产生影响。

同理,对于高速铁路这种城市基础设施建设的投资,也属于城市生活质量提高的一个表现。因此,在基本模型设置中,解释变量和控制变量全部选取期初值,即假定在 2010—2014 年的研究期内,城市常住人口的增长取决于城市在期初的某些经济社会特征。

(三)高速铁路对不同类型城市人口规模的影响

基本模型反映了高速铁路对城市人口规模的总体影响情况,进一步研究高速铁路对不同类型城市的影响,需要在基本模型的基础上加入城市特征交叉项。本书选取城市规模等级、城市地理区位、是否纳入城市群、城市产业结构等作为城市特征的表现。

表 3－12 为交叉项设置,在保证基本模型的其他控制变量不变的基础上,将设置的交叉项加入基本模型中,分别探究其对人口增长量和人口增长率的影响,从而进一步分析高速铁路对不同类型城市人口规模的影响情况。

表 3—12　　交叉项设置表

被解释变量 / 交叉项类型	人口增长量：$\Delta P_{2010-2014}$	人口增长率：$\ln(P_{i,2014}/P_{i,2010})$
城市规模等级	$\alpha_1 HSR_{i,2010}+\alpha_2 SIZE_{i,2010}+\alpha_3 HSR_{i,2010}\times SIZE_{i,2010}$	
城市地理区位	$\alpha_1 HSR_{i,2010}+\alpha_2 DIS_{i,2010}+\alpha_3 HSR_{i,2010}\times DIS_{i,2010}$	
城市群	$\alpha_1 HSR_{i,2010}+\alpha_2 GROUP_{i,2010}+\alpha_3 HSR_{i,2010}\times GROUP_{i,2010}$	
城市产业结构	$\alpha_1 HSR_{i,2010}+\alpha_2 IND_{i,2010}+\alpha_3 HSR_{i,2010}\times IND_{i,2010}$	

1. 探究高速铁路对不同规模等级城市的影响

在基本模型的基础上，加入 HSR_i 和 $SIZE_i$ 的交互项，如表 3—12 的第一行所示。$HSR_{i,2010}$ 表示 i 城市截至 2010 年年底是否开通高速铁路，$SIZE_i$ 是 2010 年 i 城市的人口规模等级。根据国务院最新颁发的城市规模划分标准，城市可划分为五档七类，考虑实证模型的适用性，模型将城市规模等级设置为“0”或“1”的虚拟变量，即人口小于 100 万人的城市为中小型城市，赋值为“0”；人口 100 万人以上的城市为大城市，赋值为“1”。交互项代表了高速铁路对不同规模城市的影响，分别探究其对城市人口的增量和增速的影响，如果该交互项显著，则表明高速铁路对不同规模的城市有不同影响。系数的方向和大小进一步表明高速铁路的开通是更有利于大城市人口增加还是小城市人口增加。

2. 探究高速铁路对不同地理区位城市的影响

在基本模型的基础上，加入 HSR_i 和 DIS_i 的交互项，如表 3—12 的第二行所示。城市的地理区位用 i 城市到三大中心城市（北京、上海、广州）最短交通距离 DIS_i 表示，因为三大中心城市也是三大交通枢纽，与三大中心城市的距离更能反映该城市的地理区位。交互项代表了高速铁路对不同地理区位城市的影响，如果该交互项显著，则表明高速铁路对不同地理区位的城市有不同影响。

3. 探究高速铁路对城市群内外城市的影响

在基本模型的基础上，加入 HSR_i 和 $GROUP_i$ 的交互项，如表 3—12

的第三行所示。$GROUP_i$ 是虚拟变量,代表该城市是否在城市群内。交互项代表高速铁路对城市群内或城市群外城市的影响,如果该交互项显著,则表明高速铁路对是否在城市群内有不同影响。系数的方向和大小进一步表明高速铁路的开通是促进城市群内人口增速加快还是城市群外人口增速加快。

4. 探究高速铁路对不同产业结构城市的影响

在基本模型的基础上,加入 HSR_i 和 IND_i 的交互项,如表 3—12 的第四行所示。IND_i 是虚拟变量,代表该城市的产业结构。本书采用城市第二、第三产业产值比重反映城市产业结构对人口规模的影响。比值越高,表示城市内第二产业所占比重越高;比值越低,代表第三产业产值比重越高,服务业在城市产业结构中占主要地位。交互项代表了高速铁路对不同产业结构城市的影响,如果该交互项显著,则表明高速铁路对不同产业结构城市有不同影响。系数的方向和大小进一步表明高速铁路的开通更有利于何种产业结构城市的人口增速加快。

二、控制变量及相关变量描述性统计分析

模型中,*control* 为控制变量向量,文献综述部分对影响城市人口规模的各种因素已有相关总结。根据实际研究情况,将控制变量划分为经济要素、社会要素和城市特征要素三类。其中,经济要素和社会要素是城市综合发展水平的直接体现,对城市人口规模产生直接影响;城市特征变量则对城市类型进行划分,其对城市人口规模是否产生影响需要根据设置交叉项进行进一步验证。具体如表 3—13 所示。

表 3—13　　研究变量选取

指标类型	变量名称	变量解释
经济要素	固定资产投资	采用城市固定资产投资占 GDP 的比重,反映城市建设投入情况对人口规模的影响。
	城市对外开放度	采用城市实际使用外资金额占 GDP 的比重,反映城市对外开放程度对人口规模的影响。

续表

指标类型	变量名称	变量解释
社会要素	政府财政支出	采用城市政府财政预算内支出占 GDP 的比重，反映城市公共政策和政府干预程度对人口规模的影响。
	人力资本	各城市每万人在校大学生和中学生的数量，反映城市知识溢出水平。
城市特征要素	城市规模等级	虚拟变量，城市常住人口大于 100 万为大型城市，赋值为“1”，反映城市初始规模对未来城市人口规模的影响。
	城市地理区位	各城市到北京、上海、广州三大中心城市的交通距离，以铁路实际里程数为指标计算(以到最近的中心城市距离为准，未通铁路城市用高速公路里程数代替)。
	城市群要素	反映是否在城市群内对未来城市人口规模的影响，以目前已经形成的五大国家级城市群作为划分依据。
	城市产业结构	采用城市第二、第三产业产值比重，反映城市产业结构对人口规模的影响。

经济要素反映城市的社会经济发展水平，包括固定资产投资和城市对外开放度两个指标。固定资产投资占 GDP 比重从城市建设投入角度反映城市经济发展的基础条件对人口规模的影响。城市对外开放度由城市实际使用外资金额占 GDP 比重这一指标衡量，反映城市对外开放程度对人口规模的影响。

社会要素反映知识发展水平和政府财政支出。人力资本反映城市的知识溢出水平，一般由受教育人口数表示。目前城市层面的受教育人口数还未有公开统计，多数学者采用教育经费投入或在校学生数来代替这一指标，本书采用每万人在校大学生和中学生数量来表示。

城市特征要素作为交叉项放入模型中，用以探究高速铁路开通后是否会对不同类型城市产生差异化影响。本书将城市类型按照城市规模等级、城市地理区位、是否在城市群内以及城市产业结构进行划分。其中，城市地理区位以各城市到北京、上海、广州的铁路实际里程数为指标，数据来源于2010年12月份的列车时刻表,未开通铁路的由高速公路里程数代替。具体选择时,分别列出各城市到三大中心城市的铁路里程数,并从中选取最小值作为模型计算的数据。

表3—14是主要变量的描述性统计。

表3—14　　主要变量描述性统计

变量名	定义	样本量	均值	标准差	最小值	最大值
pop	2010—2014年城市常住人口规模变化量(万人)	286	9.248 2	21.680 5	−29.600 0	217.510
growth	2010—2014年城市常住人口增长率(%)	286	1.716 0	2.322 1	−5.327 2	15.478 4
hsr	高铁变量(未开通取“0”,已开通取“1”)	286	0.321 7	0.467 9	0	1
fix	固定资产投资/地区GDP	286	0.722 9	0.241 2	0.163 9	1.491 8
fdi	实际利用外商直接投资/地区GDP	286	0.019 1	0.019 0	0	0.131 6
pub	政府财政预算支出/地区GDP	286	0.180 9	0.178 5	0.045 2	2.348 8
edu	各城市每万人在校大学生和中学生数(取对数)	286	6.574 6	0.321 2	4.978 8	7.450 0
size	城市规模等级变量(中小城市取“0”,大城市取“1”)	286	0.437 1	0.496 9	0	1
dis	距三大城市(最短)交通距离(km)	286	893.2024	594.776 7	0	376 1
group	城市群变量(城市群内取“1”,城市群外取“0”)	286	0.286 7	0.453 0	0	1
ind	第二产业产值/第三产业产值	286	1.576 3	0.814 6	0.319 7	8.802 0

数据来源:由作者计算得出。

三、高速铁路对城市人口规模的影响:基本结果

本书在研究高速铁路对城市人口规模的总体影响时,分别就人口规模变化量和人口变化率两方面进行了分析。回归结果报告如表3—15和表3—16所示。

表3—15为高速铁路对城市人口规模变化量的影响。研究对象为全

国 286 个地级行政单位，被解释变量是 2010—2014 年城市常住人口的增长量，解释变量是截至 2010 年年底的高速铁路开通情况，其余控制变量均为研究期期初（2010 年）的指标数据，表示期初的城市经济社会发展水平对未来人口变化的影响。数据类型为截面数据，采用逐步回归的方式避免多重共线性问题，并采用稳健标准误排除异方差问题。

表 3—15　　　　高速铁路对城市人口规模增长量的影响

变量名称	(1) 人口增量	(2) 人口增量	(3) 人口增量	(4) 人口增量	(5) 人口增量	(6) 人口增量
hsr	12.270 9*** (3.316 0)	11.719 3*** (3.330 4)	11.048 5*** (3.270 8)	8.697 6*** (3.247 1)	8.275 6*** (3.056 3)	8.371 7*** (2.928 5)
ind		−5.073 1*** (−2.845 5)	−5.559 1*** (−3.066 1)	−4.897 3*** (−2.811 1)	−4.605 9*** (−2.685 9)	−4.532 1*** (−2.740 4)
fix			−11.814 7** (−2.377 5)	−12.433 9** (−2.464 2)	−12.807 8** (−2.566 6)	−13.247 9** (−2.325 5)
fdi				257.103 3** (2.254 5)	250.165 7** (2.178 9)	252.733 4** (2.131 8)
edu					6.117 7** (2.508 7)	6.079 1** (2.458 1)
pub						1.825 1 (0.323 6)
Constant	5.300 9*** (9.269 9)	13.475 3*** (4.725 4)	22.998 1*** (3.859 2)	18.239 1*** (3.036 5)	−21.903 1 (−1.178 4)	−21.857 5 (−1.171 8)
N	286	286	286	286	286	286
R^2	0.070	0.106	0.123	0.171	0.179	0.179

注：括号内为 t 统计量（稳健值），***、**、* 分别代表 1%、5%、10%的显著性水平。

资料来源：由作者计算得出。

表 3—15 是逐步回归的结果，可以看出，随着控制变量的增加，模型的 R^2 逐渐增大，模型的拟合效果越来越好。所重点关注的解释变量是否开通高铁（*hsr*）在每一步回归中均显著，且系数为正，这说明在总体样本的范围内，高速铁路开通促使城市人口规模增加，高速铁路对城市人口规模的变动总体呈现正向作用。

其他控制变量中，城市产业结构变量（*ind*）系数显著为负，由于产业结构选取第二产业产值与第三产业产值之比为指标，说明当城市中第二产业产值比重更大、第三产业产值比重更小时，人口增加量越小。这符合一般的经济学发展规律，因为从城市产业发展的角度，第二产业比第三产业的人口吸纳能力要弱，所以，城市中第二产业比例越高，越不利于城市人口规模的扩张。固定资产投资比例（*fix*）在回归中显著，系数为负，说明固定资产投资在城市 GDP 总量中所占比重越高，城市人口规模的增长量越小。固定资产投资代表城市建设投入的基本情况：当该指标在经济总量中所占比例越高，说明城市的基础建设还处于建设的发展阶段，人口增长量相对较小；当城市建设水平在达到一定程度后，城市发展逐渐成熟，城市人口规模的增长趋于稳定，增长量较大。这也比较符合现实情况。城市对外开放程度（*ind*）的系数显著为正，说明城市外商直接投资的比例越高，城市人口增长量越大，反映了城市对外开放程度对人口的吸引能力。城市人力资本变量（*edu*）在回归中显著，且系数为正，说明城市人口的受教育人数比例对人口的增长有明显作用，城市中受教育人口越多，城市的人力资本水平越高，城市发展相对成熟，对人口的吸纳能力更强，城市人口的增长量更大。政府财政支出变量（*pub*）在回归中不显著，说明在对城市人口变化量的影响方面并没有表现出明显的作用。

表 3—16 为高速铁路对城市人口规模变化率的影响。被解释变量是 2010—2014 年城市常住人口的增长率，解释变量是截至 2010 年年底高速铁路的开通情况，其余控制变量均为研究期期初的指标数据，表示期初的城市经济社会发展水平对未来人口变化的影响。

表 3—16　　　　高速铁路对城市人口规模增长率的影响

变量名称	(1) 人口增速	(2) 人口增速	(3) 人口增速	(4) 人口增速	(5) 人口增速	(6) 人口增速
hsr	0.425 7 (1.379 6)	0.365 3 (1.211 6)	0.342 2 (1.138 3)	0.103 0 (0.376 4)	0.013 7 (0.051 4)	−0.116 2 (−0.425 4)
ind		−0.555 7*** (−3.268 1)	−0.572 4*** (−3.352 9)	−0.505 1*** (−3.088 4)	−0.443 5*** (−2.951 6)	−0.5432*** (−3.370 4)
fix			−0.406 4 (−0.717 3)	−0.469 4 (−0.826 1)	−0.548 5 (−0.996 6)	0.046 5 (0.078 3)

续表

变量名称	(1) 人口增速	(2) 人口增速	(3) 人口增速	(4) 人口增速	(5) 人口增速	(6) 人口增速
fdi				26.160 9*** (2.828 8)	24.693 5*** (2.711 3)	21.223 1** (2.299 5)
edu					1.294 0** (2.473 7)	1.346 2*** (2.623 1)
pub						−2.466 7*** (−2.907 1)
Constant	1.579 0*** (9.980 0)	2.474 5*** (7.212 9)	2.802 0*** (4.833 4)	2.317 8*** (3.903 8)	−6.173 0* (−1.821 4)	−6.234 6* (−1.864 4)
N	286	286	286	286	286	286
R^2	0.007	0.045	0.047	0.090	0.121	0.149

注：括号内为 *t* 统计量(稳健值)，***、**、*分别代表1%、5%、10%的显著性水平。

资料来源：由作者计算得出。

表3—16是逐步回归的结果，可以看出，随着控制变量的增加，模型的 R^2 逐渐增大，模型的拟合效果逐渐变好，但解释变量是否开通高铁(*hsr*)在每一步回归中均不显著，这说明高速铁路的开通虽然可以促进城市人口规模的增加，但在增速方面总体影响并不显著。

其他控制变量中，城市产业结构变量(*ind*)系数显著为负，说明城市产业中，第二产业产值越高，城市人口规模的增长速度越慢，这与上文对城市人口增量的影响方向一样。固定资产投资比例(*fix*)在回归中不显著，说明固定资产投资对人口增速方面并没有明显影响。城市外商直接投资比例(*fdi*)系数显著为正，这说明城市对外开放程度越高，城市人口的增长速度越快，与上文对人口增量的影响相一致。人力资本水平(*edu*)的系数显著为正，说明城市人口中受教育水平人数比例越高。政府财政支出(*pub*)系数显著为负，政府公共财政支出反映了政府对城市建设和发展的干预程度，说明政府对城市发展的控制力越强，人口增长的速度越慢。从控制变量的情况来看，基本与对人口增量的影响情况相同，尤其是城市对外开放程度和城市人力资本水平这两个变量，不仅可以促进城市常住人口的增长，同时也促进了人口增长速度的加快，对城市规模的扩张起到较为积极正向的作用。

四、高速铁路对不同类型城市的影响结果

基本模型分析了高速铁路对城市人口规模的总体影响。可以看出，开通高速铁路之后,可以促进城市常住人口的增加,但在人口的增速方面,并没有显著的促进作用。因为基本模型是针对全部样本进行的分析，而不同城市因初始的一些特征状态彼此间有较大差异,高速铁路的开通对不同类型城市的影响可能也会有所差异。为进一步探究这种差异化的影响,实证的第二部分在基本模型基础上区分城市类型,探究高速铁路对不同类型城市的影响,针对不同城市分析高速铁路影响的差异化,从而得出更有针对性的结论和建议。

在总体样本的基础上区分城市类型是通过设置交叉项实现的,具体变量为城市规模等级、城市地理区位、城市群及城市产业结构。根据这四类交叉项的变量设置及其代表的含义,高速铁路对城市人口规模的差异化影响可分为规模效应、区位效应、城市群效应和产业结构效应。

(一)规模效应

规模效应是从城市规模等级角度对城市进行区分,探究高速铁路对不同规模城市的影响是否具有差异化效应。

在规模效应模型中,被解释变量为 2010—2014 年城市人口五年总体的增长量及增长率,解释变量为规模效应交叉项,即高铁变量和城市规模等级的乘积。城市规模等级的划分是将现行划分标准简化,将常住人口100 万以下的城市定义为中小型城市,超过 100 万的定义为大型城市。其他控制变量为 2010 年的基期值,代表基期的经济社会发展水平对其未来人口的影响,样本为全国 286 个地级及以上城市,数据类型为截面数据。

在截面回归中,采用逐步回归的方式避免多重共线性问题,并采用稳健标准误排除异方差问题。表 3—17 是回归的基本结果。

表 3—17 高速铁路对不同规模等级城市的影响

被解释变量	人口增量		人口增速	
解释变量	(1)	(2)	(3)	(4)
hsr	8.217 8***	6.002 7***	0.112 0	−0.255 8
	(3.042 2)	(2.601 4)	(0.394 0)	(−0.945 3)
size	10.247 6***	6.859 2***	0.893 5***	0.415 4*
	(4.866 8)	(3.973 5)	(3.219 7)	(1.693 2)
hsr×*size*	19.218 2***	18.316 7***	1.205 8**	1.060 7*
	(3.175 9)	(3.174 2)	(2.062 8)	(1.896 5)
ind		−3.989 3**		−0.510 4***
		(−2.583 8)		(−3.195 2)
fix		−10.036 2*		0.240 4
		(−1.913 2)		(0.412 4)
fdi		228.927 1**		19.788 9**
		(2.049 3)		(2.186 8)
edu		2.503 2		1.132 8**
		(0.934 7)		(2.219 8)
pub		2.724 4		−2.410 4***
		(0.477 3)		(−2.840 1)
Constant	1.132 0	−4.415 4	1.227 1***	−5.197 4
	(1.183 2)	(−0.227 0)	(6.881 5)	(−1.575 7)
N	286	286	286	286
R^2	0.165	0.235	0.057	0.166

注:括号内为 t 统计量(稳健值),***、**、* 分别代表 1%、5%、10%的显著性水平。

资料来源:由作者计算得出。

首先分析人口增长量模型,回归(1)是不加其他控制变量的结果,回归(2)是添加其他控制变量的结果。可以看出,随着控制变量的增加,模型的 R^2 增大,模型的拟合效果变好;无论是否加入控制变量,单独的高铁变量、单独的城市规模等级变量,以及两者的交叉项均显著。单独的高铁变量显著,说明高速铁路本身对城市人口规模的增长量有促进作用。

单独的城市规模等级变量显著，说明与中小型城市相比，大城市的常住人口增加量更多。两者的交叉项是重点关注的，其系数显著为正，说明在开通高速铁路之后，大城市的人口增加量多于中小型城市，高速铁路的开通促使人口进一步向大城市集聚。

进一步分析人口增长率模型，回归(3)是不加其他控制变量的结果，回归(4)是添加其他控制变量的结果。可以看出，无论是否加入控制变量，单独的高铁变量始终不显著，这与人口增长率的基本模型结果一致；单独的城市规模等级变量显著，说明大城市的人口增长速度快于中小型城市；两者的交叉项系数显著为正，说明开通高速铁路之后，大城市的人口增长速度更快。

综合分析人口增长量和增长率，可以看出关键变量的影响方向是一致的。单独关注城市规模等级，大城市比中小型城市吸引人口的能力更强、人口增长速度更快，在开通高速铁路之后，这种趋势会进一步增强。高速铁路本质上是一种交通运输工具，其运载对象主要是旅客，从动态的角度看，高速铁路促使人口流动的能力进一步加强，因此会导致人口由一处流向另一处。如此看来，高速铁路的开通并非对所有城市有利。高速铁路的开通进一步导致人口分布的极化发展，尤其对小城市而言，其人口在一定程度上有流失。

(二)区位效应

区位效应是从城市地理区位角度对城市进行区分，探究高速铁路对不同区位城市的影响是否具有差异化效应。在区位效应模型中，被解释变量为2010—2014年城市人口五年总体的增长量及增长率，解释变量为区位效应交叉项，即高铁变量和该城市到三大区域中心城市(北京、上海、广州)最短交通距离的乘积。其他控制变量为2010年的基期值，代表基期的经济社会发展水平对其未来人口的影响，样本为全国286个地级及以上城市，数据类型为截面数据。

回归结果如表3—18所示。

表 3—18　　高速铁路对不同地理区位城市的影响

被解释变量	人口增量	人口增速
解释变量	(1)	(2)
hsr	5.816 0**	−0.363 7
	(1.969 3)	(−1.321 3)
dis	−0.002 2	−0.000 2
	(−0.638 9)	(−0.659 1)
hsr×*dis*	−0.013 5	−0.001 3*
	(−1.241 9)	(−1.928 0)
ind	−4.397 9***	−0.525 1***
	(−3.261 2)	(−2.984 5)
fix	−10.836 6**	0.280 1
	(−2.428 9)	(0.476 9)
fdi	250.3504**	20.707 2**
	(2.075 6)	(2.223 9)
edu	6.812 9***	1.420 8***
	(2.877 5)	(2.742 8)
pub	−0.939 6	−2.688 0**
	(−0.180 9)	(−2.558 8)
Constant	−26.338 8	−6.673 7*
	(−1.527 3)	(−1.961 0)
N	286	286
R^2	0.197	0.164

注：括号内为 *t* 统计量(稳健值)，***、**、* 分别代表 1%、5%、10%的显著性水平。

资料来源：由作者计算得出。

表 3—18 中，回归(1)是人口增长量模型，可以看出单独的高铁变量显著，但交叉项不显著，说明对处于不同地理区位的城市，高速铁路的影响并没有显著差异，只是从总体上起到促进人口规模增加的作用。回归(2)是人口增长率模型，可以看出单独的高铁变量和城市区位变量均不显著，但交叉项显著，这说明对于全部样本而言，高速铁路对人口增长率并没有显著影响，但区分样本之后，高速铁路对处于不同地理区位的城市存

在差异化影响。交叉项系数为负,说明开通高速铁路之后,距离区域中心城市越近,人口增长率越高,人口增长速度越快。这可能是由于距离中心城市越近的城市,受中心城市辐射效应影响更明显,高速铁路的开通加剧了这种辐射效应,使得城市人口增长速度更快。

由于距离中心城市越近的城市越容易被纳入城市群,因此本文设置了城市群效应模型,将城市群作为单独考虑的变量,进一步讨论高速铁路开通后对城市群内外城市的不同影响。

(三)城市群效应

城市群效应是从城市群角度对城市进行区分,探究高速铁路对城市群内外城市的影响是否具有差异化效应。考虑到中国的城市群规划具有政策因素,本文以已经颁布的城市群规划文件为准,选取已经成型的五大国家级城市群,对是否在城市群内对城市进行分类。在城市群效应模型中,被解释变量为 2010—2014 年城市人口五年总体的增长率,解释变量为城市群效应交叉项,即高铁变量和城市群变量的乘积,其他控制变量为 2010 年的基期值,代表基期的经济社会发展水平对其未来人口的影响,样本为全国 286 个地级及以上城市,数据类型为截面数据。在截面回归中,本文采用逐步回归的方式避免多重共线性问题,并采用稳健标准误排除异方差问题。表 3－19 是回归的基本结果。

表 3－19　　高速铁路对是否是城市群城市的影响

被解释变量	人口增量		人口增速	
解释变量	(1)	(2)	(3)	(4)
hsr	8.4463***	5.4768**	0.2082	－0.2861
	(3.2140)	(2.5040)	(0.6684)	(－1.0141)
group	6.3872**	4.3050**	0.2264	0.0693
	(2.5928)	(2.2751)	(0.8763)	(0.2801)
hsr×*group*	20.0670***	19.2708***	1.5246**	1.5661***
	(2.7232)	(2.9280)	(2.5713)	(2.9317)
ind		－4.2603***		－0.5265***
		(－2.8430)		(－3.3712)

续表

被解释变量	人口增量		人口增速	
解释变量	(1)	(2)	(3)	(4)
fix		−12.003 2** (−2.283 9)		0.080 3 (0.137 2)
fdi		208.849 4** (1.987 5)		19.000 1** (2.150 8)
edu		7.698 2*** (3.138 5)		1.431 8*** (2.722 7)
pub		0.314 1 (0.064 7)		−2.603 0*** (−3.148 4)
Constant	3.463 4*** (3.782 1)	−34.208 1* (−1.891 5)	1.490 1*** (8.286 9)	−6.843 0** (−1.981 2)
N	286	286	286	286
R^2	0.139	0.229	0.032	0.172

注：括号内为 t 统计量(稳健值)，***、**、* 分别代表 1%、5%、10%的显著性水平。

资料来源：由作者计算得出。

首先分析人口增长量模型，回归(1)是不加其他控制变量的结果，回归(2)是添加其他控制变量的结果。可以看出，随着控制变量的增加，模型的 R^2 增大，模型的拟合效果变好；无论是否加入控制变量，单独的高铁变量、单独的城市群变量及两者的交叉项均显著。单独的高铁变量显著，说明高速铁路本身对城市人口规模的增长量有促进作用。单独的城市群变量显著，说明城市群内的城市比城市群外的城市常住人口增长量更多。两者的交叉项是本文所重点关注的，其系数显著为正，说明在开通高速铁路之后，城市群内的人口增加量多于城市群外的城市，高速铁路的开通促使人口进一步向城市群内集聚。进一步分析人口增长率模型，回归(3)是不加其他控制变量的结果，回归(4)是添加其他控制变量的结果。可以看出，不管是否加入控制变量，单独的高铁变量始终不显著，这与人口增长率的基本模型结果一致。单独的城市群变量不显著，说明是否在城市群内并不能直接影响城市人口规模的增长速度。两者的交叉项系数显著，说明高速铁路对城市群内外的城市人口增长速度有差异化的影响，开通高速铁路之后,城市群内的人口增长速度更快。

综合分析人口增长量和增长率,可以看出交叉项是一直显著的,且方向均为正,这说明无论是对人口增长量还是人口增长率,开通高速铁路之后,都会进一步促进人口向城市群内集聚。结合区位效应的研究结果,一方面是由于城市群内存在区域性的中心城市,开通高速铁路会促使人口进一步向城市群内部集聚;另一方面是由于城市群内部高速铁路线路较多,形成了城际轨道交通网络,高速铁路的开通更有利于城市群发挥人口的集聚作用。因此,高速铁路对城市群的规划具有一定意义,两者是相互影响的关系。

(四)产业结构效应

产业结构效应是从城市初始产业结构对城市进行区分,探究高速铁路对不同产业结构城市的影响是否具有差异化效应。在基本模型的控制变量中,产业结构变量设置为城市第二产业产值与第三产业产值之比,该指标值越小,说明城市中第二产业所占比重越小、第三产业所占比值越大。根据基本模型的回归结果,可以看出,产业结构本身对城市人口规模是有显著性影响,而且在城市产业结构中,第三产业产值越高,城市人口规模的扩张越明显,这说明第三产业对人口的吸纳能力更强。进一步设置高速铁路与产业结构的交叉项,是为进一步区分高速铁路是否会对不同产业结构的城市产生差异化影响。表 3—20 是回归的基本结果。

表 3—20　　高速铁路对不同产业结构城市的影响

被解释变量	人口增量		人口增速	
解释变量	(1)	(2)	(3)	(4)
hsr	10.639 6***	7.969 4***	0.323 4	−0.126 2
	(3.352 4)	(2.950 8)	(1.109 5)	(−0.466 8)
ind	−8.249 8***	−7.200 3***	−0.679 0***	−0.609 2***
	(−3.103 4)	(−2.884 9)	(−3.631 5)	(−3.523 5)
hsr×*ind*	−18.934 4**	−16.428 7**	−0.734 9	−0.406 6
	(−2.312 9)	(−2.107 9)	(−1.507 2)	(−0.853 9)

续表

被解释变量	人口增量		人口增速	
解释变量	(1)	(2)	(3)	(4)
fix		−8.623 1** (−2.135 1)		0.160 9 (0.269 3)
fdi		245.608 7** (2.148 9)		21.046 7** (2.293 5)
edu		3.964 5 (1.400 7)		1.293 9** (2.448 8)
pub		2.440 3 (0.452 4)		−2.451 5*** (−2.910 9)
Constant	18.380 8*** (4.325 2)	−7.327 5 (−0.340 7)	2.664 9*** (7.382 7)	−5.875 0* (−1.709 2)
N	286	286	286	286
R^2	0.172	0.225	0.054	0.152

注：括号内为 t 统计量(稳健值)，***、**、* 分别代表1%、5%、10%的显著性水平。

资料来源：由作者计算得出。

首先分析人口增长量模型，回归(1)是不加其他控制变量的结果，回归(2)是添加其他控制变量的结果。可以看出，随着控制变量的增加，模型的 R^2 增大，模型的拟合效果变好；无论是否加入控制变量，单独的高铁变量、单独的产业结构变量及两者的交叉项均显著。单独的产业结构变量显著，说明产业结构中，第三产业产值所占比重越大，人口增长量越多。两者的交叉项是本文所重点关注的，其系数显著为负，说明在开通高速铁路之后，第三产业所占比重更大的城市人口增长量更多，高速铁路的开通促使人口进一步向第三产业更发达的城市集聚。进一步分析人口增长率模型，回归(3)是不加其他控制变量的结果，回归(4)是添加其他控制变量的结果。可以看出，模型中只有单独产业结构变量显著，交叉项不显著，说明高速铁路对不同产业结构的城市人口增长率并没有明显的差异化影响。

正如理论机制部分所分析的，高速铁路主要改变了旅客的时间成本，这对于对人才交流和商务沟通成本要求更高的服务业来说,影响是明显的。从实证结果也可以看出,开通高速铁路之后,城市可达性提高,商务活动的效率提高、半径扩大,这对于服务业占主要地位的城市来说是更有利的,因此人口增长量也就越大。对于城市人口增长速度而言,高速铁路目前还没有体现出明显的影响,这可能是由于目前高速铁路开通时间还较短,而产业结构是一个长期演变的结果,两者在时间关系上并不对应。从目前来看,高速铁路对不同产业结构的城市仅在人口增长量上体现出差异化的影响。

第六节　研究结论及政策建议

一、主要研究结论

2008 年以来,中国进入高速铁路建设的快速发展时期,高速铁路缩短了城市间的时空距离,加速了生产要素的流动与集聚,产生了巨大的“时空收敛”效应。高速铁路对城市与区域产业发展产生全面而深刻的影响,也成为中国城镇化进程中一个重要的影响因素。虽然高速铁路对城市人口规模的影响受到众多学者的关注,但现有文献主要仍停留在现象描述和分析上,缺乏更深入的研究,尤其是在高速铁路对城市人口规模具体的影响方向和路径问题上,现有的研究仍存在较大争议。高速铁路是否会对城市人口规模产生影响?如果产生影响,是否对所有城市产生的影响都相同?高速铁路是加速了要素集聚的非均衡性,还是最终促进了区域协调发展?

本文以经典理论为基础,对高速铁路影响城市人口规模的作用机制进行梳理,结合前人的研究成果进行试探性分析,以全国 286 个地级及以上城市为研究对象,在更大的范围内考察高速铁路对城市人口规模的影响,使研究更具备可靠性。研究主要解决了两个问题:一是检验高速铁路是否对城市人口规模产生影响,如果这种影响是显著的,其方向如何;二是引入城市规模等级、城市地理区位、城市群以及城市产业结构等城市特征变量，探究高速铁路对不同类型城市的影响是否存在差异化，以及开通后是否给沿线所有城市都带来积极影响。

主要研究结果如下：

第一，总体来看，高速铁路对城市人口增长量产生显著的正向影响，而对城市人口增长率并没有明显影响。这说明开通高速铁路之后，城市人口增长量越大，但由于高速铁路开通时间较短，对城市人口的增长速度影响不明显。高速铁路的开通降低了旅客时间成本，提高了城市可达性，从而进一步促进要素集聚，最终对城市规模扩张产生推动作用。

第二，高速铁路对不同规模等级城市影响存在差异化。无论是从人口增长量还是人口增长率来看，大城市本身对人口的吸纳能力更强，而高速铁路的开通继续强化了这种趋势。高速铁路对大城市有更明显的促进作用，它促使人口由中小城市向大城市转移，一定程度上对中小型城市常住人口的增长起到抑制作用。

第三，高速铁路对不同地理区位的城市影响存在差异化。距离中心城市越近的城市，开通高速铁路后人口增长率越高，人口增长速度越快。这说明高速铁路具有辐射效应，其开通后可以加强区域中心城市对周边高铁沿线城市的辐射作用，进一步促进其人口增长。但高速铁路的辐射效应受距离限制，距离中心城市越远，人口增长速度越慢，对于处于较边缘位置的城市，甚至出现资源倒流的虹吸现象，进一步导致其边缘化程度的加深。

第四，高速铁路对城市群内外的城市影响存在差异化。开通高速铁路之后，城市群内的人口增长速度快于城市群外的城市，人口将进一步向城市群内流动。城市群作为区域社会经济发展的集合体，内部城市之间有较强的经济联系，更容易形成规模经济，其本身对于人口增长有积极作用，高速铁路的开通更有利于城市群发挥人口的集聚作用。作为交通基础的组成部分，高速铁路进一步加强了城市群内部城市的可达性，缩小了城市之间的沟通距离，促进了城市群的发展。

第五,高速铁路对不同产业结构的城市影响存在差异化。第三产业所占比重更大的城市,开通高速铁路后人口增加量更大,但在增长率上,目前高速铁路还没有表现出较显著的作用。

上述研究结果表明,高速铁路的建设与开通总体对城市人口规模变动产生积极促进影响,人口会向高铁沿线及高铁密集区集聚。但对于不同类型的城市,高速铁路的影响有所不同。一方面,高速铁路对于大城市人口规模扩张的促进作用要优于中小型城市,对于区域中心范围内城市的作用要强于边缘性城市;另一方面,高速铁路可以更好地促进城市群发挥其人口集聚的作用,同时对于服务业更发达的城市,在人口增长方面也有积极的促进作用。综合来看,高速铁路的开通并非对所有城市都产生有利影响,如何更合理的调整和规划高速铁路线路和站点布局,从而促进人口在空间范围内的合理流动,提高人口要素流动的均衡性,仍然是未来高速铁路建设所要重点关注的问题。

二、相关政策建议

由于高速铁路是在 2008 年后才开始大范围建设,常住人口数据是从 2010 年才开始统计,本研究的时间较短,只有 2010—2014 年五年的时间。考虑到高速铁路具有滞后效应,且在较短的研究期内仍然可以观察到高速铁路对城市人口规模变化产生的影响,因此研究得出的结论对于进一步制定更有效的高速铁路发展规划和相关政策具备一定的参考价值。提出的建议主要有以下几点:

(一)顺应高速铁路设站城市的人口扩张趋势,完善高速铁路网建设

作为一种新型、便捷的大区域交通方式,高速铁路能促进生产要素,尤其是高端生产要素的流动与集聚,在建设高速铁路的同时也要完善沿线城市的配套设施,加强城市基础设施建设和公共服务领域的投资,提高城市的对外开放程度,增加就业供给,从而提高高速铁路沿线城市的人口吸纳能力。在具体进行高速铁路建设时,不同城市应当根据自身的特点进行更有针对性的建设,同时要与城市建设和区域发展政策相适应,使其

能够更好地促进城市人口的有序流动，缩小城市间差距，实现区域协调发展。

（二）关注中小型城市高速铁路建设问题，引导人口合理有序流动

中小型城市相对大城市而言，人口增长速度较慢，人口吸纳能力较弱，而高速铁路的开通加剧了这种趋势，促使人口进一步由中小型城市流向大城市。从这一角度来看，高速铁路的开通并不利于中小型城市的发展。但这不是意味着要停止高速铁路的建设，而是要对中小型城市的高速铁路建设进行更合理的规划。首先，不能盲目在中小型城市建设高速铁路，对一些尚不具备经济和人口规模的中小型城市，当务之急是先提升城市的整体实力，提高城市的人口吸纳能力，从而为建设高速铁路后吸引人口奠定基础。其次，对于一些已经建设高速铁路的中小型城市，要充分利用高速铁路集聚要素，提高城市可达性的优势，积极配合调整产业结构，优化城市生态环境，提升城市活力，从而更好地吸引人口。

（三）对于不同地理区位的城市，因地制宜建设高速铁路

高速铁路对不同地理区位城市的人口规模变化影响不同，距离中心城市越近的城市，高速铁路对其人口增长的促进作用越明显。因此，在进行高速铁路建设规划时，应当对不同地理区位的城市加以区分，因地制宜制定更符合城市自身发展的政策。对于距离区域中心城市更近的城市，一方面要继续发挥区域中心城市的作用，进一步提高北京、上海、广州等中心城市的经济辐射能力，充分利用高速铁路，引导人口有序流动到周边城市，缓解中心城市的“拥挤效应”；另一方面要提升周边城市人口吸纳能力，使其能够更好地承接中心城市转移来的人口，进一步发挥卫星城市的作用。对于距离中心城市较远、边缘化程度较深的城市，在进行高速铁路建设时要量力而行，一方面进一步完善城市自身建设，提高城市经济基础和公共服务能力；另一方面，国家应当进一步推进区域中心城市建设，培育新一批区域中心城市，尤其是一些条件成熟的直辖市或省会城市，增强其作为区域中心的集聚作用，带动周边城市更好地发展。

（四）推进城市群建设，提高高速铁路与城市群内部的适应性

高速铁路可以促进城市群内部城市的人口实现更多、更快的增长，这意味着无论是城市群建设还是高速铁路建设，都不能单一进行，而是应当将两者联系起来综合考虑，提高两者的适应性，进行更有效的统筹规划。对于已有城市群，一方面要进一步提升其综合实力，加强城市群内部城市的联系；另一方面在进行高速铁路规划时应与城市群内部的城市关系相适应。对于经济合作较为紧密的城市，开通高速铁路更有利于提升城市间可达性，降低商务交流成本，同时也可以促进人口根据市场发展趋势进行更自由合理的流动。对于还未形成的城市群，应该积极鼓励，培育新城市群的形成，并结合正在进行的高速铁路建设，将两者相配合，共同促进区域内经济发展。

（五）调整城市产业结构，提高高速铁路服务效率

调整产业结构、促进产业进行升级转型是城市发展所必须经历的阶段，尤其从城市规模来看，服务业对人口的吸纳能力更强，更有利于城市人口的增长，而高速铁路则起到辅助作用，更好地推动了这种增长趋势，两者是相辅相成的关系。一方面，要积极推进城市的人才、技术等制度建设，提高城市对外开放程度，为服务业发展提供良好的环境；另一方面，在进行高速铁路建设时，可以优先选择服务业较为发达的城市。高速铁路作为城市基础设施可以对城市的产业发展起到支撑作用，选择更合适的城市有序进行高速铁路建设，可以更好、更高效地发挥高速铁路对于城市人口流动的引导作用。

参考文献

[1]陈建军，郑广建．集聚视角下高速铁路与城市发展[J]．江淮论坛，2014(2)：37－44．

[2]蒋吉德，彭峰，卢朝．论我国高铁建设给区域经济带来的机遇与挑战[J]．广西大学学报(哲学社会科学版)，2011，S1：8－9．

[3]李翠军．高铁效应对武汉发展的影响分析[J]．科技创业月刊，2011(7)：3－5．

[4]刘建彬，崔源. 高铁带来的人才冲击波[J]. 中国人才，2011(9)：19—21.

[5]卢旭，许豪. 高铁经济下沿线中小城市发展的思考[J]. 东方企业文化，2011(10)：120.

[6]骆玲. 高速铁路对沿线城镇发展的影响[J]. 西南民族大学学报(人文社会科学版)，2013(5)：109—113.

[7]覃成林，朱永磊，种照辉. 高速铁路网络对中国城市化格局的影响[J]. 城市问题，2014(9)：9—15.

[8]宋晓丽，李坤望. 交通基础设施质量提升对城市人口规模的影响——基于铁路提速的实证分析[J]. 当代经济科学，2015(3)：19—26.

[9]王缉宪. 高速铁路影响城市与区域发展的机理[J]. 国际城市规划，2011(6)：1—5.

[10]王垚，年猛. 高速铁路与城市规模扩张——基于中国的实证研究[J]. 财经科学，2014(10)：113—122.

[11]汪彩君，唐根年. 长江三角洲地区制造业空间集聚、生产要素拥挤与集聚适度识别研究[J]. 统计研究，2011，28(2)：59—64.

[12]魏后凯. 走向互动融合的城乡协调发展——《走向2020年的我国城乡协调发展战略》评介[J]. 城市发展研究，2010(8)：136.

[13]徐博，庞德良. 增长与衰退：国际城市收缩问题研究及对中国的启示[J]. 经济学家，2014(4)：5—13.

[14]杨东峰，龙瀛，杨文诗，孙晖. 人口流失与空间扩张：中国快速城市化进程中的城市收缩悖论[J]. 现代城市研究，2015(9)：20—25.

[15]殷克东，张雷，方景清. 交通运输方式在城市发展中的连通作用[J]. 当代经济，2008(2)：60—62.

[16]赵坚. 引入空间维度的经济学分析——新古典经济学理论批判[J]. 中国工业经济，2009(7)：130—141.

[17]张萃. 高速铁路对城镇体系发展影响的研究[D]. 天津：南开大学，2009.

[18]张国华，周乐，黄坤鹏，王有为. 高速交通网络构建下的城镇空间结构发展趋势——从“中心节点”到“门户节点”[J]. 城市规划学刊，2011(3)：27—32.

[19]张鑫曦. 沪杭高铁与“一小时经济圈”社会经济效应分析[J]. 中国储运，2010(2)：81—82.

[20]张学良，刘玉博，吕存超. 中国城市收缩的背景、识别与特征分析[J]. 东南大学学报(哲学社会科学版)，2016(4)：132—139.

[21]Garmendia M, Urena J M D, Ribalaygua C, et al. Urban Residential Development in Isolated Small Cities That Are Partially Integrated in Metropolitan Areas By High Speed Train[J]. European Urban and Regional Studies, 2008, 15(3): 249—264.

[22]Krugman P. Increasing returns and economic geography[J]. Journal of Political Economy, 1991, 99(3): 483—499.

[23]Rus G D, Inglada V. Cost-benefit analysis of the high-speed train in Spain [J]. The Annals of Regional Science, 1997, 31(2): 175—188.

[24]Vickerman R. High-speed rail in Europe: experience and issues for future development[J]. The Annals of Regional Science, 1997, 31(1): 21—38.

[25]Zheng S, Kahn M E. China's bullet trains facilitate market integration and mitigate the cost of mega city growth[J]. Proc Natl Acad Sci USA, 2013, 110(14): E1248—E1253.

第四章 高速铁路对中国城市空间扩张的影响分析

国际理论与实践表明,交通基础设施建设是城市空间扩张背后重要的驱动因素之一。现阶段,以高铁站点为代表的交通枢纽正深刻地影响着城市发展,中国高铁大规模建设与快速城市化的同步推进,使得这一影响更为深刻和复杂。本章在对城市空间扩张理论和高速铁路的城市空间效应相关研究进行梳理的基础上,统计分析了我国地级城市高铁开通情况和城市空间扩展的演变情况,再对二者之间的关系进行了理论和实证研究。研究的主要目的包括:系统梳理近年来交通基础设施与城市扩张的相关研究成果,总结高速铁路影响城市空间扩展的研究分析框架;基于GIS软件和相关统计数据,深入分析高速铁路网络和城市扩张的空间演化规律,并初步探究二者之间的相关关系特征;基于相关理论,全面深入地探析高速铁路影响城市空间扩展背后的传导机制,不仅从经济机制的角度,还要结合我国土地财政的国情进行讨论,形成完整的逻辑分析框架;通过多期DID模型探究二者的定量关系分析高速铁路开通对城市扩张的影响随时间的强度变化趋势,通过分类研究方法探究影响的空间异质性特征,为高铁的规划布局、不同类型城市的城市规划和土地管控提供一定的参考。

本章由八节组成:第一节梳理研究背景和研究意义;第二节分析城市空间扩张的概念、模式及驱动机制;第三节从经济机制和地方政府行为两个视角对高铁影响城市建成区面积扩张的机制做出详细论述,从理论上构建了高速铁路开通对城市空间扩张影响的分析框架;第四节从城市扩张的时空特点和人口密度特点对我国各城市空间扩张的现状进行统计分析;第五节初步检验高铁开通与城市空间扩张两者之间的相关性;第六节建立 DID 回归模型,识别高速铁路对城市空间扩张的因果效应;第七节选取是否纳入国家级城市群、高铁站点位置和城市所处区位三类变量作为城市特征变量,展开相关拓展研究;第八节归纳总结主要研究结论,并结合我国城市的相关实际分别从合理配置高铁资源空间分布、合理进行城市规划和科学选择高铁站点位置三个方面提出相关建议。

第一节 研究背景与研究意义

一、研究背景

目前,我国城市化发展迅速。根据国家统计局公布的数据,2016 年我国城市化水平达 57.4%,较 1978 年的 17.9%提高了三倍多。与此同时,城市空间规模也在急剧扩张,全国建成区总面积由 1981 年的 7 438 平方千米增长到 2015 年年末的 5.21 万平方千米,增长近 7 倍。由此数据可以看出,我国城市空间扩展的速度明显快于城市化水平提高的速度。研究中,一些学者指出城市空间扩张带来了区域城市体系、人口分布、产业发展以及城市布局等方面的较大变化,但城市用地扩张过快可能会引发一系列经济社会问题,影响城市的良性发展。首先,一些城市通过新城建设实现快速扩张,但有的新城规划规模过大、标准过高,和当地经济发展水平不相匹配,能真正实现开发和利用的土地比例较小。其次,我国城市用地扩张通常是通过低价征用农业用地获得,征地过程中利益繁杂,若过度征用却又未充分利用新增面积,会导致大量耕地的浪费和失地农民数量的增加,加剧矛盾(刘卫东和陆大道,2005;谭术魁和齐睿,2011;Shi 等,2016)。最后,城市扩张对资源的巨量消耗会增加城市的环境承载压力,可能会导致环境污染、绿化被侵蚀及交通拥堵等城市问题的出现(王家庭和张俊韬,2010;谢高地等,2015;Fan,2016;韩瑞丹等,2017)。

学者们指出，城市空间扩张背后，交通是重要的驱动因素之一（Song等，2016；Andong和Sajor，2017）。交通可达性的提升为城市产业发展提供便利，促进人口和产业集聚。因此，一般来说，城市外围会表现出较强的沿交通拓展的趋势。例如，长春市的土地扩张就表现为“交通要素驱动”，城市建设用地扩张和耕地流失沿交通干线呈现明显的廊道效应，这种廊道效应与土地距离交通干线的远近有很大关系，距离越近建设用地所占面积的比例越大（王雪微等，2015）。Balakrishnan（2016）在对印度的班加罗尔—迈索尔高速公路进行案例分析时也发现，高速公路沿线村庄得到了较好的经济发展和规模扩张。

对我国而言，以高铁站点为代表的交通枢纽深刻影响着城市发展。2008年，京津城际铁路正式开通运营，这是我国首条达到350km/h的城际高速铁路。目前，我国高铁运营里程已经超过22 000km，而紧随其后的“八纵八横”规划也很快实施展开，覆盖更多中西部地区城市。高铁带来的发展效益和红利遍及铁路沿线地区，成为拉动当地经济发展和城市空间扩展的强大动力。但在此过程中，忽略城市经济承载能力的盲目扩张现象也屡见不鲜。不少城市高铁站点周边纷纷建立起新城区、产业园等项目，然而从实际建设情况来看，这些高铁新城规划内容同质化较为严重，一些高铁新城忽视当地经济建设的实际需要，盲目扩张，投资额度过高，规划规模过大，不仅没有达到预期效果（史官清，2014），还进一步加重了地方政府的财政负担。

针对以上现象，以及考虑到高铁网络与城市扩张之间的互动关系对于管控城市扩张、引导城市发展的重大意义，本章从经验数据出发，对高速铁路建设影响城市空间扩张的因果效应进行检验，并对其背后的影响机制展开深入分析。

二、研究意义

（一）理论意义

首先，本章丰富了有关高速铁路影响城市空间扩张的相关实证研究。

以往研究虽然支持高铁建设影响城市空间格局的观点，但其分析只是停留在理论层面，没有相应的数据加以支撑。本章利用 DID 模型检验高铁开通影响城市建成区扩张的因果效应，并利用多期 DID 模型探究高铁开通对城市空间扩张的影响在时间上的变化趋势。

其次，本章丰富了有关高速铁路对城市空间扩张的影响机制分析。本章不仅从经济机制方面对高铁的城市扩张效应进行阐述，还结合中国土地财政的现实国情，从地方政府行为的角度分析高铁对政府土地扩张行为的激励机制，为高铁影响城市空间扩张的机制提供了更全面的分析。

最后，作为拓展研究，本章研究了不同类型城市高铁对城市空间规模扩张影响的差异。有别于发达国家，中国幅员辽阔，不同地区、不同城市之间发展水平具有较大差异，城市扩张受高铁的影响程度也不尽相同。因此，有必要将我国城市细分成不同种类，研究高铁对不同类型城市空间扩张影响的差异性。本章从城市群内外城市、不同区位及不同高铁站点位置的选择三个角度展开分析，研究内容更丰富、更具针对性。

（二）现实意义

在人口增长、土地资源日益紧缺的今天，随着城市化进程的不断加速，城市土地扩张却出现了失控。近十年来，随着高速铁路的建成，我国城市建成区的扩张也更加迅猛。高铁新城遍地开花，为了能在主城基础上实现“跃进式”增长，速度成了决胜的关键，有的城市甚至提出“一年成势、三年成型、八年成城”的口号。但实际上这些新城的发展并不如预期那般强势，多地都出现了项目开工率严重不足、土地利用率低、城市用地和耕地之间矛盾加剧的现象。

从一般意义上讲，各地不断崛起的高铁新城的最大筹码无疑是高铁在当地设站。高铁“四纵四横”战略收尾，随之“八纵八横”使高铁覆盖到更多的中西部地区和中小城市。对此，我们不禁担忧，这是否会进一步加速城市用地规模的无序扩张？因此，深入分析高速铁路开通是否是引发城市空间扩张的诱因就具有一定的现实意义。

本章利用多期 DID 模型定量研究高速铁路与城市空间扩张的关

系，为城市扩张特征演变、城市扩张潜力预测及城市规划提供依据和参考。从经济机制和地方政府行为两个角度展开影响机制的分析，高铁通过经济机制影响城市空间扩张，这种扩张将与城市的人口城市化相匹配，对城市经济发展起正面作用，但高铁通过影响政府行为产生的城市空间很可能是过量而无序的，会过早透支一些中小城市的发展潜力。因此，对影响机制的分析有助于我们从根本上分析城市问题，发现城市的合理发展方向，从而指导城市发展规划、土地利用规划，提高竞争力。本章还从空间异质性角度对城市群内外城市、不同区位城市和不同高铁站点位置的城市进行针对性研究，揭示城市扩张时空变异规律，有利于因地制宜制定实施高铁规划和城市土地管控政策，有效限制城市低效扩张。

三、可能的创新点

第一，一些研究指出高铁建设促进了城市的空间规模扩张，但其分析只停留在理论层面，没有相应的数据支撑。本章利用多期 DID 模型检验高铁开通对城市建成区扩张的因果效应，并从分期角度检验高铁开通之后每一年对城市建成区面积的影响，从较长时期反映高铁的城市空间扩张效应。

第二，本章不仅从一般的集聚经济机制方面对高铁的城市扩张效应展开分析，还结合中国土地财政的现实国情，从地方政府行为的角度分析高铁对政府扩张建成区面积的激励机制，分析得较为全面，有助于我们从根本上分析城市问题，发现城市的合理发展方向，从而指导城市发展规划、土地利用规划，提高竞争力。

第三，本章设置了城市群效应、城市区位、高铁设站位置三个特征变量，利用分类回归研究了不同类型城市高铁带来的城市空间规模扩张差异，研究内容更丰富、更具针对性。

第二节 城市空间扩张的概念、模式及驱动机制

一、城市空间扩张的概念和模式

(一)城市空间扩张的概念

城市空间指城市设施和城市人口相对集中的建成区,是城市占有的地域空间,更多地属于地理概念而非行政概念(何流和崔功豪,2000)。城市发展的过程中,城市工业和服务业活动扩张,外来从业人员迁入,进一步推动人口的增长和产业的发展,在这种内外动力作用下,城市土地需求增大,城市外围不断向城市边缘地带延伸,城市近郊进一步得到开发和利用,最终使得城市建设用地面积不断扩大。深层次来说,城市空间扩张包括城市用地面积的增加和城市整体集聚能力增强两个层面的含义。一方面,城市化进程中,经济水平不断提高,人们对于物质文化的追求促进了经济规模的扩大,增加了城市土地的需求,这是城市的二维扩张;另一方面,城市内经济文化活动的集聚促进了土地集约利用模式的形成,对周围地区资本、人力等生产要素的集聚功能也进一步加强,这是城市扩张在三维空间的体现,含义更丰富(Frenkel,2008)。国内外学者对城市空间扩张做了大量研究,研究范围较广,研究内容多样。例如,有的建立了城市空间扩张模式的理论模型,有的对城市空间扩张驱动因素进行实证检验,还有的就城市空间的合理规模进行阐述分析。考虑到定义的可操作性、数据的可获得性,本章聚焦城市空间的二维扩张,以"城市建成区"指标来表征城市空间规模,研究高铁对城市空间规模的影响,以及该影响的异质性特征。

按照《城市规划基本术语标准》(GB/T50280-98)的定义,建成区是指市政区范围内经过征用的土地并实际建设发展起来的非农业的生产建设地段,包括市区集中连片的部分及分散在近郊区与城市有密切联系、具有基本完善的市政公用设施的城市建设用地(如机场、污水处理厂、通信电

台）。城市建成区数据反映的是城市建设用地规模的大小，是城市发展在用地指标上的体现，因此对城市建设规划和土地管理具有重大的指导意义。

（二）城市空间扩张的模式

国外对于城市空间扩张模式的研究起步于 20 世纪 90 年代，相关理论包括杜能的“杜能圈”、霍华德的“田园城市”、泰勒的“卫星城市”及霍伊特的“扇形理论”等，它们共同构成了现代城市空间结构的理论基础。进入 21 世纪后，学界涌现大批学者展开对城市空间形态的研究，以 Wilson 等（2003）为代表的观点成为主流，他在参考前人研究的基础上，针对城市的扩张模式总结了 5 种类型，分别为扩展式、蔓延式、填充式、孤岛式和分支式。

国内学者结合我国各个城市实际发展情况，并将国外学者相关研究成果作为参考借鉴，总结了适合中国典型城市发展的空间形态。其中，以杨荣南和张雪莲（1997）、岳文泽（2013）等学者为代表，总结出我国城市发展方向具有由圈层式向分散式组团发展，再到轴向式扩张，最后形成带状的普遍扩张规律。同时，我国城市空间扩张模式主要包括四种模式：以同心圆集中向外扩张模式、沿对外交通轴线呈带状扩张模式、以组团形式呈跳跃式扩张模式及以较低密度连续蔓延模式。以同心圆集中向外扩展模式是我国大城市空间扩展的典型模式，它以现存的主城区为中心点向外扩展，主要受经济水平的影响和制约，经济水平每提升一点，城市边缘就往外扩大一点。因此，以这种模式推进的城市扩张虽然较缓慢，但城市紧凑度高、集聚功能强。沿对外交通轴线呈带状扩张模式是我国大多数城市扩张所依赖的重要扩张模式，它受道路交通所能带来的潜在经济价值的密切影响，沿线地形条件也会对其产生较大制约。以组团形式呈跳跃式扩张模式即泰勒的“卫星镇”模式，是在城市规模发展到一定水平时，受地理因素或其他因素的限制不能实现连续发展，在人为指导下合理选择一片区域达到疏散城市功能的目的，设立城市新区就是典型的跳跃式城市扩张。较低密度连续蔓延模式的特点则是无秩序、无方向，土地利用效率低下,形成这种模式的原因主要是土地市场不健全,以及当地政府缺乏有效的土地管理制度。

然而,一些学者(段进,2006)认为这四种扩张模式本质上都是沿交通轴线发展的。当某条发展轴具有明显优势,则形成带状扩张;若各交通轴潜在经济价值较为均等且交通轴较密,可进一步转变为同心圆集中向外扩张;若在城市边缘新建某条交通干线,则会刺激城市形成跳跃式组团扩张或低密度蔓延扩张。

二、城市空间扩张的驱动机制

(一)以"经济发展"为导向的单中心城市空间模型

Clark(1951)是城市空间扩张研究的开创者,他的单中心城市人口密度空间衰减模型最早提到了有关城市空间扩张机制的观点。根据该模型,人口郊区化趋势会随着城市的发展日益加剧,人口密度最高点不断向城市外围移动,导致城市中心出现密度的缺口,有可能形成城市次中心。之后,Alonso(1964)、Muth(1969)和 Mills(1967)建立和发展了单中心城市空间模型的基本分析框架,并经由 Wheaton(1974)、Bruckner(1983)等人的发展而完善,成为城市经济理论中有关城市空间结构的标准理论模型。Muth(1969)和 Mills(1967)构建了基于城市住房市场的模型,研究了城市空间规模扩张背后的作用机制,该模型认为城市人口、收入、农业地租和交通成本是决定城市空间扩张的四大外生因素。Wheaton(1974)区分了"开放"城市和"封闭"城市。其中,封闭型城市假定人口规模是外生给定的,不存在人口的流动,因此,收入、农业地租和交通三大因素共同决定了城市空间规模的大小;而在开放型城市中,人口可以自由流动,收入、农业地租和交通共同决定了城市人口水平和城市空间规模的大小。同时,他还进行了各外生变量对城市规模具体影响的实证分析,发现城市用地面积与收入呈正比关系,与交通成本和农业地租呈反比关系。上述机制分析为之后的经验分析提供了基础。

单中心城市模型催生一大批学者特别关注城市空间扩张成因的实证

检验。Brueckner 和 Fansler(1983)首个使用实证方法支持了单中心城市扩张模型,其估计模型解释了城市扩张成因的近 80%,且发现人口是最主要的影响因素。在此基础上,也有学者在四大基本因素外加入了财产税、气候和地形等方面的变量,以求更全面地对城市空间扩张的成因展开分析(Wassmer,2008;Oueslati 等,2015)。国内学者的研究主要集中在影响因素的定量分析上,利用单中心城市模型并结合中国实际,对我国地级市和县级市进行实证检验,得出的结论也验证了单中心城市模型(王家庭和张俊韬,2010;刘涛和曹广忠,2011;陈昶志和曹珊,2016)。

(二)以"土地财政"为导向的城市空间扩张

单中心城市模型更多的是侧重于研究经济个体在经济机制作用下的行为选择,而忽视了地方政府行为在城市空间扩张中所扮演的角色。政府可以通过税收、补贴等政策影响个体住房和活动区位的选择,也可以决定城市的基础设施建设与城建规划,从而直接影响城市的空间格局(Banzhaf 和 Lavery,2010),即通过直接研究地方政府行为的背后成因的方式间接探讨城市空间扩张的形成机制,侧重于对政府行为的思考。例如,Heubeck(2009)利用数学模型推导出地方政府之间的竞争导致城市空间扩张,且这种无序扩张会在一定程度上降低社会公众的福利,可能会产生"公地悲剧"效应。这一观点得到了我国学者秦蒙等(2016)的支持。Gómezantonio(2014)认为财政收入是地方政府行为的主要决定因素,当城市空间扩张带来的土地财政收入大于政府投入的财政成本时,地方政府的规划行为就倾向于扩大城市空间规模,以实现对税源的争夺。

我国从 1988 年开始实行土地有偿使用制度,规定中央政府和地方政府可以依法转让国有土地和集体所有的土地。该制度允许地方政府低价征收农业集体用地,并以高价将土地使用权转让给城市开发商,从而获取高额的土地财政收入,除需要上缴至中央政府的 5%外,其余收入全部流向地方政府财政收入。可见,在土地有偿使用制度下,地方政府成为最大的受益者,因此,利益驱动下地方政府出让土地的行为意向大大强化,进一步加剧了城市用地面积的扩张。基于以上国情,我国学者从地方政府行为视角对城市空间扩张成因展开了研究。李效顺等(2012)将我国城市空间扩张的成因分成两种:一种是由于市场失灵和低估农地价值导致的"牺牲型";另一种是由地方政府干涉所导致的"损耗型"。郭志勇和顾乃华(2013)明确指出"土地财政"强化了地方政府土地出让意向,造成城市土地低密度扩张和产业结构虚高的现象,扭曲了城市化进程。李勇刚和王猛(2016)则是利用经验数据进行实证检验,发现地方财政对城市空间扩张的影响呈倒"U"型,目前,土地财政仍处于促进城市空间扩张的阶段。

高速铁路的开通主要是从经济机制和地方政府行为机制两个方面对城市空间扩张产生影响。其中,经济机制具体包括"集聚效应"和"同城效应",高铁能缩短城市间的时空距离,提高可达性,增强城市间相互作用,加速生产要素的流动,从而促进城市经济的繁荣和用地需求的增加。高速铁路通过经济机制促进的城市空间规模扩张是适量的,是能够与城市的人口扩张相匹配的。但高铁通过影响政府行为产生的城市空间很可能是过量而无序的,会过早透支一些中小城市的发展潜力。

第三节 高速铁路对城市空间扩张影响的机制分析

一、集聚效应

从城市层面来看,高速铁路带来生产要素的集聚和市场规模的扩大。根据中心—外围模型,经济集聚是运输成本和规模经济收益递增权衡的结果(Krugman,1991)。高速铁路凭借其快速、安全和高效的特点,大大缩减了城市间和区域间的时空距离,提高运输效率,降低运输成本,加速生产要素的集聚。集聚视角下高速铁路主要从市场结构效应和人口集聚效应两个方面对城市扩张产生影响。

(一)市场结构效应和城市空间扩张

一是高铁带来规模经济效应。高速铁路开通不仅会引起城市间的时空收缩，还会大大释放普通铁路的货运能力，使得更多的运输及物流系统投入货物运输，增大市场潜能，这在经济领域将表现为市场半径在空间上延伸和市场规模在经济层面的扩大。在大市场中，各城市可以自主选择优势产业进行专业化生产，促进生产效率和市场占有率的提高。具体的传导过程为：初始状态，市场规模较小，高运输成本抑制了外来市场的进入和本地市场的走出，垄断厂商占据整个市场、掌握价格的决定权，并借此获得超额的垄断利润，市场效率低下；随着交通条件的改善，城市通达性提高，人流、物流、资金流和信息流等得以在地区间快速流动，促进了本地市场与外部市场一体化发展，进而垄断减少、价格下降，产业实现专业化，吸引更多企业集聚，促进市场竞争。在这个过程中，竞争使得企业不断提高产量以获得规模经济，因此城市用地需求不断增加，而高铁站点周边的交通优势和较低的土地价格吸引企业不断向外迁移，引起城市空间规模的扩张。

二是高铁带来产业结构的优化升级。生产性服务业基于知识经济和生产要素流动而发展，对高频次商务旅行时间成本的要求较高，且往往需要较高的市场门槛以提供服务。高铁大大缩短了商务旅行等活动的时间，扩大了商务旅行活动的半径，从而为高市场门槛提供了可能。同时，生产性服务业是劳动密集型产业，对劳动力和城市用地需求相对较高，高速铁路在促进城市第三产业发展的过程中，服务业用地逐渐取代工业用地，劳动力入驻后对住宅、娱乐等方面的需求随之而来，需要建设相关配套设施，用地需求增加，城区工业企业在市中心地租上涨的压力下纷纷向外迁至郊区，带动城市空间的扩张。

（二）人口集聚效应和城市空间扩张

总体而言，高铁通过人口集聚促进城市建成区面积的扩张。具体而言，从劳动力供给的角度，高速铁路的开通大大提高了客运效率，在一定程度上降低了劳动者的流动成本，扩大了劳动者可选的就业范围，从而人口流动频次加大，劳动力市场供给增加。从劳动力需求的角度，扩大的劳动力市场为企业提供了更大的选择范围，降低了招聘成本。最终，劳动力池的形成不仅能使得市场产生合理的劳动力价格,还提升了不同素质劳动力与工作岗位匹配的概率,提高了生产效率,从而推动劳动力的加速流动和劳动力市场的扩张。从经济学角度分析,假设市场最初处于均衡状态,住房市场供需平衡,若此时人口增加,在原价格不变的情况下,住房需求增加,原有的城市面积不能再容纳现有的城市人口量,由此产生城市用地扩张需求;在住房面积不变的情况下,城市内部住房价格水平和土地价格水平上升,也会使得人们选择迁往住房价格水平较低的郊区,促进了城市外延的向外扩展。从生产者角度看,住房需求的增加推动了房地产商加大供给,向城区外围继续扩建,导致城市空间扩张。

但是,非中心城市受到高铁的影响是多方面的,除本身集聚效应的发挥外,还受到中心城市的影响。一方面,高铁促进中心城市扩散作用的发挥。一是高铁通过改变乘客的出行方式,使以前只使用往返于中心城市航空线路的乘客现在选择高铁,从而经过沿线非中心城市。大多数航空方式出行的等候时间和出行时间并不适于工作目的的出行,而等候时间更短、出行时间更长的高铁更适于工作目的的出行(Menéndez,2002)。二是高铁通过为非中心城市提供新的区位优势,转变传统的城市功能,将一些以往仅在都市区进行的活动吸引至非中心城市,如学术会议、科学讨论或代表大会等。另一方面,高铁也可能加剧非中心城市经济要素向中心节点的转移。中心城市累积了多方面的先发优势,包括技术、资本、人力和市场环境等,高铁的开通会加快其周边城市生产要素向中心转移,从而对非中心城市的发展产生负面影响。根据"中心—外围"理论,交通基础设施对城市经济究竟发挥集聚作用还是扩散作用取决于多方面因素,包括交通费用、市场范围和区域间劳动力的可移动性等。因此,高速铁路开通对区域非中心城市产业结构和人口的影响还不明确,需要通过实证加以检验。

(三)城市区位与集聚效应

我国东、中、西部地区之间经济发展差距很大,不论是生产总值增长率、技术水平,还是产业结构,东部地区的发展水平和发展速度都明显领先于中西部地区，具有强大的集聚功能。高铁建成后，我国交通呈现明显的板块化特征，线路布局主要集中于东部地区，空间极化现象显著（钟业喜等，2015）。东南沿海城市分布了大量的高铁线路，形成了较为密集的高铁网络，大大缩短了平均旅行时间。东部地区集中了一批特大城市，如上海、广州和深圳等，这些城市凭借其发达的经济水平、优良的地理位置、宽松的政策环境和先进的市场化机制，形成了明显的经济集聚中心力，高速铁路的开通进一步强化了中心城市的集聚功能，“虹吸效应”放大，资源通过“高铁通道”不断被大城市吸走，小城市可能短期面临要素流失的问题，而大城市则不断对外进行空间扩张。高铁作为一种客运交通设施，其带来的是资金、劳动力、技术和信息等生产要素的快速流动，因此，高铁对服务产业的集聚效应更明显，而东部地区服务业相对发达，在高铁机遇下更易发挥优势，加强服务业集聚，从而促进城市规模的扩张。由此，提出假说1。

假说1：高速铁路建设对东部地区城市空间扩张影响更大。

二、同城效应

（一）同城效应与城市空间扩张

从区域层面来看，高速铁路开通有助于提升区域内可达性和便捷性，缩小城市间的时空距离，形成“1小时交流圈”“2小时交流圈”等，从而增强沿线城市经济联系，扩大中心城市辐射范围，最终促进城市外延向外扩张。

高速铁路为铁路系统带来了舒适性和快捷性。目前，高速铁路的舒适度可与飞机媲美，运营时速已达300～350km/h，是普通列车时速的一倍以上、飞机时速的1/3左右。当旅程在1 000km之内时，高速铁路与飞机相比，更靠近城市中心，且可以节省换取登机牌、托运行李及安检等复杂手续，实现3小时到达。因此，高速铁路在商务短途旅行方面具备显著的优势，契合了“同城化”发展的交通需求。根据王振（2010）对“同城化”的定义，同城化就是“伴随着城市间交通的便捷化和时空距离的不断缩短，各个城市的行政边界趋于模糊，一个城市的基础设施和服务功能越来越多地被其他城市分享，一个城市的人流、物流、信息流和商务流越来越突破传统行政区域界线，在更广的城市群区域内流动、配置，形成一个紧密联系、共存共荣的城市群或大都市圈经济体”。因此，同城化其实就是高铁发展、交通便捷所带来的一种空间外部经济，它让区域中各城市的人口、产业和技术等实现在整体空间范围的结构重整和配置，提高效率。例如，沪宁、沪杭等高速铁路的开通，使得江浙地区一些临近上海的城市可以实现与上海的“1 小时同城”或“2 小时同城”，直接带动了劳动力就业同城化、居民出行同城化和产业布局同城化等。

高速铁路在引导商业活动、劳动力向高铁沿线城市转入的同时，还会对周边非高铁城市产生一定的辐射作用。各城市可整合利用多地资源优势，充分发展当地优势产业，通过分工协作降低生产成本，加强城市专业职能分工，实现产业的合理转移和错位竞争。大都市在最具竞争力的部门实现专业化，而其他活动外移到其他地区（Garmendia，2012），形成分工明确、良性互动的产业链，并最终对城市市场范围和空间规模产生影响。以武广高速铁路为例，其开通大大刺激了沿线大城市第三产业的蓬勃发展，旅游业受益尤深，而第二产业则由沿线中小城市承接，带动了中小城市工业化水平的提高。从空间溢出角度，同城格局下，各部门之间更易实现面对面的交流，增强知识和技术的溢出，降低实验成本，促进新知识创造和生产，甚至最终导致新产业的形成（陈建军和郑广建，2014）。

（二）城市群与同城效应

从同城效应的角度出发，一个城市是否纳入国家级城市群会对高铁同城效应的发挥产生影响。2014 年，国家发布《国家新型城镇化规划（2014—2020 年）》，详细阐述了未来我国城市群结构规划。根据该规划，我国有长三角城市群、珠三角城市群、京津冀城市群、成渝城市群和长江中游城市群 5 个国家级城市群，规划强调要着力将城市群打造成为经济集聚效应大、城镇体系优良、辐射作用大及功能互补的全新平台。城市群建设着眼于城市间的发展协调机制，促进城市间的产业分工、人员、信息和技术的交流等，实现同城格局和一体化发展。此时，城市群内部的增长已经不是城市化初期各城市孤立的发展，而是城市之间相互作用的协调发展。因此，城市群内对短途客运的需求旺盛，中心城市与外围城市之间大量商务、购物、休闲和旅游等经济活动的交流，与高速铁路所具有的快速、安全及便捷的特点正好契合。对于城市群的交通需求，高速铁路和普通铁路、高速公路相比，具有明显优势。

对于被纳入国家级城市群的城市来说，经济社会联系更加紧密，竞合模式更为成熟。一方面，高速铁路极大地缩短了城市群内各城市间的旅行距离，提高了中心城市的辐射能力，加强了群内边远城市与中心城市之间的经济社会联系，能有效实现双方的功能互补和产业对接，从而促进非中心城市产业结构优化和经济规模扩张；另一方面，高速铁路有效地连接了城市群内外城市之间的联系，扩大了城市群的影响范围，吸引更多的资本、人力等生产要素进入城市群，促进了城市群的良性动态发展，从而带动城市群内城市的空间扩张。由此，提出假说2。

假说2：高速铁路建设对纳入国家级城市群的城市空间扩张影响更大。

三、地方政府行为效应

（一）地方政府行为效应与城市空间扩张

高铁也会通过地方政府行为影响城市空间扩张，但这种扩张相对于由经济因素导致的扩张来说，可能是无序的，不利于城市可持续发展。假设地方政府是理性主体，其决策的目标函数是实现政策绩效的最大化。而其政策绩效最大化的表现主要有两个方面：一是实现经济发展和社会稳定，二是保持良好的财政状况。从这个角度看，高速铁路建设带来的一系列发展正外部性恰好符合地方政府土地政策的决策动因。

地方政府是城市规划的主要编制者和执行者，是城市用地面积扩张的主要决策者。而我国的土地有偿出让制度的实施让地方政府在土地出让中获益成为可能，地方政府可以通过低价征收、高价出让的方式获得丰厚的土地出让收入，这些收入的大部分都流向地方政府的财政收入，仅需上交其中的5%给中央政府。利益驱动下，高铁站点周围地区土地价值的上升将直接刺激地方政府的逐利行为,通过大规模扩大城市建成区面积以实现更多财政收入,这加剧了城市空间扩张的速度。

高铁带来的发展机遇导致一批高铁“新城”崛起。政绩压力下,地方政府需要通过不断寻求新的经济增长点以推动城市经济稳速增长和实现可持续发展。在老城发展受限、经济增长难以突破的情况下,土地在产业和经济发展中的作用就显得愈加重要。我国在对外开放时期,为招商引资提供载体成为新城建设的主要动力,许多沿海城市为了适应改革开放的新形势,掀起了设立经济开发区、保税区、高新区等新型区域的建设热潮。那么,在高铁建设的机遇下,交通的便捷使得大量的人流和物流在高铁站点周围短暂聚集,地方政府在该区域土地开发过程中能够吸引餐饮、住宿等服务产业的入驻,形成高铁商圈,成为城市新的增长极。

(二)高铁设站位置与地方政府行为效应

从地方政府行为的角度出发,高铁站点位置的选择会对地方政府土地扩张的行为产生一定限制。高铁站点的区位选择主要有三种:中心式、边缘式和郊区式(柳泽等,2015)。肖池伟等(2016)进一步将我国高铁新城的建设模式分为飞地式、城市副中心式和双域式三种。“飞地式”高铁新城,其新城建设或规划距中心城市较远,与中心城区不相接但有一定关联,该模式主要是为了实现中心城区“东张西扩”的战略任务,使城市在更大空间范围内发挥作用。“城市副中心式”高铁新城通常建立在中心城区的边缘区域,可以在承接中心城区相关功能的同时扩大城市功能范围,使城市边缘土地和周边居民的城市化进程得以实现,有效缓解城市人地矛盾。“双城式”高铁新城以高铁站建设为契机,其虽不与中心城区相接但相距不远,在容易实现与中心城市顺利对接的同时保持相对独立性,从而促进城市向“双中心”结构转变,但对城市用地面积的需求较高、对城市轮廓影响较大。

更多学者将高铁站点的区位选择简化为中心式和郊区式两种。中心式高铁站点更便捷,可以进一步强化办公、商务中心的集聚,但拆迁成本和建造成本过大。相对来说,郊区式高铁站点更符合地方政府的政绩需求。高铁站点设立在城市外围,能够带动周边的土地开发,建设高铁新城,一方面可以塑造城市新的经济增长点,满足地方经济发展的需要;另一方面由于新区规模一般较大,土地增值使地方政府能够获得更多的土地出让收入,满足财政需求。赵倩和陈国伟(2015)统计分析了高铁站点周围地区的开发量与高铁站点距离城市中心远近的关系,发现距离城市中心越远的高铁站点,周围地区开发量越高,佐证了高铁站点位置设立对城市空间扩张的重要影响。因此,提出假说 3。

假说 3:高铁站点设立在郊区对城市空间扩张的影响更大。

图 4—1 是高速铁路影响城市空间扩张的传导机制。

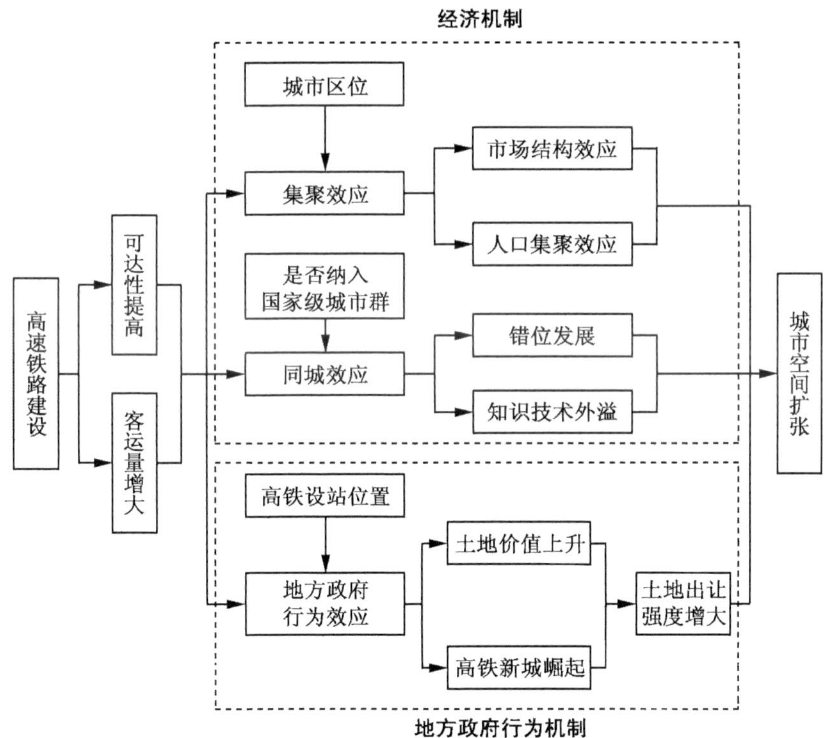

图 4—1　高铁影响城市空间扩张的传导机制

第四节　中国城市空间扩张的现状分析

城市扩张是城市化进程的必然结果,主要体现为城市土地的开发利用向周围地区扩张。但是,这种扩张需要控制在一定的合理范围之内,否则将导致城市的无序蔓延,不利于城市的持续发展。20 世纪 70 年代以来,我国城市化实现快速发展,城市空间进入快速扩张的进程。但在这一进程中,一些城市盲目追求城市面积,加剧了城市用地与农业用地之间的矛盾,引发一系列严重问题,影响城市的良性发展。

城市空间二维扩张主要体现为城市建成区面积的增加,本节将从我国建成区扩张的时空特征和人口密度方面展开深入分析。根据《城市建设统计年鉴》的定义,建成区面积是指"城市行政区内实际已成片开发建设、市政公用设施和公共设施基本具备的区域"。适度的建成区扩张不但不会导致耕地资源的恶性流失,反而会由于城市的集约性形成更有效的土地利用模式;相反,若建成区面积扩张过度,超过城市的承载极限,则会导致扩张不经济性,造成土地资源的矛盾。

一、中国城市建成区扩张的阶段性分析

图 4－2 是 1982—2015 年全国建成区总面积的时间变化趋势图。1982—2015 年,无论是全国建成区面积的总量还是增量,整体上都是逐年增长的。2015 年,城市建成区面积达 5.21 万平方千米,比 1981 年增长近 7 倍。从增长的趋势看,我国建成区扩张主要经历了三个阶段:第一阶段是 1990—2003 年,建成区面积呈现加速扩张的态势,增速在 1993 年达到峰值;第二阶段是 1999—2003 年,建成区扩张再次加速,到 2003 年增速达到峰值;第三阶段是 2008—2011 年,建成区面积的增速和前两个阶段大致相同,但增量达到了一个前所未有的水平,2011 年全国建成区面积增加 3 500 平方千米,远超过前两个阶段增量的峰值。

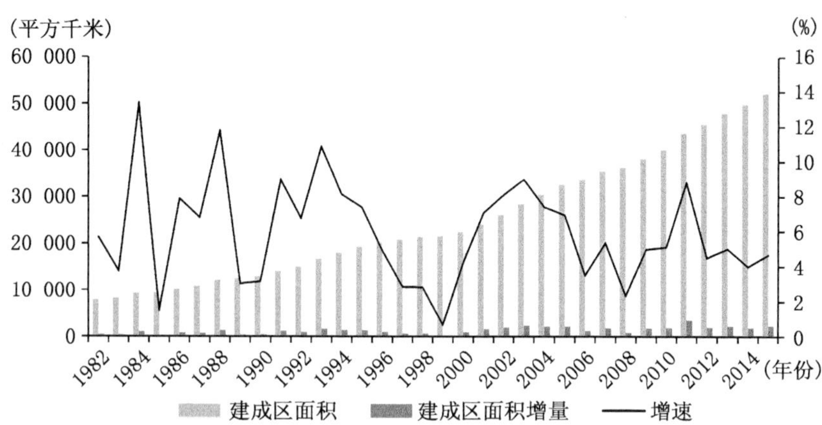

数据来源:《中国城市统计年鉴》。

图 4—2　1982—2015 年全国建成区面积扩张情况

前两次建成区的加速扩张,与我国改革开放背景下的土地和房地产政策相吻合。根据建设部公布的有关数据,1993 年全国迎来第一次房地产投资和开发区建设热潮,房地产投资增长 117%,县级以上开发区多达 6 000 个,总面积为 1.5 万平方千米。1998 年,国家通过修改《土地管理法》上收地方政府的耕地占用权,并实施土地冻结政策,1999 年城市建成区面积增速下降至最低点。此后土地政策解冻,地方政府开始第二次圈地运动的浪潮,各地设立的开发区占地面积高达 3.51 万平方千米,是第一次的 2 倍多。

与 2008—2011 年建成区加速扩张相伴而生,我国高速铁路的建设也是从 2008 年起步,到 2011 年高速铁路建设体系较为成熟,运营里程高居世界第一位。基于这种现象,本章推测我国建成区的第三次加速扩张可能与高速铁路开通有一定的因果关系,后文将利用经验数据对该推测加以实证检验。

二、中国城市建成区扩张的空间分布特点分析

除阶段性特征外,我国建成区扩张的过程也表现出了一些空间分布

特点。由于研究对象是第三阶段的城市空间扩张,本节仅对 2006—2015 年城市建成区面积的复合增速进行分析。

从增量看,我国绝大多数城市的建成区面积呈增长趋势。增量最多的城市为东莞市、上海市、重庆市、广州市和清远市,其中,东莞市、上海市和重庆市的建成区面积的增量达到了 500 平方千米以上。另外,省会城市和副省级城市的扩张量一般要高于省份的其他城市,这说明中心城市确实具备一定的集聚优势,具有更大的空间需求。有 9 个城市的建成区面积有所缩减,包括白山市、随州市、平凉市、榆林市、萍乡市、广元市、潮州市、双鸭山市和天水市,这些城市大多处于较偏远地区,除萍乡市在 2015 年开通高速铁路外,其余城市全部尚未开通"G"和"C"字头高速铁路。

从增速看,各地区建成区面积的增速差别较大,呈现南部地区增长率大于北部地区的特点。全国城市建成区面积的平均增速为 4.28%,有 157 个城市达到全国平均水平。建成区面积增长率最大的城市为清远市、东莞市、吴忠市、揭阳市、鄂尔多斯市和呼伦贝尔市等,多分布在广东省、四川省和内蒙古的小部分地区,其中,清远市和东莞市的平均增速达到 20%以上。

东部地区建成区面积的增长较快,东南地区城市扩张趋势尤其明显。中部地区绝大部分城市的扩张过程呈现缓步增长的态势,均速控制在 5%以内。出现城市空间收缩现象的城市大多分布在西部地区和东北地区,这与交通资源的空间不均衡性可能具有一定关系。因此,如何充分利用交通基础设施规划投资解决地区非均衡发展是目前需要重点关注的问题。另外,省会城市和副省级城市作为经济中心,城市扩张更强势,中小城市在高铁建设时代背景下能否把握机遇、实现突破发展,也是应该关注的问题。

三、中国城市建成区人口密度分析

城镇化分为土地城镇化和人口城镇化。通过分析可知,我国土地城镇化经历了三次加速期。但城镇化的本质不仅是土地的城镇化,更是人口的城镇化。表 4—1 是 2000—2015 年全国建成区人口密度情况。数据显示，我国建成区面积的扩张速度和城市人口规模的扩张速度不一致，特别是在 2003 年后，城市建成区扩张的速度明显快于城市人口的增长速度，人口密度不断下降，出现了土地城镇化快于人口城镇化的现象。

表 4—1　　2000—2015 年全国建成区人口密度情况

年份	建成区面积（平方千米）	增速（%）	市辖区人口（万人）	增速（%）	人口密度（万人/平方千米）
2000	22 439. 3	4. 25	28 583. 28	9. 86	1. 27
2001	24 026. 6	7. 07	30 400. 92	6. 36	1. 27
2002	25 972. 6	8. 10	32 923. 75	8. 30	1. 27
2003	28 308. 0	8. 99	34 196. 96	3. 87	1. 21
2004	30 406. 2	7. 41	35 079. 97	2. 58	1. 15
2005	32 520. 7	6. 95	36 285. 04	3. 44	1. 12
2006	33 659. 8	3. 50	36 763. 79	1. 32	1. 09
2007	35 469. 3	5. 38	37 155. 71	1. 07	1. 05
2008	36 295. 3	2. 33	37 619. 34	1. 25	1. 04
2009	38 107. 3	4. 99	38 149. 31	1. 41	1. 00
2010	40 058. 0	5. 12	38 866. 02	1. 88	0. 97
2011	43 603. 2	8. 85	39 815. 0	2. 44	0. 91
2012	45 565. 8	4. 50	40 317. 6	1. 26	0. 88
2013	47 855. 3	5. 02	41 425. 0	2. 75	0. 87
2014	49 772. 6	4. 01	42 953. 20	3. 69	0. 86
2015	52 102. 3	4. 68	44 638. 53	3. 92	0. 86

数据来源：《中国城市统计年鉴》。

第五节　高速铁路与城市空间扩张的相关性分析

中国高速铁路自 2008 年开始发展迅速。“C”字头的城际高铁和“G”字头的高速动车已经覆盖了全国一半以上的城市，其中，东部城市占据了将近一半以上的高铁资源。从时间趋势看,高速铁路的建设开始向中西部地区及小城市倾斜。未来高铁资源将延伸至全国大部分城市,地区分布上也将更均衡。由分析可知,我国建成区面积的扩张经历了三个加速阶段,第三次加速期为2008—2011年,这与我国高速铁路的建设时间吻合。基于这种现象,本章推测我国建成区的第三次加速扩张可能与高速铁路开通具有一定的因果关系。我们首先初步拟制了2010年和2015年各城市建成区面积和高铁停靠频次的散点图分布,再对不同开通时间的城市建成区面积平均增速进行对比,以期发现两者是否有相关关系。

为与后文实证分析保持一致,分析使用247个城市样本。图4—3和图4—4展示了城市建成区面积和高铁停靠频次之间的正向相关关系。表4—2为2010年年底前开通高铁、2011—2015年开通高铁及没有开通高铁的城市建成区面积扩张速率的差别。数据表明,开通高铁的城市建成区面积的扩张速度显著大于未开通高铁的城市,而2010年年底前开通高铁的城市的平均增速又明显高于2011—2015年开通高铁的城市,说明高铁确实会对建成区面积扩张产生促进作用,但这种作用存在一定的滞后性。

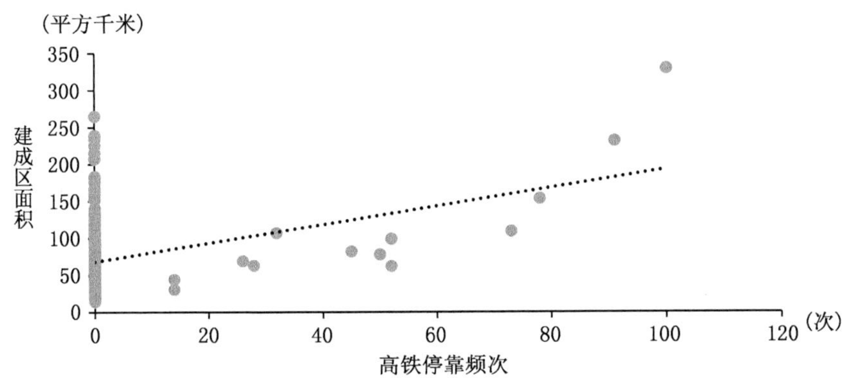

数据来源:2011年《中国城市统计年鉴》,根据2010年《全国铁路列车时刻表》整理得出。

图4—3　2010年各城市建成区面积与高铁停靠频次散点图分布

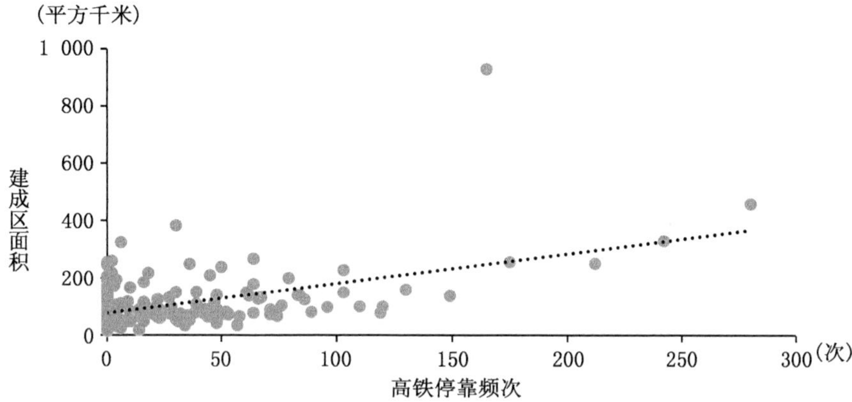

数据来源:2016年《中国城市统计年鉴》,根据2010年《全国铁路列车时刻表》整理得出。

图4—4　2015年各城市建成区面积与高铁停靠频次散点图分布图

表4—2　　高铁不同开通时间城市的建成区面积及扩张速率

	2010年年底前开通高铁的城市	2012—2015年开通高铁的城市	未开通高铁的城市
2010年建成区面积(平方千米)	112.00	83.57	60.35
2015年建成区面积(平方千米)	177.00	115.76	80.08
平均增速(%)	7.93	5.58	4.83

数据来源:2011—2016年《中国城市统计年鉴》。

第六节　高速铁路对中国城市空间扩张影响的实证检验:因果分析

一、研究样本和数据来源

关于研究样本,主要做五点说明。

(一)关于地级市的选择

高速铁路建设作为国家战略规划,其站点布局有两种方式:一是为了满足经济发展的需要,通常会先在省会城市建立;二是对于中小城市是否开通高铁,取决于其是否处于各省会城市的高铁线路连线(Qin,2016),具有随机性。为了避免反向因果带来的内生性问题(张克中和陶东杰,2016),因而剔除省会城市、直辖市、副省级城市和异常值城市,最终研究样本为 247 个地级市①。

(二)关于高速铁路的选择

中国把高速铁路定义为:新建设计开行速度 250km/h(含预留)及以上动车组列车,初期运营速度不小于 200km/h 的客运专线铁路。基于定义,"D"字头列车主要是在既有线路上改造提速而成,时速为 160~200km/h,不符合我国严格定义上的"高铁"。因此,研究对象选定为"C"字头的城际高铁和"G"字头的高速动车。

(三)对于"开通高铁"年份的界定

我们将在上半年开通高铁的城市判定为当年开通,下半年开通高铁的城市判定为下一年开通。

(四)关于时间区间的选择

根据对"开通高铁"年份的界定,247 个城市最早于 2010 年开通高铁。为满足双重差分模型的需要,研究基年选择为 2006 年,又由于我国城市建成区面积的数据仅更新至 2015 年,最终的时间跨度为 2006—2015 年,共 10 年。

(五)数据统计口径的界定

考虑到城市用地面积受市辖区范围的因素影响更大,有关控制变量的数据均选择市辖区统计口径。

---

① 实证研究的时间跨度为 2006—2015 年,由于毕节市和铜仁市设立于 2011 年、三沙市设立于 2012 年、海东市设立于 2013 年,因此研究样本剔除了这 4 个城市。

综上，数据主要来源于2006—2015年的《中国城市统计年鉴》《中国城乡建设统计年鉴》和相应各地级市的城市统计年鉴。各城市高铁站点开通情况通过中国铁路局网站查询所得，高铁日停靠频次数据通过各年列车时刻软件整理得出。

二、研究模型的建立

研究期间内，全国经济实现稳步增长，各城市无论开通高铁与否，城市空间规模都有了一定程度的扩张，只对开通高铁的城市进行政策实施前后的对比，可能会高估或低估高铁开通对城市空间扩张的影响。因此，我国将247个样本城市分为受到政策影响的实验组（开通高铁的城市）和没有受到政策影响的对照组（未开通高铁的城市），使用双重差分法（difference-in-differences method）来判断高速铁路通车影响城市空间规模扩张的效应。

（一）高铁开通总影响

如果不考虑各年份的效应，只考虑是否开通高铁对一个城市空间扩张的总影响，构建得出以下初步的双向固定效应模型（待验证）：

$$\ln(L_{it})=\beta_0+\beta_1 T_t+\beta_2 H_i+\beta_3(T_t\times H_i)+\beta_4 X_{it}+\delta_t+\mu_i+\varepsilon_{it} \tag{4.1}$$

其中，L_{it} 表示第 i 个城市在 t 年份的城市空间规模大小，以城市建成区面积来衡量；H_i 为组间虚拟变量，处理组样本取“1”，对照组样本取“0”；T_t 是时间虚拟变量，开通后取“1”，开通前取“0”；$T_t\times H_i$ 为交叉虚拟变量，其系数为倍差估计量，衡量的是高铁开通的净效应；δ_t 表示时间固定效应；μ_i 为城市的个体固定效应；ε_{it} 为随机扰动项。X_{it} 为控制变量，参考单中心城市模型。影响城市空间扩张的因素还包括经济因素、人口因素、产业结构因素、房地产因素等。

但以上模型只适用于研究两期样本，当政策在一个时间段内陆续在处理组中实施时，上述模型将不再适用。因此，为了更好地研究高铁的城市空间扩张影响，我们将初步模型的形式做了变换，使其既能反映高铁开通前后的差异，又可以反映组间差异。模型如下：

$$\ln(L_{it})=\beta_0+\beta_1 HSR_{it}+\beta_2 X_{it}+\delta_t+\mu_i+\varepsilon_{it} \tag{4.2}$$

其中，HSR_{it} 为交叉虚拟变量，即 $T_t \times H_i$ 交叉变量，$HSR_{it}=1$ 代表 i 城市在 t 年份已经开通高铁，否则 $HSR_{it}=0$，即 HSR_{it} 在城市开通当年及以后的年份都取"1"，开通之前的年份取"0"。这样，我们只需要考察交叉项 HSR_{it} 的系数 β_1 就可以观察到高铁的城市空间扩张影响，简化了研究目标。β_1 衡量了高速铁路通车对城市建成区面积扩张的净影响，即高铁的城市空间扩张效应，这也是研究的核心之处。如果该系数为正且在一定统计水平下显著，说明高铁开通促进了城市空间规模扩张；如果该统计系数为负且在一定统计水平下显著，说明高铁开通抑制了城市空间规模扩张；如果该系数不显著，说明高铁开通的城市扩张效应不明显，或者说至少到目前为止效应还未有所体现。

（二）高铁开通各年的影响

为了考察开通高铁的效果随时间的演变趋势，还定义了高铁开通第 T 年的虚拟变量 $HSRT_{it}$，T 取值"1"～"6"，以此探究高速铁路开通当年及之后每一年的作用效果，模型如下：

$$\ln(L_{it})=\beta_0+\beta_1 HSR1_{it}+\beta_2 HSR2_{it}+\beta_3 HSR3_{it}+\beta_4 HSR4_{it} +\beta_5 HSR5_{it}+\beta_6 HSR6_{it}+\beta_7 X_{it}+\delta_t+\mu_i+\varepsilon_{it} \tag{4.3}$$

其中，$HSR1_{it}$ 至 $HSR6_{it}$ 为高铁开通第 T 年虚拟变量，$HSRT_{it}$ 只在高铁开通第 T 年取"1"，其他年份均取"0"；其他参数的含义与模型(4.2)相同。

三、相关控制变量说明

表 4—3　　研究变量的选取

变量类别	变量名	含　义	衡量方式
城市空间扩张变量	$\ln(L)$	城市空间扩张	城市建成区面积的对数

续表

变量类别	变量名	含　义	衡量方式
高速铁路发展变量	*HSR*	研究期间是否开通高铁	开通当年及以后年份开通取“1”，未开通取“0”
	$HSRT_{it}$	高铁开通第 *T* 年	开通第 *T* 年取“1”，其他取“0”
	DFQ	高铁每日停靠频次	高铁每日停靠在某城市的次数
其他控制变量	ln(*AVW*)	经济因素	职工平均工资的对数
	ln(*PEO*)	人口因素	城市年末总人口的对数
	IND	产业结构因素	非农产业占 GDP 的比重
	ln(*TRA*)	市内交通因素	人均道路面积的对数
	ln(*REA*)	房地产因素	房地产投资的对数
	ln(*FSG*)	地方政府因素	地方政府支出的对数

经济因素 ln(*AVW*)：采用职工平均工资水平的对数来表示，通常来讲，职工平均工资水平越高，经济的发展水平也就越高，这直接决定了城市规模的大小，同时高平均工资更能吸引外来劳动力的迁入，促进人口集聚。人口因素 ln(*PEO*)：采用市辖区年末总人口的对数来衡量，人口是影响城市空间的一个重要因素，人口数量的增加会刺激对住房、消费品的需求，从而刺激产业发展，达到推动城市空间扩张的效果。交通成本因素 ln(*TRA*)：采用人均道路面积的对数来表示，反映城市的内部交通状况，一般而言，城市交通基础设施的建设直接决定了城市交通状况的好坏，城市内交通基础设施越完善，交通成本就越低，带动产业的集聚，促进城市向外围空间的扩张。产业结构因素 *IND*：采用非农产业增加值占 GDP 的比重来度量，根据前文的分析，虽然第三产业通常更能影响城市的用地规模，但由于本研究剔除了各省份的首位城市，剩余城市大多工业较发达，由第二产业在城市扩张中发挥主要作用，因此，最终选择非农产业增加值的比重来衡量产业结构因素。房地产因素 ln(*REA*)：采用房地产投资额的对数表示。房地产投资直接刺激商品房销售面积和施工面积的增加，开发商对于利润的追逐使得房地产用地面积不断增大，推动城市外延

的扩张。同时,房地产投资水平还直接影响了城市经济发展水平,人口增加使得住房需求增加,房价上涨使房地产开发商进一步加大投资,扩大房地产施工面积,促使城市往郊区扩张。地方政府因素 ln(*FSC*):采用地方城市政府财政预算内支出额的对数表示,主要反映城市公共政策和政府干预程度对城市用地规模的影响。

表 4—4 为主要变量的描述性统计,从统计分析结果可以看出,我国各城市的建成区面积、平均职工工资、年末常住人口、人均道路面积、非农产业占比、房地产投资和地方政府财政支出等都存在很大的差异。由现状研究可知,各城市高铁开通数据也具有很大差异,所用宏观数据具有较强的实用价值。这和我们在实际生活中的经验是相符的,为了进行更深入的研究,我们将建立 DID 模型对高铁对城市扩张影响的因果效应进行检验,并利用分类回归研究高铁城市扩张效应的异质性。

表 4—4　　主要变量的描述性统计

变量	样本量	Mean	Std. Dev.	Min	Max
ln(*L*)	247	4.1267	0.6357	1.7918	6.834109
HSR	247	0.1211	0.3263	0.0000	1.0000
*HSR*1	247	0.0429	0.2027	0.0000	1.0000
*HSR*2	247	0.0304	0.1716	0.0000	1.0000
*HSR*3	247	0.0211	0.1436	0.0000	1.0000
*HSR*4	247	0.0109	0.1040	0.0000	1.0000
*HSR*5	247	0.0105	0.1021	0.0000	1.0000
*HSR*6	247	0.0053	0.0724	0.0000	1.0000
DFQ	247	5.7943	22.4491	0.0000	280.0000
ln(*AVW*)	247	10.4050	0.4119	8.4700	13.2600
ln(*PEO*)	247	4.4118	0.6030	2.7000	6.3000
ln(*TRA*)	247	2.1862	0.6331	0.3389	4.6900
IND	247	92.2758	7.1846	41.3800	99.8600
ln(*REA*)	247	12.7260	1.2151	4.6634	16.1889
ln(*FSC*)	247	12.9542	0.9389	9.9911	15.9391

四、实证分析

在全国总样本的实证分析中，我们利用中国 247 个城市 2006—2015 年的面板数据进行实证分析。首先进行多重共线性检验，以对相关解释变量进行调整以得到最优模型；然后利用 *F* 检验和 Hausman 检验来确定模型采用混合效应模型、固定效应模型，还是随机效应模型。

（一）多重共线性检验

表 4—5 为各变量的方差膨胀因子，可以看出，模型（4.2）中，*HRS* 变量和 ln(*FSC*) 变量的方差膨胀因子最大，均为“5”，远小于“10”，模型不存在较严重的多重共线性问题；模型（4.3）中，ln(*FSC*) 变量的方差膨胀因子最大，但也远小于“5”，因此排除模型的多重共线性问题。最终，我们仍采用模型（4.2）和模型（4.3）进行回归。

表 4—5　各变量的方差膨胀因子

变　量	模型(4.2)		模型(4.3)	
	VIF	1/*VIF*	*VIF*	1/*VIF*
HSR	5	0.20		
*HSR*1			1.06	0.95
*HSR*2			1.05	0.95
*HSR*3			1.04	0.96
*HSR*4			1.03	0.97
*HSR*5			1.03	0.97
*HSR*6			1.02	0.98
ln(*AVW*)	2.44	0.41	2.44	0.41
ln(*PEO*)	2.98	0.34	2.98	0.34
ln(*TRA*)	1.8	0.55	1.81	0.55
IND	1.56	0.64	1.56	0.64
ln(*REA*)	3.52	0.28	3.52	0.28
ln(*FSC*)	5	0.20	5.01	0.20
Mean *VIF*	2.64		1.96	

(二)固定效应模型检验

表4—6为固定效应的 F 检验和Hausman检验。

表4—6　　固定效应的 F 检验和Hausman检验

	固定效应的 F 检验		Hausman检验	
模型(4.2)	F 检验值	P 值	Chi2值	P 值
	21.63	$Prob>F=0.0000$	216.93	$Prob>Chi2=0.0000$
模型(4.3)	F 检验值	P 值	Chi2值	P 值
	22.66	$Prob>F=0.0000$	214.06	$Prob>Chi2=0.0000$

首先，对模型(4.2)和模型(4.3)进行 F 检验，以判断混合OLS模型和固定效应模型哪个更有效。如表4—6所示，两个模型的 F 检验相应的 P 值均为0.0000，因此，采用固定效应模型要优于混合OLS模型。其次，对于固定效应模型和随机效应模型的抉择我们使用Hausman检验加以确定。如表4—6所示，模型(4.2)和模型(4.3)的Chi2值分别为216.93和214.06，相应的 P 值均为0.0000，拒绝了随机效应模型与固定效应模型无系统性差异的假设，即回归应采用固定效应模型最适合，从而验证了利用DID模型进行实证回归的可行性。

(三)回归结果与分析

首先，使用DID模型检验高速铁路对城市空间扩张的整体影响，结果如表4—7所示。

表4—7　　高速铁路开通对城市空间扩张的影响(DID模型)

解释变量	$\ln(L)$			
	回归(1)	回归(2)	回归(3)	回归(4)
HSR	0.0246^{*}	0.0275^{**}		
	(1.66)	(1.99)		
$HSR1$			0.0166	0.0182
			(0.87)	(1.03)

续表

解释变量	ln(L)			
	回归(1)	回归(2)	回归(3)	回归(4)
*HSR*2			0.0223	0.0322
			(0.98)	(1.53)
*HSR*3			0.0239	0.0287
			(0.87)	(1.13)
*HSR*4			0.0409	0.0274
			(1.10)	(0.79)
*HSR*5			0.0837**	0.0744**
			(2.17)	(2.08)
*HSR*6			0.1449***	0.1393***
			(2.7)	(2.80)
ln(*AVW*)		−0.0170		−0.0153
		(−0.63)		(−0.57)
ln(*PEO*)	0.5164***		0.5158***	
	(17.13)		(17.10)	
ln(*TRA*)	0.1282***		0.1274***	
	(9.16)		(9.10)	
IND	0.00934***		0.0094***	
	(4.79)		(4.81)	
ln(*REA*)	0.00385		0.0035	
	(0.5)		(0.46)	
ln(*FSC*)	0.0267*		0.0268*	
	(1.82)		(1.83)	
City *FE*	Yes	Yes	Yes	Yes
Year *FE*	Yes	Yes	Yes	Yes

续表

解释变量	ln(L)			
	回归(1)	回归(2)	回归(3)	回归(4)
Constant	0.3462	3.8815***	0.3989	3.8815***
	(0.99)	(355.25)	(0.58)	(355.04)
N	2470	2470	2470	2470
R^2	0.57	0.49	0.56	0.49

注:括号内为 *t* 统计量,***、**、* 分别代表 1%、5%、10%的显著性水平。

资料来源:根据相关数据回归得出。

回归(1)给出了未加入控制变量的最基本模型的回归结果,主要解释变量 *HSR* 在 10%的显著水平下通过了检验,且系数为正,说明高速铁路的开通促进了城市建成区面积的扩张。回归(2)的结果显示,在加入相关控制变量后,主要解释变量 *HSR* 在 5%的水平下显著,其系数的经济含义为高速铁路开通使城市建成区面积扩张了 2.75%。

控制变量中,城市年末常住人口 ln(*PEO*)的系数显著为正,为 0.5164,即年末常住人口每增长 1%,城市建成区面积增长 0.5164%。可见,人口是影响城市空间扩张的重要因素,人口增长刺激住房需求的增长,促进房地产市场向郊区的延伸。城市交通成本因素 ln(*TRA*)通过了 1%的显著性检验,系数为正,说明交通成本因素也是影响城市空间扩张的重要因素之一。以上两个控制变量的回归结果与单中心城市理论中众多学者的观点一致。此外,城市产业结构变量 *IND* 系数在 1%的水平下显著,回归系数为 0.0093,从影响机制来看,高速铁路正是通过促进产业集聚从而对城市空间扩张进行影响,非农产业比重越高,城市用地需求越强。地方政府行为因素 ln(*FSC*)对城市空间扩张也有一定的促进作用,地方政府支出每增加 1%,城市建成区面积就增加 0.0267%,地方政府财政支出通过刺激经济扩张从而促进城市空间扩张。同时,地方政府财政支出越高,反映当地政府的干预程度越强,在城市用地扩张时可能会拥有更多的话语权。但经济因素 ln(*AVW*)和房地产投资因素 ln(*REA*)对城市空间扩张的影响并不显著。

其次，加入多期交叉虚拟变量来研究高铁开通的效果随时间的演变趋势。从变量回归的显著性来看，无论是否加入控制变量，6 个虚拟变量中只有 $HSR5$ 和 $HSR6$ 通过了显著性检验，且系数为正，说明高铁开通第 5 年和第 6 年对城市扩张产生了显著的促进作用，高铁开通的前 4 年对城市空间扩张的促进效应并不明显。从系数的大小来看，随着高铁建设的推进，新的高铁线路不断开通，高铁促进城市空间扩张的效应逐渐增强，开通的第六年高速铁路会使城市的建成区面积增加 14%，效果显著。

对于高速铁路开通影响城市空间扩张的滞后性，主要原因可能是：城市建设规划一般由地方政府按照一定规则标准提前制定，虽然允许根据当年的政策、经济状况等做出一定调整，但政府从认识到变化，到根据变化制定政策，再到政策实施后对政策目标产生影响的过程均存在时滞，因此高铁开通的前 4 年对城市建成区面积的影响并不显著。而随着时间的推移，全国高速铁路网络逐渐形成，政府规划得以调整和实施，高速铁路从开通的第五年对城市建成区面积的促进效应开始显著，且效应强度逐渐增强。现有数据说明，高铁开通确实促进了城市空间的扩张，但这种影响存在一定的时滞。

第七节　利用分类回归研究城市特征与城市空间扩张

一、研究模型与变量选择

多期 DID 模型反映了高速铁路对城市空间扩张的因果效应，为进一步研究高速铁路对不同类型城市的影响，本节选取是否纳入国家级城市群、高铁站点位置和城市所处区位三类变量作为城市特征变量，展开相关拓展研究。同时，与 DID 模型不同，本节将使用高铁停靠频次变量代替高铁开通虚拟变量，以更准确地反映高铁对城市建成区面积的影响。高铁停靠频次反映的是城市高铁服务质量的高低，停靠频次增加可以增强城市可达性和城市间的空间相互作用，带来频次效应。使用高铁停靠频次变量代替高速铁路是否开通虚拟变量可进一步对DID实证的结果进行检验。高铁停靠频次数据通过查询列车时刻软件并整理获得。

(一)基本模型

基本模型如下：

$$\ln(L_{it})=\alpha_0+\alpha_1 DFQ_{it}+\alpha_2 X_{it}+\delta_t+\mu_i+\varepsilon_{it} \tag{4.4}$$

在模型(4.4)中，DFQ_{it} 为城市 i 在 t 年的高铁每日停靠频次，可以较好地反映高铁服务水平；X_{it} 与模型(4.2)、模型(4.3)表示的含义相同，分别为经济因素 $\ln(AVW)$、人口因素 $\ln(PEO)$、产业结构因素(IND)、市内交通因素 $\ln(TRA)$、房地产因素 $\ln(REA)$ 和地方政府因素 $\ln(FSC)$ 6个变量。系数 α_1 反映高铁停靠频次对城市建成区面积扩张的影响，若系数为正，则说明高铁频次的增加对城市建成区面积扩张起促进作用；若为负，则起抑制作用。δ_t 表示时间固定效应，μ_i 为城市的个体固定效应，ε_{it} 为随机扰动项。

(二)城市区位

城市区位模型如下：

$$\begin{aligned}\ln(L_{it})=&\alpha_0+\alpha_1 DFQ_{it}+\alpha_2(DFQ_{it}\times LOCT_i)\\&+\alpha_3 X_{it}+\delta_t+\mu_i+\varepsilon'_{it}\end{aligned} \tag{4.5}$$

模型(4.5)在模型(4.4)的基础上加入了高铁停靠频次 DFQ_{it} 和城市区位 $LOCT_i$ 的交互项。其中，城市区位 $LOCT_i$ 表示城市 i 处于东部还是中西部地区[①]。若城市 i 处于东部地区，则 $LOCT_i=1$；否则，$LOCT_i=0$。交互项 $DFQ_{it}\times LOCT_i$ 的系数 α_2 衡量的是城市区位是否对高铁的城市空间扩张效应产生影响，或者说高铁对不同地区城市建成区面积的影响是否不同。若 α_2 在一定条件水平下显著且为正，则说明高铁停靠频次更能刺激东部城市空间规模的扩张；若 α_2 在一定条件水平下显著且

① 中、东、西部地区省份根据国家统计局的标准进行划分，东部地区包括北京、天津、河北、上海、江苏、浙江、福建、山东、广东、海南10个省(市)。

为负，则说明相较于中西部城市，高铁停靠频次刺激反而更会抑制东部地区城市空间规模的扩张；若 α_2 不显著，则说明高铁停靠频次对空间扩张产生的作用在地区间的差异不明显。δ_t 表示时间固定效应，μ_i 为城市的个体固定效应，ε_{it} 为随机扰动项。

（三）是否纳入国家级城市群

是否纳入国家级城市群模型如下：

$$\ln(L_{it})=\alpha_0+\alpha_1 DFQ_{it}+\alpha_2(DFQ_{it}\times GROP_i)+\alpha_3 X_{it}+\delta_t+\mu_i+\varepsilon_{it} \tag{4.6}$$

模型(4.6)在模型(4.4)的基础上加入了高铁停靠频次 DFQ_{it} 和城市群效应 $GROP_i$ 的交互项。其中，城市群效应 $GROP_i$ 表示截至 2015 年城市 i 是否纳入 5 个国家级城市群中。若城市 i 被纳入国家级城市群中，则 $GROP_i=1$；否则，$GROP_i=0$。交互项 $DFQ_{it}\times GROP_i$ 的系数 α_2 衡量的是城市群效应对高铁城市空间扩张效应的影响，若 α_2 在一定条件水平下显著且为正，则说明对于纳入国家级城市群的城市来说，高铁停靠频次更能刺激城市空间规模的扩张；若 α_2 在一定条件水平下显著且为负，则说明对于纳入国家城市群的城市来说，高铁停靠频次反而会抑制城市空间规模的扩张；若 α_2 不显著，则说明高铁停靠频次通过同城效应对空间扩张产生的作用不明显。δ_t 表示时间固定效应，μ_i 为城市的个体固定效应，ε_{it} 为随机扰动项。

（四）高铁站点位置

高铁站点位置模型如下：

$$\ln(L_{it})=\alpha_0+\alpha_1 DFQ_{it}+\alpha_2(DFQ_{it}\times SITE_i)+\alpha_3 X_{it}+\delta_t+\mu_i+\varepsilon_{it} \tag{4.7}$$

方程(4.7)在方程(4.4)的基础上加入了高铁停靠频次 DFQ_{it} 和高铁站点位置 $SITE_i$ 的交互项，城市区位 $SITE_i$ 为虚拟变量，反映高铁站点位置特征，若高铁站点位于城市中心，将其赋值为“0”；若高铁站点位于城市郊区，则其赋值为“1”。由于每个城市的规模及形态都存在较大差

别,参考赵倩和陈国伟(2015)的方法,利用城市距离指数来判断高铁站点处于郊区还是城市中心,公式为:

$$q=\frac{d}{\sqrt{p/\pi}}$$

其中,q 为距离指数,衡量高铁距离城市中心的远近;d 为城市高铁站点距离市中心的交通距离,数据可从百度地图中查得;p 为该城市的建成区面积。当距离指数 $q<1$ 时,我们认为高铁处于城市中心,此时 $SITE_i=0$;当距离指数 $q>1$ 时,我们认为高铁处于城市郊区,此时 $SITE_i=1$。交互项 $DFQ_i \times SITE_i$ 的系数 α_2 衡量不同位置的高铁站点对城市空间扩张的不同影响,若 α_2 在一定条件水平下显著且为正,则说明高铁站点若设在城市郊区,高铁停靠频次更能刺激城市空间规模的扩张;若 α_2 在一定条件水平下显著且为负,则说明高铁站点若设在中心,高铁停靠频次更能刺激城市空间规模的扩张;若 α_2 不显著,则说明不同高铁设站位置的城市高铁停靠频次对空间扩张影响的差异不明显。δ_t 表示时间固定效应,μ_i 为城市的个体固定效应,ε_{it} 为随机扰动项。

二、计量模型选择

(一)多重共线性检验

表 4－8 为各变量的方差膨胀因子,可以看出,模型(4.4)—模型(4.7)的所有变量中,方差膨胀因子最大为 5.78,小于 10。可见,4 个模型均未出现多重共线性问题,不需要做变量的调整。

表 4－8　　各变量的方差膨胀因子

变量	模型(4.4)		模型(4.5)		模型(4.6)		模型(4.7)	
	VIF	1/*VIF*	*VIF*	1/*VIF*	*VIF*	1/*VIF*	*VIF*	1/*VIF*
DFQ	1.16	0.86	1.42	0.71	5.78	0.17	2.86	0.35
DFQ×*LOCT*			1.29	0.77				
DFQ×*GROP*					5.52	0.18		

续表

变量	模型(4.4)		模型(4.5)		模型(4.6)		模型(4.7)	
	VIF	1/*VIF*	*VIF*	1/*VIF*	*VIF*	1/*VIF*	*VIF*	1/*VIF*
DFQ×*SITE*							2.47	0.40
ln(*AVW*)	2.82	0.42	2.42	0.41	2.42	0.41	2.83	0.35
ln(*PEO*)	2.98	0.34	2.99	0.33	3.00	0.33	2.71	0.37
ln(*TRA*)	1.81	0.55	1.81	0.55	1.81	0.55	2.33	0.43
IND	1.56	0.64	1.56	0.64	1.56	0.64	2.03	0.49
ln(*REA*)	3.51	0.29	3.51	0.28	3.51	0.28	4.26	0.23
ln(*FSC*)	5.01	0.20	5.03	0.20	5.02	0.20	5.69	0.18
Mean *VIF*	2.64		2.50		3.58		3.15	

(二)面板模型的选择

表4—9为固定效应的*F*检验和Hausman检验。

表4—9　　固定效应的*F*检验和Hausman检验

	固定效应的*F*检验		Hausman检验	
模型(4.4)	*F*检验值	*P*值	Chi2值	*P*值
	22.49	*Prob*>*F*=0.0000	211.64	*Prob*>Chi2=0.0000
模型(4.5)	*F*检验值	*P*值	Chi2值	*P*值
	22.61	*Prob*>*F*=0.0000	207.74	*Prob*>Chi2=0.000
模型(4.6)	*F*检验值	*P*值	Chi2值	*P*值
	22.54	*Prob*>*F*=0.0000	228.75	*Prob*>Chi2=0.0000
模型(4.7)	*F*检验值	*P*值	Chi2值	*P*值
	20.18	*Prob*>*F*=0.0000	67.14	*Prob*>Chi2=0.0000

首先,对模型(4.4)—模型(4.7)进行*F*检验,以判断混合OLS模型和固定效应模型哪个更有效。如表4—9所示,4个模型的*F*检验相应的*P*值均为0.0000,因此,采用固定效应模型要优于混合OLS模型。其次,对模型进行Hausman检验以确定最终是采用固定效应模型还是随机效

应模型。如表 4－9 所示，模型（4.4）—模型（4.7）的 Chi2 值分别为 211.64、207.74、228.75 和 67.14，相应的 P 值均为 0.0000，拒绝了随机效应模型与固定效应模型无系统性差异的假设。因此，我们最终确定使用固定效应模型对分类样本进行回归。

三、计量回归结果与分析

（一）基本回归模型

为保证结果的稳健性，研究采取逐步添加控制变量方法和双向固定效应模型进行回归，结果如表 4—10 所示。解释变量高铁停靠频次 *DFQ* 通过了显著性水平 1%的检验，其系数所表示的经济含义是高铁停靠频次每增加 1 次，城市建成区面积就扩大 0.0978%。逐步加入控制变量，虽然系数减小到 0.0859%，但仍显著正相关，说明高速铁路停靠频次的增加能显著促进城市建成区的扩张，这和 DID 模型的回归结果相一致。分析其原因，高铁停靠频次的增加能促进城市间人口流动，满足高频次商务旅行的需要，也带来信息和技术的频繁交流，刺激城市的繁荣发展。这里采用高铁停靠频次作为自变量的主要进步在于可以给出高速铁路和建成区面积之间更准确细致的定量关系，在高铁线路布局时也应考虑发车频次的规划。其他控制变量中，ln(*PEO*)、ln(*TRA*)、*IND* 和 ln(*FSC*)通过了显著性检验且系数为正，说明对于城市空间规模的扩张主要依赖于城市人口、城市交通基础设施、非农产业和地方政府支出；职工平均工资和房地产投资对城市空间扩张的作用不明显，这与 DID 模型中的回归结果一致。

（二）城市区位分类回归

在模型（4.4）中加入了东部地区虚拟变量 *LOCT* 与高铁停靠频次 *DFQ* 的交互项 $DFQ \times LOCT$，反映高铁站点对东部地区城市和中西部地区城市建成区面积扩张影响的差异，解释变量 *DFQ* 的系数反映高铁停靠频次对中西部地区城市建成区面积的影响。回归结果如表 4—11 所示。

表 4—10　　高铁日停靠频次对城市空间扩张的影响

解释变量	ln(*L*)						
	(1)	(2)	(3)	(4)	(5)	(6)	(7)
DFQ	0.000978*** (4.40)	0.000990*** (4.44)	0.000767*** (3.60)	0.000800*** (3.84)	0.000841*** (4.06)	0.000839*** (4.05)	0.000859*** (4.14)
ln(*AVW*)		0.0222 (0.78)	0.0396 (1.47)	0.0118 (0.44)	−0.00596 (−0.22)	−0.00678 (−0.25)	−0.0113 (−0.42)
ln(*PEO*)			0.3971*** (15.15)	0.4848*** (17.81)	0.5303*** (18.70)	0.5282*** (18.47)	0.5104*** (16.95)
ln(*TRA*)				0.1354*** (9.69)	0.1298*** (9.32)	0.1293*** (9.27)	0.1284*** (9.20)
IND					0.0102*** (5.35)	0.0101*** (5.27)	0.0095*** (4.86)
ln(*REA*)						0.0048 (0.56)	0.0039 (0.51)
ln(*FSC*)							0.0275* (1.89)
City *FE*	Yes	Yes	Yes	Yes	Yes	Yes	Yes
Year *FE*	Yes	Yes	Yes	Yes	Yes	Yes	Yes
Constant	3.8815*** (356.37)	3.6644*** (13.2)	1.7692*** (6.05)	1.4014*** (4.85)	0.4608 (1.37)	0.4379 (1.29)	0.2951 (0.85)
N	2 470	2 470	2 470	2 470	2 470	2 470	2 470
R^2	0.4952	0.4954	0.5428	0.5615	0.5671	0.5671	0.5678

注:括号内为 *t* 统计量,***、**、* 分别代表 1%、5%、10%的显著性水平。

资料来源:根据相关数据回归得出。

表 4－11 高铁日停靠频次对城市空间扩张的影响(城市区位特征)

解释变量	ln(L)						
	(1)	(2)	(3)	(4)	(5)	(6)	(7)
DFQ	0.000538** (2.11)	0.000550** (2.16)	0.00046* (1.83)	0.000442* (1.85)	0.000470** (1.99)	0.000469** (1.98)	0.000485** (2.05)
$LOCT \times DFQ$	0.00158*** (3.53)	0.00158*** (3.67)	0.00116*** (2.71)	0.00130*** (3.1)	0.00134*** (3.23)	0.00134*** (3.23)	0.00136*** (3.26)
ln(AVW)		0.0224 (0.79)	0.0396 (1.47)	0.0115 (0.43)	−0.0065 (−0.24)	−0.0073 (−0.28)	−0.0120 (−0.45)
ln(PEO)			0.3924*** (14.96)	0.4805*** (17.66)	0.5264*** (18.58)	0.5243*** (18.35)	0.5060*** (16.82)
ln(TRA)				0.1369*** (9.81)	0.1312*** (9.44)	0.1308*** (9.39)	0.1298*** (9.32)
IND					0.0103*** (5.43)	0.0102*** (5.35)	0.0096*** (4.92)
ln(REA)						0.0043 (0.57)	0.0039 (0.51)
ln(FSC)							0.0283* (1.94)
City FE	Yes	Yes	Yes	Yes	Yes	Yes	Yes
Year FE	Yes	Yes	Yes	Yes	Yes	Yes	Yes
$Constant$	3.8815*** (357.29)	3.6618*** (13.22)	1.7896*** (6.13)	1.4203*** (4.92)	0.4688 (1.40)	0.4457 (1.32)	0.2990 (0.86)
N	2 470	2 470	2 470	2 470	2 470	2 470	2 470
R^2	0.4981	0.4982	0.5443	0.5634	0.5691	0.5692	0.5699

注:括号内为 t 统计量,***、**、* 分别代表 1%、5%、10%的显著性水平。

资料来源:根据相关数据回归得出。

回归(7)的结果显示,解释变量 *DFQ* 和交互项 $DFQ \times LOCT$ 分别通过了显著性为 5%和 1%的检验。解释变量 *DFQ* 的系数为 0.000485,说明高铁停靠频次每增加 1 次,中西部地区城市的建成区面积就提高 0.0485%。交互项 $DFQ \times LOCT$ 的系数为 0.00136,说明高铁停靠频次每增加 1 次,东部地区城市的建成区面积就提高了 0.1845%,比中西部地区城市多 0.136 个百分点,反映出高铁对东部城市的空间扩张产生更大作用,与前文分析的预期一致。分析其原因,首先,就同城效应来说,我国东部地区集中了京津冀城市群、长三角城市群和珠三角城市群三大国家级城市群,区域城市间的联系本身较为紧密,高速铁路开通后进一步加强了城市间空间的相互作用,中心城市充分发挥其对周边高铁沿线城市的辐射强度,进一步促进该地区区域经济发展,扩大城市外延。其次,就集聚效应而言,东部地区城市凭借其便利的交通环境和发达的经济基础,集聚优势不言而喻,高铁开通更能强化城市内部的集聚功能,以更低成本优化城市的资源配置,实现规模效应和产业升级转移,加大城市用地需求。最后,我国高速铁路线路主要集中于东部地区,形成了较为密集的网络布局,相较于中西部较稀疏的线路分布而言,更易发挥高铁布局网络效应,形成"1+1>2"的效果。因此,高速铁路对东部地区城市空间扩张的正向影响更强。但是,该回归结果也说明,至少在较短期高速铁路的开通可能会进一步加剧区域城市间发展的不均衡性。未来,需要在地区间合理配置高铁资源,缩小地区差异。

常住人口变量 ln(*PEO*)、交通基础设施变量 ln(*TRA*)、产业结构变量 *IND* 和地方政府行为因素变量 ln(*FSC*)都通过了显著性检验且系数为正,反映了城市建成区面积扩张的其他重要因素。

（三）城市群分类回归

我们在模型(4.4)中加入了高铁停靠频次变量和城市群虚拟变量的交互项 $DFQ \times GROP$,使用逐步添加变量方式和双向固定效应模型进行回归,探究高速铁路对城市空间扩张的影响在城市群内外城市之间是否具有差异,结果如表 4—12 所示。

表 4—12　高铁日停靠频次对城市空间扩张的影响(城市群特征)

解释变量	ln(L)						
	(1)	(2)	(3)	(4)	(5)	(6)	(7)
DFQ	0.000145 (0.31)	0.000152 (0.33)	−0.000182 (−0.41)	−0.000173 (−0.40)	−0.0000639 (−0.15)	−0.000077 (−0.18)	−0.0000491 (−0.11)
GROP×*DFQ*	0.00103** (2.05)	0.00104** (2.07)	0.00117** (2.46)	0.00120** (2.57)	0.00112** (2.40)	0.00113** (2.43)	0.00112** (2.41)
ln(*AVW*)		0.0232 (0.82)	0.0408 (1.51)	0.0130 (0.49)	−0.0046 (−0.17)	−0.0056 (−0.21)	−0.0100 (−0.37)
ln(*PEO*)			0.3983*** (15.21)	0.4862*** (17.88)	0.5309*** (18.74)	0.5284*** (18.49)	0.5109*** (16.99)
ln(*TRA*)				0.1357*** (9.72)	0.1301*** (9.35)	0.1296*** (9.30)	0.1286*** (9.23)
IND					0.0100*** (5.27)	0.0099*** (5.18)	0.0093*** (4.77)
ln(*REA*)						0.0051 (0.67)	0.0048 (0.62)
ln(*FSC*)							0.0271* (1.86)
City *FE*	Yes	Yes	Yes	Yes	Yes	Yes	Yes
Year *FE*	Yes	Yes	Yes	Yes	Yes	Yes	Yes
Constant	3.8815*** (356.63)	3.6544*** (13.17)	1.7522*** (6.00)	1.3833*** (4.79)	0.4586 (1.36)	0.4311 (1.27)	0.2908 (0.84)
N	2 470	2 470	2 470	2 470	2 470	2 470	2 470
R^2	0.4962	0.4963	0.5441	0.5628	0.5682	0.5683	0.569

注:括号内为 *t* 统计量,***、**、* 分别代表 1%、5%、10%的显著性水平。

资料来源:根据相关数据回归得出。

加入交互项 $DFQ \times GROP$ 后，自变量 DFQ 变得不再显著，在逐步加入控制变量的过程中，交互项 $DFQ \times GROP$ 的系数始终显著为正，在考虑所有控制变量后，系数为 0.00112，说明相较于国家级城市群外的城市，被纳入国家级城市群内的城市开通高铁后建成区面积要多增加 0.112 个百分点。这与假说 2 一致。对于城市群来说，城市间的交流互动非常重要，若要享受区域中心城市的辐射效应，必须缩短与其之间的时空距离，提高运输效率。高铁停靠频次的增加显然会提升城市可达性，刺激城市间人才、商务活动、资本和信息技术等方面的交流，强化了城市群周边城市与中心城市之间的联系。一般而言，城市群半径较小，高速铁路 500～1 000km 的竞争圈完全可以满足其交流和发展需要，"1 小时同城"和"2 小时同城"越来越多，周边城市可以充分受益于中心城市的空间溢出效应。与此同时，城市群内中心区范围不断扩大，最终形成"一体化"发展。特别的，对于我国纳入国家级城市群的城市来说，受惠于城市群发展政策，更能够从高铁发展中发挥"同城化"效应，而其他城市则可能被边缘化，无法充分利用高铁开通带动城市发展。

常住人口变量 $\ln(PEO)$、交通基础设施变量 $\ln(TRA)$、产业结构变量 IND 和地方政府行为因素变量 $\ln(FSC)$ 都通过了显著性检验且系数为正，反映了城市建成区面积扩张的其他重要因素。

（四）高铁站点位置分类回归

模型(4.7)在模型(4.4)的基础上加入了高铁停靠频次变量和高铁站点位置虚拟变量的交互项 $DFQ \times SITE$，以探究高铁站点位置是否会影响高铁对城市空间规模扩张的作用。高铁站点的位置会直接影响城市空间结构的变化，影响城市土地利用的方式。解释变量 DFQ 的系数表示的是高铁站点设立在城市郊区对城市建成区面积的影响，交叉项 $DFQ \times SITE$ 的系数则反映高铁站点设立在市中心或郊区对城市建成区面积扩张影响的差异。此部分回归选择的样本是 2010—2015 年开通"C"和"G"字头高铁的城市，共 105 个。回归结果如表 4—13 所示。

表 4—13　　高铁日停靠频次对城市空间扩张的影响(高铁站点位置特征)

解释变量	ln(*L*)						
	(1)	(2)	(3)	(4)	(5)	(6)	(7)
DFQ	0.000157 (0.46)	0.000167 (0.49)	−0.000188 (−0.57)	−0.000182 (−0.57)	−0.000161 (−0.5)	−0.000165 (−0.52)	−0.000166 (−0.52)
SITE×*DFQ*	0.000862** (2.17)	0.000859** (2.16)	0.000866** (2.29)	0.000906** (2.46)	0.000925** (2.51)	0.000919** (2.49)	0.000923** (2.5)
ln(*AVW*)		0.015090 (0.31)	0.020074 (0.44)	0.011578 (0.26)	0.006102 (0.14)	0.005257 (0.12)	0.003051 (0.07)
ln(*PEO*)			0.439453*** (9.91)	0.543268*** (11.88)	0.560452*** (11.87)	0.555781*** (11.72)	0.550662*** (10.95)
ln(*TRA*)				0.187891*** (7.02)	0.180535*** (6.63)	0.179521*** (6.59)	0.178504*** (6.5)
IND					0.005590 (1.45)	0.005340 (1.38)	0.005079 (1.28)
ln(*REA*)						0.013133 (1.04)	0.012901 (1.02)
ln(*FSC*)							0.006406 (0.31)
City *FE*	Yes	Yes	Yes	Yes	Yes	Yes	Yes
Year *FE*	Yes	Yes	Yes	Yes	Yes	Yes	Yes
Constant	4.0586*** (272.87)	3.9106*** (8.22)	1.8896*** (3.81)	1.1187** (2.25)	0.5939 (0.97)	0.4899 (0.79)	0.4851 (0.78)
N	1 050	1 050	1 050	1 050	1 050	1 050	1 050
R^2	0.5693	0.5694	0.6104	0.6299	0.6308	0.6312	0.6312

注:括号内为 t 统计量,***、**、* 分别代表 1%、5%、10%的显著性水平。

资料来源:根据相关数据回归得出。

回归(7)的结果显示，交互项 $DFQ \times SITE$ 通过了显著性检验，系数为 0.000923，说明相较于在城市中心设立高铁站点，在郊区设立高铁站点的城市，高铁停靠频次每增加 1 次，建成区面积就多扩张 0.0923%。可见，对于我国城市来说，在郊区设立高铁站点更能促进城市建成区面积的扩张。分析其原因，第一，高铁站点作为重要的交通枢纽，是人流、资本流、信息流和技术交流等重要生产要素的平台，其建立会迅速带来人口和资本的集中，直接扩大了城市的空间规模。一些城市基于此纷纷设立高铁新城作为城市新的增长基点，但由于郊区土地价格较低，若新区设立在郊区，规模规划往往较大。第二，相较于在城市中心建设高铁站点，在郊区设站更能形成老城与新城的良性互动。老城虽拥有良好的经济发展基础，但改造进程相对缓慢且难度较大；而在郊区设站并建立高铁新城，一方面可以快速为城市创造新的经济增长极，另一方面也能在一定程度上改变老城区的产业发展方向、空间结构和功能布局等，为城市输送新的发展方式，实现健康发展，进一步促进城市空间范围的扩张。一些政府最初将高铁站点设立在城市外围，也是希望能依托新城的开发带动周边土地开发，使高铁站成为产业集聚的开端，形成商务区，带动城市活力，同时分解城市中心的部分功能，均衡中心和外围地区的发展。

第八节　研究结论与政策建议

一、主要研究结论

2008 年以来，高速铁路的大规模建设为我国城市发展带来机遇。高铁通过提高可达性，加速资本、人口等生产要素的流动，促进城市化进程。近十年来，我国城市空间规模的扩张迎来了新一次的加速期。高铁作为重要的交通基础设施如何影响城市的土地利用和城市化建设等问题，促使我们将研究视角聚焦于高速铁路对城市空间扩张影响这一研究命题。

本章首先从理论上构建了高速铁路开通对城市空间扩张影响的分析

框架。其次,基于 GIS 软件详细分析高速铁路网络和城市扩张的空间演化规律,并初步分析了两者之间的相关性。再次,基于相关理论基础深入探析了高速铁路影响城市空间扩展背后的传导机制,不仅从经济机制的传导,还要结合我国土地财政的国情,形成完整的逻辑分析框架。最后,以全国 247 个城市的非省会城市或非副省级城市为研究对象,利用多期 DID 模型探究高速铁路开通和城市建成区扩张的定量关系,通过分类研究方法探究影响的空间异质性特征,主要从城市群、地区分布和高铁设站位置三个角度展开。

研究的主要结论如下:

第一,高速铁路开通显著地促进了城市建成区面积的扩张,通过进一步检验发现,高铁停靠频次的增加也会对城市空间扩张产生正向作用。分析影响背后的机制,高速铁路主要是通过"同城效应""集聚效应"和"地方政府行为效应"三方面对城市空间扩张产生作用。高铁能缩短城市间的时空距离,提高可达性,增强城市间相互作用,加速生产要素的流动,从而促进城市经济的繁荣和用地需求的增加,形成"同城效应"和"集聚效应",也即高铁通过经济机制对城市空间规模扩张产生影响,这种空间规模扩张是适量的,能够与城市的人口扩张相匹配。但高铁通过影响政府行为产生的城市空间很可能是过量而无序的,会过早透支一些中小城市的发展潜力。此外,人口、产业结构、交通和地方政府支出等因素也是城市空间扩张的重要驱动因素。

第二,高速铁路对东部和中西部城市影响不同。高速铁路线路主要集中于东部地区,交通网络优势明显。同时,东部地区分布着我国三个最发达的国家级城市群,"同城效应"显著。最后,东部地区城市凭借其便利的交通环境和发达的经济基础,具有明显的集聚优势。因此,高速铁路对东部地区城市的建成区面积的正向影响更大。

第三,高速铁路对城市群内外的城市影响不同。相较于国家级城市群外的城市,被纳入国家级城市群内的城市的空间扩张受高速铁路开通的影响更大,高速铁路强化了城市群周边城市与中心城市之间的联系,加强了中心城市对周边城市的空间溢出效应，城市群内中心区范围不断扩大，形成“一体化”发展。而城市群外的城市则可能被边缘化，无法充分利用高铁开通带动城市发展。

第四，高速铁路对城市空间扩张的影响会因高铁设站位置的不同而不同。在郊区设立高铁站点更能促进城市空间范围的扩张，在郊区设站更能形成老城与新城的良性互动局面，在为城市创造新的经济增长极的同时改变老城区的发展方式，从而促进城市空间范围的扩张。

二、政策建议

本章的研究对象主要是新建高速铁路线，由于不包括在既有线路改造而成的“D”字头列车，并且剔除了省会城市和副省级城市，最终选择2010年作为对于样本城市而言最早开通高铁的年份。通过严格的分析框架可知，整体上高速铁路的开通确实会促进城市空间的扩张，但是这种影响存在空间异质性，高铁机遇下不同类型的城市受益不同。相对来说，被纳入国家级城市群的城市和东部地区城市的空间扩张受高铁的影响更大，不过，这种影响是否适度并不确定。同时，将高铁站点建于城市郊区在直接刺激城市用地面积扩大的同时，通过引导旧城发展为城市注入新活力。目前我国新建高速铁路线路大多规划于城市建成区边缘或远郊区以适应城市的多中心发展，并匹配新城发展战略，直接促进了城市土地城镇化的进程，同时也带来诸如过度开发、城市蔓延等负面影响。通过实证检验高速铁路对城市空间扩张的具体影响，对高铁资源规划布局、城市用地规划与管理具有一定的借鉴意义。

（一）合理配置高铁资源的空间分布

高速铁路建设作为一项重要的国家战略规划，其站点布局首先考虑经济发展的需要，会最先在省会城市建立，对于中小城市则考虑其是否在省会城市之间的连线上，因此中小城市对高速铁路线路布局和走向并无自主权。在地区分布上，我国东部地区集中了一半以上的高铁资源，形成了较为密集的高铁网络系统，而中西部高铁建设进程却较为缓慢。在此背景下,东部地区凭借其发达的经济基础,配置到了优良的交通资源,进一步加剧了地区间的非均衡发展。因此,未来高铁建设的规划布局应从这一现实出发,考虑如何合理地确定高铁资源在全国范围内各区域各城市之间的分布,如何积极利用交通设施体系实现对各区域各城市之间的协调发展。具体来说,高速铁路的规划建设应充分考虑沿途各城市的城市发展特点和城市空间布局特点,制定相应的城市规划方案,推动高速铁路沿途地级市进行合理的空间扩张和发展。中小城市应积极调整自身发展战略,完善城市内部交通便利性,充分利用高速铁路的纽带作用,促进城市自身发展。

(二)高铁站点合理选址和科学开发

高铁站点选址位置对城市空间结构和用地方式的改变产生较大影响。一般来说,我国高铁站点大多选择郊区设站,主要考虑的是通过高铁赋予城市外围区域新的功能定位,带来城市活力。高铁站点的开发规划需要聚焦站点规模和功能定位,这需要政府对城市多个方面进行分析评估,包括站点规模与城市经济实力、高铁和城市现有交通基础设施的连通性、站点到达城市中心的时空距离、站点与建成区内产业的关联等。因此,高速铁路站点规划与城市经济相辅相成,城市经济能力、产业结构为高铁站点规划提供拓展可能和方向,而高铁站点的合理选址也能为城市提供与外界的快速连接通道,实现产业结构优化,并带来新的发展可能。

(三)城市规划与高铁站点规划相结合

各城市在享受高速铁路红利的同时,要考虑到高速铁路规划建设带来的负面效应,特别是城市空间的盲目扩张。一些城市忽视自身经济承载力,盲目建设高铁新城,不仅加剧了耕地和城市用地之间的矛盾,也透支了城市的发展潜力,得不偿失。因此,城市本身在科学进行总体规划时,应该有效衔接高铁站点周边规划,通过各层级相关部门的有效沟通,形成规划共识,通过合理选择站点地址,形成与建成区的有效联系,使站点具备良好的发展条件。具体来说,一方面,各城市在规划本城市高速铁路线路走向时，应首先明确城市自身发展阶段特点和具体定位，将规划与城市自身发展特点相契合，避免盲目扩张，使城市走灵活、集约、经济的可持续化发展道路；另一方面，中小城市在高铁发展机遇下要秉承开放、积极的态度，有意识地承接大城市的产业转移，实现工业化发展，形成与中心城市产业错位竞争、分工明确的良性局面。

参考文献

[1]陈建军，郑广建. 集聚视角下高速铁路与城市发展[J]. 江淮论坛，2014(2)：37－44.

[2]陈昶志，曹珊. 城市增长、城市蔓延与城市增长边界管理[J]. 中国管理信息化，2016，19(7)：232－234.

[3]郭志勇，顾乃华. 制度变迁、土地财政与外延式城市扩张——一个解释我国城市化和产业结构虚高现象的新视角[J]. 社会科学研究，2013(1)：8－14.

[4]贺剑锋. 关于中国高速铁路可达性的研究：以长三角为例[J]. 国际城市规划，2011，26(6)：55－62.

[5]韩瑞丹，张丽，郑艺，等. 曼谷城市扩张生态环境效应[J]. 生态学报，2017，37(19)：6322－6334.

[6]何流，崔功豪. 南京城市空间扩展研究[J]. 现代经济探讨，2000(10)：51－53.

[7]刘卫东，陆大道. 我国城镇化及小城镇发展态势分析[J]. 今日国土，2005(Z3)：19－21.

[8]刘涛，曹广忠. 中国城市用地规模的影响因素分析——以 2005 年县级及以上城市为例[J]. 资源科学，2011，33(8)：1570－1577.

[9]李效顺，曲福田，陈友偲，等. 经济发展与城市蔓延的 Logistic 曲线假说及其验证——基于华东地区典型城市的考察[J]. 自然资源学报，2012(5)：713－722.

[10]李勇刚，王猛. 土地财政对中国城市空间扩张影响效应的实证检验[J]. 统计与决策，2016(2)：132－137.

[11]秦蒙，刘修岩，李松林. 中国的“城市蔓延之谜”——来自政府行为视角的空间面板数据分析[J]. 经济学动态，2016(7)：21－33.

[12]史官清，张先平，秦迪. 我国高铁新城的使命缺失与建设建议[J]. 城市发展研究，2014，21(10).

[13]谭术魁，齐睿. 快速城市扩张中的征地冲突[J]. 中国土地科学，2011，25(3)：26－30.

[14]王家庭，张俊韬. 我国城市蔓延测度：基于35个大中城市面板数据的实证研究[J]. 经济学家，2010(10)：56－63.

[15]王雪微，王士君，宋飏，等. 交通要素驱动下的长春市土地利用时空变化[J]. 经济地理，2015，35(4)：155－161.

[16]肖池伟，刘影，李鹏，等. 基于城市空间扩张与人口增长协调性的高铁新城研究[J]. 自然资源学报，2016，31(9)：1440－1451.

[17]谢高地，张彪，鲁春霞，等. 北京城市扩张的资源环境效应[J]. 资源科学，2015，37(6)：1108－1114.

[18]杨荣南，张雪莲. 城市空间扩展的动力机制与模式研究[J]. 地域研究与开发，1997(2)：1－4.

[19]岳文泽，汪锐良，范蓓蕾. 城市扩张的空间模式研究——以杭州市为例[J]. 浙江大学学报(理学版)，2013，40(5)：596－605.

[20]赵倩，陈国伟. 高铁站区位对周边地区开发的影响研究——基于京沪线和武广线的实证分析[J]. 城市规划，2015，39(7)：50－55..

[21]钟业喜，黄洁，文玉钊. 高铁对中国城市可达性格局的影响分析[J]. 地理科学，2015，35(4)：387－395.

[22]张克中，陶东杰. 交通基础设施的经济分布效应——来自高铁开通的证据[J]. 经济学动态，2016(6)：62－73.

[23]Andong R F，Sajor E. Urban sprawl，public transport，and increasing CO_2，e-missions：the case of Metro Manila，Philippines[J]. Environment Development & Sustainability，2017，19(1)：99－123.

[24]Balakrishnan S. Highway urbanization and Land conflicts：the challenges to decentralization in India[J]. Pacific Affairs，2013，86(4)：785－811.

[25]Banzhaf H S，Lavery N. Can the land tax help curb urban sprawl? Evidence from growth patterns in Pennsylvania[J]. Social Science Electronic Publishing，2010，67(2)：169－179.

[26]Brueckner J K. Chapter 20 The structure of urban equilibria：A unified treatment of the muth-mills model[J]. Handbook of Regional & Urban Economics，1987，2

(87):821—845.

[27]Clark C. Urban Population Densities[J]. Journal of the Royal Statistical Society,1951,114(4):490—496.

[28]Fan P,Chen J,John R. Urbanization and environmental change during the economic transition on the Mongolian Plateau: Hohhot and Ulaanbaatar[J]. Environmental Research,2016,144(Pt B):96—112.

[29]Frenkel A,Ashkenazi M. Measuring urban sprawl: How can we deal with it?[J]. Environment & Planning B Planning & Design,2008,35(1):56—79.

[30]Gómezantonio M,Hortasrico M,Li L. The Causes of Urban Sprawl in Spanish Urban Areas: A Spatial Approach[J]. Working Papers Collection B Regional & Sectoral Economics,2014,11(2):1—28.

[31]Garmendia M,Romero V,Urena J M D,et al. High-Speed Rail Opportunities around Metropolitan Regions: Madrid and London[J]. Journal of Infrastructure Systems,2012,18(4):305—313.

[32]Heubeck S. Competitive sprawl[J]. Economic Theory,2009,39(3):443—460.

[33]Muth R F. Cities and Housing[M]. Chicago IL: University of Chicago Press,1969.

[34]Mills E S. An Aggregative Model of Resource Allocation in a Metropolitan Area[J]. American Economic Review,1967,57(2):197—210.

[35]Oueslati W,Alvanides S,Garrod G. Determinants of urban sprawl in European cities[J]. 2015,52(9):1594—1614.

[36]Shi K,Chen Y,Yu B,et al. Urban Expansion and Agricultural Land Loss in China: A Multiscale Perspective[J]. Sustainability,2016,8(8):790.

[37]Song J,Ye J T,Zhu E Y,et al. Analyzing the impact of highways associated with farmland loss under rapid urbanization[J]. International Journal of Geo-Information,2016(5):94—111.

[38]Wilson E H,Hurd J D,Civco D L,et al. Development of a geospatial model to quantify, describe and map urban growth[J]. Remote Sensing of Environment,2003,86(3):275—285.

第五章　高速铁路对生产性服务业集聚的影响分析

生产性服务业因其服务生产活动、提供中间产品、高附加值等特征，是我国现代服务业产业转型升级的重要方向，在扩大产业投资、促进城市分工、协同区域发展等方面发挥着不可替代的作用。高铁作为高效、快捷的交通运输工具，整合并优化了经济资源的配置，促进着生产性服务业的发展。然而，不同类型生产性服务业因其各异的经济属性对高铁的依赖度也不同。例如，高铁提升了可达性的大城市往往布局着知识密集度高、经济辐射能力强、提供许多远程服务的生产性服务业；而高铁沿线的中小城市往往聚集着劳动力密集、服务半径小的生产性服务业。可见，高铁对不同类型生产性服务业集聚的影响是具有差异性的。因此，本章探究的问题是：高铁对不同类型生产性服务业集聚的影响是否显著？高铁对不同类型生产性服务业集聚的影响有什么不同？高铁对不同类型生产性服务业集聚的异质性影响的原因是什么？

为了回答这些问题，本章提出高铁影响生产性服务业集聚的传导机制，即高铁提升城市可达性后，通过人力资本效应、市场资源效应和信息资源效应使不同类型生产性服务业按照差异化的路径集聚。本章将生产性服务业细分为五个类型，即“交通运输、仓储和邮电业”“科学研究、技术服务业和地质勘查业”“金融业”“信息传输、计算机服务业和软件业”和“租赁和商务服务业”。本章通过使用 2006—2015 年中国 286 个地级市的数据，采用双重差分法回归分析高铁开通与不同类型生产性服务业集聚之间的因果关系，并且进一步将高铁日停靠频次、高铁站位置和高铁站级别等高铁运行特征纳入实证分析，探究高铁对不同类型生产性服务业集聚的异质性影响。

本章分为七节：第一节阐述研究背景、研究意义和可能的创新点；第二节提出高铁影响生产性服务业集聚的传导机制，即高铁提升城市可达性后，通过人力资本效应、市场资源效应和信息资源效应使不同类型生产性服务业按照差异化的路径集聚；第三节分析中国生产性服务业的发展历史和空间格局；第四节是高铁开通与生产性服务业集聚的关系初步分析；第五节使用双重差分方法检验高铁对不同类型生产性服务业集聚变化的差异化影响；第六节使用高铁日停靠频次、高铁站位置和高铁站级别三个高铁运行特征变量测算高铁对不同类型生产性服务业集聚的异质性影响；第七节得出高铁影响生产性服务业集聚的五点结论，并提出相关的建议，以期为协调城市分工、促进生产性服务业发展建言献策。

第一节　研究背景与研究意义

一、研究背景

高速铁路建设是中国交通基础设施投资的一项标志性工程。截至2017年年底，中国高铁营运里程达到2.5万km[①]，位居世界第一。中国高铁网络布局从“四纵四横”拓展到“八纵八横”，并在中国的经济社会发展中扮演着越来越重要的角色。目前，中国已经初步形成了一个现代化的高铁网络，高铁对中国的经济地理产生着深远而又复杂的影响（王姣娥和丁金学，2011；钟业喜等，2015；董艳梅和朱英明，2016）。从近些年各地区的经济发展成果来看，经济发展水平提升程度和产业集聚程度较突出的区域与已建成通车的高铁线路高度拟合。以京沪高铁线为例，京沪高铁使北京和上海两大都市圈的对外辐射能力得到进一步提升，同时加速

---

① 数据来源于中国铁路总公司《回眸2017——铁路建设任务圆满完成》。

了济南、南京等沿线交通城市形成多个经济增长极的格局（杨维凤，2010）。再如，自 2018 年广深港高铁的香港段开通后，科技企业的中间品从香港到深圳所需要的时间由三个多小时缩短到十几分钟[①]，极大地增强了珠三角城市群高新技术企业的经济效益。由此可见，中国高铁的开通运营不仅带来了区域经济的增长，改变了中国的经济格局，同时也对产业发展有着重要的影响。

在中国实施创新驱动发展战略的新时期，生产性服务业是我国服务业革新发展的主要趋势和转型升级的重要方向。2014 年，国务院印发的《关于加快发展生产性服务业促进产业结构调整升级的指导意见》明确提出，“促进我国产业逐步由生产制造型向生产服务型转变”，这表明生产性服务业的发展已经得到了国家战略层面的重视。在现阶段，中国正在积极推进供给侧结构性改革，生产性服务业因其服务生产活动、提供中间产品、高附加值等特征促进着中国现代产业的发展，同时也起到了扩大产业投资、促进城市分工、协同区域发展等不可替代的作用。因此，生产性服务业的发展对中国深化改革和转型产业结构具有重要的战略意义。此外，不同类型的生产性服务业具有不同的产品属性，这使得不同类型生产性服务业的空间集聚呈现差异。具体来看，规模大的城市布局着知识密集度较高、经济辐射能力较强、提供许多远程服务的生产性服务业，而中小城市往往布局着知识密集度较低、经济辐射能力较弱、需要与客户“面对面”互动的生产性服务业。

高铁作为高效、快捷的交通运输工具，整合并优化了经济资源的配置，支持和促进着生产性服务业的发展。2016 年，国务院审议通过的《中长期铁路网规划》明确了高铁建设对产业发展的经济意义，即“要充分发挥高铁经济效应，形成对产业转型升级的有力支撑和引领”。在实际生活中，金融、咨询等生产性服务业为了辐射更多的客户往往集结在四通八达的城市，因高铁开通而提升了通达度的城市在吸引金融公司、咨询公司上

① 资料来源于高铁网《区域经济装上高铁“新引擎”》。

更具竞争力;然而邮政、快递等生产性服务业需要在每个城市布局网点以服务临近的消费者,城市是否开通高铁对邮政、快递等生产性服务业的区位选择影响不大。由此可见,不同类型的生产性服务业因各自不同的经济属性对高铁有不同的依赖度。进而,高铁对不同类型生产性服务业集聚的影响也具有差异性。

本研究的主题是高铁对不同类型生产性服务业集聚的异质性影响,提出并尝试回答以下问题:高铁是否显著影响不同类型生产性服务业的集聚?高铁对不同类型生产性服务业集聚的影响有何差异?为什么高铁对不同类型生产性服务业集聚会有异质性影响?为了探究这些问题,本研究以2006—2015年中国286个地级市的城市数据为样本,在双重差分模型中使用高铁开通变量检测高铁对不同类型生产性服务业集聚的异质性影响,进一步纳入高铁运行特征变量以检验高铁对不同类型生产性服务业集聚的差异化影响。本研究内容有助于丰富高铁影响生产性服务业集聚的相关研究,并对高铁网的政策规划和城市生产性服务业的产业战略制定具有一定的参考价值。

二、研究意义

(一)理论意义

现有文献多为高铁对整个服务业的集聚效应展开论述。尽管少量研究提出了高铁的影响具有异质性的结论(如中小城市服务业集聚的程度要弱于大城市),但对这种经济现象背后的原因和作用机制没有深入探讨。具体到高铁对细分类别的服务业上,相关的研究不是很丰富;虽然少数学者关注到高铁对不同服务业的异质性影响,但是在理论机制和实证研究方面缺乏通过对翔实的数据进行分析而得出的结论。

本章从生产性服务业内各行业的差异切入,对生产性服务业进行细分,进而深入研究高铁对不同类型生产性服务业集聚的影响及这些影响的异质性,弥补前人在影响机制和模型分析上的研究缺陷。对于高铁的相关研究来说,这是有价值的理论贡献。同时,高铁重塑着中国的交通基础设施网络，生产性服务业是中国现代服务业的主要构成部分，二者对中国当下及未来的经济社会发展意义重大。本章将高铁和不同类型生产性服务业集聚联系起来进行分析和思辨，以科学的经济学研究范式和丰富的样本数据为支撑，深入探讨高铁对不同类型生产性服务业集聚的不同影响，这些贡献具有一定的学术价值。

（二）现实意义

在现实生活中，中国高铁网络的大蓝图正在持续积极地展开大规模的建设，生产性服务业空间布局因其也发生着变化。沿线城市都意识到把握住时代机遇的重要性，从而顺势大力发展生产性服务业。因此，全面剖析高铁对生产性服务业的影响，对于中国的高铁建设和城市经济发展具有十分重要的意义。为此，学术界在高铁和产业经济现象之间也有诸多研究（如高铁线路对单个城市群产业的影响研究、全国高铁网络对产业发展的影响研究等）。具体到高铁和生产性服务业的研究，虽然学者们在高铁对生产性服务业的影响方面开展了一些研究，但是在高铁对不同类型生产性服务业的异质性影响方面，少有学者进行系统和深刻的探究。

本章采用 2006—2015 年全国 286 个地级市的数据，在双重差分法中使用了高铁开通变量，之后进一步将高铁运行特征纳入实证检验，量化分析高铁开通和高铁运行特征对不同类型生产性服务业集聚的不同影响。因为有实证回归结果的支持，所以研究结论更具可信度。此外，本章使用了 286 个地级市的数据，这使研究具有全国层面的适用性；使用双重差分模型可以有效研究高铁的政策效应；在实证模型中先后使用高铁开通变量和高铁运行特征变量，考虑了高铁在不同城市的不同特点，使得研究结论更深刻、更具推广意义。

本研究结论对政策制定者有一定的借鉴意义——在高铁带来的异质性影响下，城市之间如何结合自身的城市特点和高铁特征，协调各类生产性服务业的分工，实现区域产业的合作共赢。同时，本研究结果有助于更好地规划中国高铁网络的建设，以及进一步发挥“高铁经济”的正面效应。

三、可能的创新点

本研究可能的创新点有二。第一，细分生产性服务业有助于剖析高铁对集聚的异质性影响。本章分析、测算和比较了高铁建设和不同类型生产性服务业空间变化的因果关系，深入探究了高铁对生产性服务业集聚的异质性影响和差异的原因。第二，实证分析进一步将高铁运行特征纳入考量。具体来说，先使用双重差分法采用高铁开通变量检测高铁对不同类型生产性服务业集聚的影响，然后将高铁日停靠频次、高铁站位置和高铁站级别等高铁运行特征作为解释变量，进一步量化和区别不同类型生产性服务业在高铁建设运营中各自的集聚轨迹。

第二节　高速铁路对生产性服务业集聚影响的作用机制

一、生产性服务业的概念和范围

生产性服务（productive services）是企业、政府和非营利组织以其他商品和服务的生产者为主要客户、被用来作为中间品而非最终消费品的产品。生产性服务业（productive services industry）具有维持生产活动的连续性，促进技术进步和提高生产效率等作用，包括金融、保险、法律等行业（Browning 和 Singelman，1975）。

2015 年，国家统计局发布的《生产性服务业分类》将生产性服务业的范围表述为生产活动提供的货物运输仓储和邮政快递服务、节能与环保服务、信息服务、研发设计与其他技术服务、金融服务、生产性租赁服务、批发经纪代理服务、人力资源管理与培训服务、商务服务、生产性支持服务。《中国统计年鉴》和《中国城市统计年鉴》在对各行业的数据进行统计时，将行业划分为 19 类，具体为："农、林、牧、渔业""制造业""采矿业""电力、热力、燃气及水的生产和供应业""批发和零售业""住宿和餐饮业""建筑业""交通运输、仓储和邮政业""租赁和商务服务业""信息传输、计算机服务业和软件业”“房地产业”“金融业”“教育”“科学研究、技术服务业和地质勘查业”“居民服务、修理和其他服务业”“水利、环境和公共设施管理业”“文化、体育和娱乐业”“卫生和社会工作”和“公共管理、社会保障和社会组织”。

考虑到数据的可获得性,大部分学者采用《中国统计年鉴》和《中国城市统计年鉴》对各行业的划分方法,并以《生产性服务业分类(2015)》对生产性服务业的内涵和外延的定义为衡量标准,划分生产性服务业所包含的具体行业(顾乃华,2010;江曼琦和席强敏,2014;宣烨和余泳泽,2014;陈曦,2017)。具体来说,包括“交通运输、仓储和邮电业”“科学研究、技术服务业和地质勘查业”“金融业”“信息传输、计算机服务业和软件业”和“租赁和商务服务业”五个行业来代表生产性服务业。本章采用学术界普遍的归类方法,使用这五个行业来表示生产性服务业。

二、高铁对生产性服务业集聚影响的理论基础

(一)集聚经济理论

新经济地理学对运输成本和要素流动进行了讨论,Samuelson(1954)指出商品从厂商到购买者手中由于交通和交易费用产生了损失,即将商品比作冰块,那么交通费用就是从出厂到消费者手中冰块所融化的部分。同样,劳动力通过高铁在流动过程中的通勤时间也如冰块一样:通勤所需时间越长,冰块融化越多,意味着劳动力付出的时间成本越大。Krugman(1991)提出规模经济和运输成本影响制造业企业的区位分布。实际上,高铁提高沿线城市的可达性,使企业向运输成本更低的城市和具有规模经济效应的地区集聚。从新经济地理学中区位论的观点出发,经济要素的流动性与资源流动成本(包括运输成本)之间具有相关性,即经济要素会向成本低的区域流动。Kilkenny(1998)发现受交通运输成本影响大的企业会向运输成本下降的地区集聚。因此,出于交通成本的考量,生产性服务业企业会选择向高铁开通后交通便利度提升、运输成本降低的城市和区域聚集。

在实证检验方面，大多数学者在其研究成果中肯定了交通基础设施显著影响经济集聚的观点（孙晓华等，2017；周海波等，2017；林雄斌等，2018），高铁作为交通基础设施的一种，也同样适用该结论。从交通成本的视角来看，覃成林和种照辉（2014）发现高铁使沿线城市交通成本下降，并且通过可达性指标量化了高铁对沿线城市经济集聚水平的提升程度。董瑶和孟晓晨（2014）测算得出高铁开通后乘客出行成本有所下降，并提出了根据乘客交通成本变化测量高铁站经济辐射范围的方法。

（二）资源禀赋论

资源禀赋论认为交通基础设施网络将不同地区相连接，改变了各城市的可达性，进而使得各个城市的资源禀赋发生变化，企业则会根据这种资源禀赋的变动调节自身的区位选择。以地租为例，由于交通基础设施的有效供给增强了一个地区在生产和生活上的便利，使得土地的租金发生变化，因此企业在追求成本最小和利润最大的驱动下会对场址等进行重新选择。Haig（1926）提出大范围的交通基础设施的有效供给使得地租大范围下降、集聚区域整体扩张。

在高铁采用资源禀赋论的相关研究上，姚涵等（2005）以京沪高铁为例，将地租理论纳入衡量高铁对沿线城市经济影响的机制中，并提出了城市建设在应对高铁布局上的新模式。李红昌等（2016）认为，高铁开通前后引起的租金变化会对沿线地区的经济集聚变化产生影响，而且这种集聚变化会有地理空间上的差异。

（三）增长极理论

增长极理论提出中心城市作为“增长极”会因自身优势条件吸引产业集聚，而且这种产业集聚会不断增强自身的集聚程度并不断扩大自身的经济辐射范围（Perroux，1955）。Hirschman（1958）认为在经济发展初期，区域发展差异会因增长极的存在而增大；但从长远来看，增长极对周围地区的长期经济辐射会促进整个区域最终实现分工和合作。

我国高铁在最初建设的时候往往是考虑将区域内的核心城市纳入铁

路网规划,如北京、上海、广州、深圳、香港等城市,这些城市在未开通高铁之前就已经具有了较高的生产性服务业集聚水平。根据增长极理论,因为核心城市内部汇聚的优质劳动力、充足资本和良好经商环境,生产性服务业仍继续在这些城市内部集聚。在高铁开通之后,各种经济要素到达这些中心城市的便利程度提升,会进一步加速生产性服务业在中心城市的集聚。覃成林和种照辉(2014)指出在高铁建设之后,高铁沿线城市和非沿线城市的产业集聚程度差异进一步扩大,并且测度出开通高铁的城市的可达性每增强1%其经济集聚程度会增加约0.8。随着高铁线路的不断拓展,中心城市和周围城市的经济互动不断扩大,进而各城市及各区域之间不断调整,逐渐形成稳态的经济分工和有序的产业布局。

二、高铁效应下生产性服务业集聚的理论路径

高铁对不同类型生产性服务业集聚的传导机制,如图5—1所示。

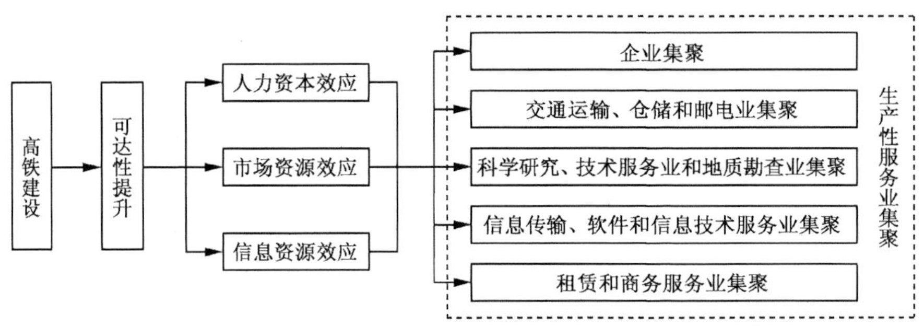

图5—1 高铁对不同类型生产性服务业集聚的传导机制图

(一)人力资本效应

高铁开通后,不同等级的城市在可达性上都得到了一定程度的改善。林晓言等(2015)指出高铁通过时空压缩效应使目标城市加速吸引外来劳动力。一方面,高铁的开通有效地降低了劳动力在寻找就业机会过程中的成本,高等级城市有着更优质的生活条件和更多样的就业机会,这些都使得各类人才迁入城市内;另一方面,高铁的开通有效地提升了区域内不

同地区之间的可达性，使人才向高校院所和科研机构林立的高等级城市聚集（林晓言等，2017）。

生产性服务业因其自身为生产活动提供服务的特点，对劳动力的专业化程度有一定的要求，因而，相比人口总量因素，考虑具有专业化特征的人力资本因素更适用于对不同类型生产性服务业集聚路径的分析。宓科娜等（2017）以浙江省为例，实证检验后发现高铁开通之后人力资本更显著地影响经济集聚。不同类型生产性服务业对人才的需求程度不同，在高铁开通之后不同类型生产性服务业加速向具有不同人力资本特征的城市集聚。具体来说，咨询、科研等高知识密集度的生产性服务业更依赖高素质人才；而物流、邮政等低知识密集度的生产性服务业对城市基础设施更加偏好。结合本章对生产性服务业的细分，高铁的开通增强了各地区的通达能力，促进了人力资本在不同地区的自由流动，“科学研究、技术服务业和地质勘查业”“金融业”“信息传输、计算机服务业和软件业”等生产性服务业偏好聚集于人力资本丰富的高等级城市，“交通运输、仓储和邮电业”和“租赁和商务服务业”等生产性服务业因对人力资本要素不敏感，对高等级城市没有明显的偏好。

（二）市场资源效应

高铁缩短了沿线城市的时空距离，提高了沿线城市的服务辐射范围。以京港高铁为例，蔡卫民和熊翠（2011）指出高铁提升了湖南省的可达性，进而使得湖南省温泉旅游业的客源地市场扩大了。生产性服务业提供的商品具有不可储存的特征，也就是说生产性服务业产品被生产的过程也是产品被消费的过程。因此，生产性服务业产品生产和消费的同时性使得相关企业在布局网点的时候需要考虑是否能够及时提供服务或产品。

不同类型生产性服务业对市场容量有着不同的偏好。姚永玲和赵宵伟（2012）通过研究不同类型生产性服务业行业服务半径、交易频率的差异，指出不同层级的城市布局不同等级的生产性服务业。事实上，不同类型生产性服务业因各自服务能力的差异在城市的选择上也是不一样的。例如，Coffey（2000）认为大部分金融、科研企业布局在核心城市及其附近。具体来说,“交通运输、仓储和邮电业”和“租赁和商务服务业”等生产性服务业企业因其自身的交易频率大和服务半径小等经济属性,适合坐落于靠近市场的地区;“科学研究、技术服务业和地质勘查业”“金融业”和“信息传输、计算机服务业和软件业”等生产性服务业因其拥有交易频率小、服务半径大和高成本等属性,往往集中分布在中心城市,企业在中心城市就可以服务周围地区。

高铁的开通改变了城市的市场容量,影响着“交通运输、仓储和邮电业”和“租赁和商务服务业”对城市的选择。一方面,中小城市自身的可达性在高铁开通之后得以提升,劳动力流往高收入地区的便利性也得以提高,所以,中小城市可能会因人口流失而面临市场容量萎缩的局面,“交通运输、仓储和邮电业”和“租赁和商务服务业”企业出于成本考虑会减少在中小城市的网点。这就带来这两类生产性服务业在中小城市的集聚程度下降的结果。另一方面,在高铁开通之后,大城市吸纳了更多沿线地区的劳动力,人口规模增加,市场容量进一步扩大。“交通运输、仓储和邮电业”和“租赁和商务服务业”自身服务范围有限,大城市的市场缺口会因其自身市场容量的扩大而扩大,这两类企业为满足大城市增长的市场需求会加速向大城市集聚。

高铁的建设强化了“科学研究、技术服务业和地质勘查业”“金融业”和“信息传输、计算机服务业和软件业”三类生产性服务业在可达性高的地区集聚。这三类生产性服务业服务能力强、辐射的市场范围大,在中国未建设高铁前就倾向坐落在市场容量大的核心城市。高铁的开通进一步增强了大型城市的可达性,扩大了这些城市的经济腹地。因此,可达性进一步改善的大城市对“科学研究、技术服务业和地质勘查业”“金融业”和“信息传输、计算机服务业和软件业”生产性服务业的吸引力不断增强,最终使得这些生产性服务业在大城市的集聚程度增强。

(三)信息资源效应

生产性服务业的无形产品可以通过信息化技术获得更多的需求信息并及时提供服务,因此信息资源水平的高低影响着生产性服务业区位的选择。陈建军等(2009)研究发现信息化水平与生产性服务业的集聚有着正向的关联。此外，不同特征的生产性服务业对信息资源的依赖程度存在明显差异。例如，方远平和闫小培(2007)提出法律、咨询等具有信息密集特征的生产性服务业往往临近信息网络的节点布局。一般来说，“科学研究、技术服务业和地质勘查业”“金融业”和“信息传输、计算机服务业和软件业”等生产性服务业因自身具有知识密集的特征，所以信息资源在其提供服务或产品的过程中发挥着重要的作用；而“交通运输、仓储和邮电业”和“租赁和商务服务业”等生产性服务业因产品技术含量相对较低，所以对信息的敏感度也相对较低。

高铁通过降低城市间的交通距离，深刻影响着信息资源在不同城市之间的分配。知识、技术等信息资源在人才密集的高等级城市高效率地传递着，而高铁的开通加速了人才进入大城市，进而强化了知识和技术在高等级城市间的共享效应和扩散效应。从企业运营的视角来看，以“科学研究、技术服务业和地质勘查业”“金融业”和“信息传输、计算机服务业和软件业”为代表的生产性服务业所提供的商品中包含了大量的技术和知识，这些企业因高铁的开通进一步紧紧围绕在国际都市和大城市布局，形成了更大规模的经济空间集聚。

“交通运输、仓储和邮电业”和“租赁和商务服务业”受到信息资源效应的影响较小。一方面，这两类生产性服务业企业因自身交易频率较大，在布局的时候更多的是考虑如何能够更快捷地接触客户，有助于企业及时获取客户需求并迅速提供服务。另一方面，对于这两类生产性服务业企业来说，在选址布局时，对大城市高昂的土地使用成本有较多的顾虑。相对地，兼具成本和市场导向特征的“交通运输、仓储和邮电业”和“租赁和商务服务业”在选择区位的时候，往往更青睐要素使用成本相对较低的低等级城市。由此可见，知识、技术等信息资源在“交通运输、仓储和邮电业”和“租赁和商务服务业”选址过程中发挥的作用较小，高铁对城市信息获取能力的改善对这两类生产性服务业的影响并不明显。

第三节 中国生产性服务业的发展历史和空间格局

一、中国生产性服务业的发展历史

中国生产性服务业在近三十年蓬勃发展。通过归纳总结,我国生产性服务业的发展主要经历了起步、平稳发展和快速增长三个阶段。

(一)生产性服务业的起步阶段(1978—1990 年)

该阶段,国家的行业划分标准和本研究使用的不同,因而此处对生产性服务业的统计口径暂时调整为“交通运输、仓储和邮电通信业”“金融、保险业”和“科学研究和综合技术服务业”。图 5－2 是 1978—1990 年中国总体生产性服务业就业人数的走势图。

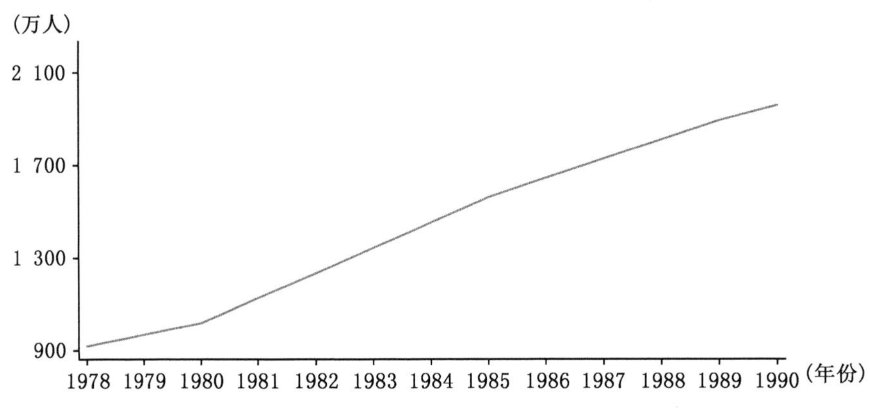

数据来源:采用各年《中国统计年鉴》的数据,使用 Stata15 制作生成。

图 5－2 1978—1990 年中国总体生产性服务业就业人数

从图 5－2 可以看出,1978—1990 年中国总体生产性服务业就业人数呈现持续增长的态势。1978 年生产性服务业的就业人数为 918 万人,1990 年生产性服务业的就业人数为 1 957 万人,其间生产性服务业的就业人员数量增幅为 113.18%[①]。该阶段，中国实施了改革开放的政策，经济发展模式从计划经济向市场经济转变。经济活动的大量增加对以仓储、金融等行业为代表的生产性服务业提出了迫切的发展要求，由此，中国生产性服务业顺势而生、快速发展。通过计算生产性服务业的增长弹性[②]，1978—1990 年生产性服务业的增长弹性为 0.78，也表明该阶段生产性服务业的增长速度虽略低于服务业整体的增长速度，但增长势头较为迅猛。

（二）生产性服务业的平稳发展阶段（1991—2002 年）

该阶段，国家的行业划分标准和本研究使用的不同，因而此处对生产性服务业的统计口径暂时调整为“交通运输、仓储和邮电通信业”“金融、保险业”和“科学研究和综合技术服务业”。该统计口径和生产性服务业的起步阶段一致。1991—2002 年中国总体生产性服务业就业人数的走势情况，见图 5—3。

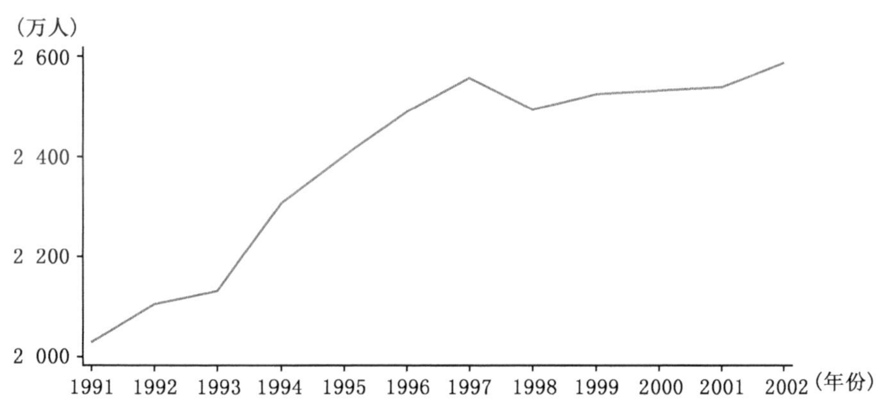

数据来源：采用各年《中国统计年鉴》的数据，使用 Stata15 制作生成。

图 5—3　1991—2002 年中国总体生产性服务业就业人数

① 生产性服务业的就业人员数据来自《中国统计年鉴》，生产性服务业的就业人员数量增降幅由作者计算得出。

② 生产性服务业的增长弹性＝生产性服务业的增长率/服务业的增长率。

由图5—3可知,1991—2002年中国总体生产性服务业就业人数呈现增长趋势;1991—1997年中国总体生产性服务业就业人数增速迅猛;1998年中国总体生产性服务业就业人数略有下降,这可能是当年严重的洪水灾害给经济活动带来了一定的损失;1998—2002年我国总体生产性服务业就业人数稳中有升。

1991年生产性服务业的就业人数为2 030万人,2002年生产性服务业的就业人数为2 586万人,其间生产性服务业的就业人员数量增幅为27.39%,增幅与起步阶段相比较为和缓。2002年行业就业人数占服务业就业总人数的12.26%,相比1991年的16.40%有所下降①。该时期,经济高速增长带来了人均收入的增加,越来越多的人开始重视自身对消费性服务业的需求,因此,该阶段生产性服务业就业人数在整个服务业就业人数的比重呈下降趋势。从生产性服务业的增长弹性来看,1978—1990年生产性服务业的增长弹性为0.39,和起步阶段相比明显减弱。

(三)生产性服务业的快速增长阶段(2003—2016年)

该阶段,生产性服务业的统计口径为"金融业""交通运输、仓储和邮电业""科学研究、技术服务业和地质勘查业""信息传输、软件和信息技术服务业"和"租赁和商务服务业",和本研究使用的统计口径一样。

2003—2016年中国总体生产性服务业就业人数总体依然呈现增长态势。2003年生产性服务业就业人数为1 512万人,2016年生产性服务业就业人数为2 786.8万人,其间生产性服务业就业人员数量增幅为84.31%,增幅与第二阶段相比较为迅猛。2016年生产性服务业就业人数占服务业就业总人数的8.26%,相比2003年的7.00%有明显上升②。在这个阶段,伴随着中国制造业的飞速发展和转型升级,为制造业服务的生产性服务业也经历了持续增长和不断调整。其中,商务服务业、信息技

① 生产性服务业的就业人员数据来自《中国统计年鉴》,生产性服务业的就业人员数量增降幅由作者计算得出。

② 生产性服务业的就业人员数据来自《中国统计年鉴》,生产性服务业的就业人员数量增降幅由作者计算得出。

术、科学技术服务业、金融业、租赁等行业的快速成长尤为突出。从生产性服务业的增长弹性来看,2003—2016 年生产性服务业的增长弹性为 1.50,说明生产性服务业的增长速度略快于服务业的增长速度。

二、中国不同类型生产性服务业的发展历程

(一)金融业的发展历程

2002 年国家的行业划分标准发生变动,本研究的行业分类使用的是变更后的标准,因此,只对 2003 年之后金融业的发展现状展开描述。

2003—2016 年中国金融业就业人数持续增长。2003 年金融业就业人数为 353.34 万人,2016 年金融业就业人数为 665.20 万人,其间金融业就业人员数量增幅为 88.26%。2016 年金融业就业人数占总体生产性服务业就业总人数的 23.87%,与 2003 年的 23.36%相比,基本保持不变[①]。从金融业的增长弹性[②]来看,2003—2016 年金融业的增长弹性为 1.05,说明金融业的增长速度快于总体生产性服务业的增长速度,但是程度并不明显。

总的来说,金融业就业人数呈现持续增长态势,就业人数占总体生产性服务业就业人数的比重保持稳定,增长弹性基本为 1,这些都表明金融业的稳定发展。

(二)信息传输、计算机服务业和软件业的发展历程

2003 年国家的行业划分标准发生变动,本研究的行业分类使用的是变更后的标准,因而,只对 2003 年之后信息传输、计算机服务业和软件业的发展历程展开描述。

2003—2016 年中国信息传输、计算机服务业和软件业的就业人数持续增长。2003 年信息传输、计算机服务业和软件业的就业人数为 116.82

---

① 金融业的就业人员数据来自《中国统计年鉴》,金融业的就业人员数量增降幅由作者计算得出。

② 金融业的增长弹性=金融业的增长率/总体生产性服务业的增长率。

万人,2016 年信息传输、计算机服务业和软件业的就业人数为 364.10 万人,其间信息传输、计算机服务业和软件业的就业人员数量增幅为 211.68%。2016 年该行业的就业人数占总体生产性服务业就业总人数的 13.07%,比 2003 年的 7.73%有明显上升[①]。从信息传输、计算机服务业和软件业的增长弹性[②]来看,2003—2016 年信息传输、计算机服务业和软件业的增长弹性为 2.51,说明信息传输、计算机服务业和软件业的增长速度高于总体生产性服务业的增长速度,增长十分迅猛。

总的来看,信息传输、计算机服务业和软件业的就业人数呈持续快速增长的态势,其就业人数占总体生产性服务业就业人数的比重逐年上升,增长弹性大于 1,这可以说明信息传输、计算机服务业和软件业因其高附加值、高技术含量等经济属性是我国生产性服务业发展的趋势,在我国的经济活动中发挥着越来越重要的作用。

(三)科学研究、技术服务业和地质勘查业的发展历程

2003 年国家的行业划分标准发生了变动,本研究使用变更后的标准进行了行业的分类,因此,只对 2003 年之后科学研究、技术服务业和地质勘查业的发展现状展开阐述。

2003—2016 年中国科学研究、技术服务业和地质勘查业就业人数持续增长。2003 年科学研究、技术服务业和地质勘查业的就业人数为 221.87 万人,2016 年科学研究、技术服务业和地质勘查业的就业人数为 419.60 万人,其间科学研究、技术服务业和地质勘查业的就业人员数量增幅为 89.12%。2016 年该行业的就业人数占总体生产性服务业就业总人数的 15.06%,比 2003 年的 14.67%略有上升[③]。从科学研究、技术服

---

① 信息传输、计算机服务业和软件业的就业人员数据来自《中国统计年鉴》,信息传输、计算机服务业和软件业的就业人员数量增降幅由作者计算得出。

② 信息传输、计算机服务业和软件业的增长弹性=信息传输、计算机服务业和软件业的增长率/总体生产性服务业的增长率。

③ 科学研究、技术服务业和地质勘查业的就业人员数据来自《中国统计年鉴》,科学研究、技术服务业和地质勘查业的就业人员数量增降幅由作者计算得出。

务业和地质勘查业的增长弹性[①]来看，2003—2016 年科学研究、技术服务业和地质勘查业的增长弹性为 1.06，说明科学研究、技术服务业和地质勘查业的增长速度略快于总体生产性服务业的增长速度。

总的来看，科学研究、技术服务业和地质勘查业的就业人数持续增长，其就业人数占总体生产性服务业就业人数的比重逐年上升，增长弹性略大于 1，这可以说明科学研究、技术服务业和地质勘查业因其高附加值、高技术含量等经济属性在我国发展态势良好。

(四)交通运输、仓储和邮电业的发展历程

2003 年的国家行业划分标准发生变动，本研究的行业分类使用的是变更后的标准，因此，只对 2003 年之后交通运输、仓储和邮电业发展情况进行论述。

2003—2016 年中国交通运输、仓储和邮电业的就业人数持续增长。2003 年交通运输、仓储和邮电业的就业人数为 636.52 万人，2016 年交通运输、仓储和邮电业的就业人数为 849.50 万人，其间交通运输、仓储和邮电业的就业人员数量增幅为 33.46%。2016 年该行业的就业人员数量占总体生产性服务业就业人数的 30.48%，比 2003 年的 42.10%有所下降[②]。从交通运输、仓储和邮电业的增长弹性[③]来看，2003—2016 年交通运输、仓储和邮电业的增长弹性为 0.40，说明交通运输、仓储和邮电业的增长速度远远慢于总体生产性服务业的增长速度。

总的来看，交通运输、仓储和邮电业的就业人数有所增长，但是其就业人数占总体生产性服务业就业人数的比重逐年下降，增长弹性小于 1，这都说明交通运输、仓储和邮电业因其低附加值等特征已经不是生产性

---

① 科学研究、技术服务业和地质勘查业的增长弹性＝科学研究、技术服务业和地质勘查业的增长率/总体生产性服务业的增长率。

② 交通运输、仓储和邮电业的就业人员数据来自《中国统计年鉴》，交通运输、仓储和邮电业的就业人员数量增降幅由作者计算得出。

③ 交通运输、仓储和邮电业的增长弹性＝交通运输、仓储和邮电业的增长率/总体生产性服务业的增长率。

服务业的发展方向。

(五)租赁和商务服务业的发展历程

2003年国家对行业的划分标准进行调整,本研究使用变更后的标准进行行业分类,因此,只阐述2003年之后租赁和商务服务业的发展状况。

2003—2016年中国租赁和商务服务业的就业人数持续增长。2003年租赁和商务服务业的就业人数为183.49万人,2016年租赁和商务服务业的就业人数为488.40万人,其间租赁和商务服务业的就业人员数量增幅为570.68%。2016年该行业的就业人数占总体生产性服务业就业总人数的17.53%,比2003年的12.14%明显上升①。2003—2016年该行业的增长弹性②为6.77,说明租赁和商务服务业的增长速度远大于总体生产性服务业的增长速度,增幅非常大。

概括来说,2003—2016年租赁和商务服务业的就业人数持续高速增长,其就业人数占总体生产性服务业就业人数的比重逐年上升,增长弹性远大于1,这可以说明租赁和商务服务业迎合我国经济社会发展的巨大需求,并在我国迅速发展壮大。

三、中国生产性服务业的密度格局

(一)产业集聚的指标选择

目前,在产业集聚的测量指标中,学者们采用的测度指标主要有就业密度(ED)、行业集中度(CR)、区位熵(LQ)、空间基尼系数(G)、赫芬达尔指数(H)和空间集聚指数(EQ)。这些指标可以分为两类:一类是使用行业增加值进行测算的指标(如行业集中度、赫芬达尔指数等);另一类是使用从业人员数进行运算的指标(如就业密度指标、区位熵、空间基尼系数、空间集聚指数等)。

---

① 租赁和商务服务业的就业人员数据来自《中国统计年鉴》,租赁和商务服务业的就业人员数量增降幅由作者计算得出。

② 租赁和商务服务业的增长弹性=租赁和商务服务业的增长率/总体生产性服务业的增长率。

对于使用行业增加值的指标，岳希明和张曙光（2002）及许宪春（2004）提出，教育等服务业行业的职工工资可以用来体现行业的增加值，由于这些行业可能存在无法在工资中反映的灰色收入，因而单位劳动力工资低于其真实创造的经济价值，这也意味着对服务业行业增加值的数据进行统计收集时存在低估的问题。考虑到指标反映实际情况的有效性，本研究不使用涉及行业增加值的指标（如行业集中度、赫芬达尔指数），而是使用估值较为准确的行业从业人员数进行研究。

在研究的问题中使用就业密度指标优于区位熵、空间基尼系数、空间集聚指数。区位熵反映的是某一城市某一产业与全国平均水平的相对值，空间基尼系数测度的是某一城市某一产业与全国平均水平的差值。本研究将生产性服务业细分为五类，由高铁对这五类生产性服务业的影响进行分析比较，并不涉及与全国平均水平的比较，因此，区位熵和空间基尼系数不适用所要研究的问题。空间集聚指数的测度同时涉及行业增加值和就业人数，该指标的测算包括不准确的行业增加值，且计算过程十分复杂，基于对数据准确性及简化运算的考虑，故也不采用空间集聚指数。本研究最终选择就业密度指标来测度不同类型生产性服务业的集聚程度。

目前，学术界有诸多学者使用就业密度指标测度产业集聚（刘霄泉等，2011；曾国平和吴明娥，2013；邓明，2014）。就业密度指标可以排除城市规模对生产性服务业集聚程度测度的干扰。具体来说，由于各个城市的城市规模和人口基数不同，虽然大城市生产性服务业的就业人数必然更多，但就业人数并不能有效地反映生产性服务业的集聚水平，仅仅使用生产性服务业的就业人数来衡量生产性服务业集聚程度并不适用问题的研究。因此，采用就业密度指标反映生产性服务业的集聚程度，可以在一定程度上排除城市规模和人口基数的影响。

（二）不同类型生产性服务业集聚的现状

针对生产性服务业集聚的测度，就业密度指标（ED）在文献中的使用较为广泛（陈晓峰，2015；董艳梅和朱英明，2016；周孝和冯中越，2016）。就业密度指标的计算方法是：

$$ED_{it}=\frac{Worker_{it}}{Area_{it}} \tag{5.1}$$

其中，ED_{it} 表示城市 i 在 t 时期的就业密度，$Worker_{it}$ 表示城市 i 在 t 时期的年末就业总人数，$Area_{it}$ 表示城市 i 在 t 时期的行政区域土地面积。若 ED_{it} 值较大，则说明城市 i 生产性服务业的集聚程度较高；若 ED_{it} 值较小，则说明城市 i 生产性服务业的集聚程度较低。

1. 静态分析

整理对比 2015 年高铁沿线地区和非高铁沿线地区的不同类型生产性服务业的集聚，结果如表 5—1 所示。总的来说，五个类型的生产性服务业就业密度的均值和标准差在高铁沿线城市都要远大于非高铁沿线城市，就业密度的最大值都分布在高铁沿线城市，而就业密度的最小值都出现在非高铁沿线城市。

表 5—1　　2015 年不同类型生产性服务业就业密度概况 单位：人/平方千米

	观测值	均值	标准差	最小值	最大值
总体生产性服务业	全国	14.329	44.167	0.113	502.882
	高铁沿线	21.921	58.299	0.113	502.882
	非高铁沿线	5.346	10.011	0.216	93.265
交通运输、仓储和邮电业	全国	4.572	13.942	0.032	148.546
	高铁沿线	6.867	18.086	0.032	148.546
	非高铁沿线	1.857	4.995	0.035	48.316
信息传输、计算机服务业和软件业	全国	3.496	10.806	0.022	130.242
	高铁沿线	5.338	14.249	0.022	130.242
	非高铁沿线	1.317	2.575	0.063	24.467
金融业	全国	2.34	5.035	0.032	53.217
	高铁沿线	3.377	6.558	0.032	53.217
	非高铁沿线	1.113	1.354	0.044	8.867
租赁和商务服务业	全国	2.385	11.067	0.012	145.19
	高铁沿线	3.875	14.845	0.012	145.19
	非高铁沿线	0.622	1.291	0.013	10.653

续表

	观测值	均值	标准差	最小值	最大值
科学研究、技术服务业和地质勘查业	全国	1.536	4.597	0.014	43.582
	高铁沿线	2.464	6.073	0.014	43.582
	非高铁沿线	0.438	0.618	0.023	4.096

数据来源：通过使用 Stata 对《2015 年中国城市统计年鉴》和《2015 年全国铁路列车时刻表》的数据计算得出。

就总体生产性服务业的就业密度而言，最大值在高铁沿线地区(502.882)和非高铁沿线地区(93.265)的差距较大，最小值在两类地区的差别较小。交通运输、仓储和邮电业的就业密度，最大值在高铁沿线地区和非高铁沿线地区有明显差异，最小值在高铁沿线地区和非高铁沿线地区的差别不大；信息传输、计算机服务业和软件业的就业密度，最大值和最小值在高铁沿线地区和非高铁沿线地区都有较大差异；金融业的就业密度，最大值在高铁通过的城市和非高铁通过的城市之间表现有明显差异，最小值在两类城市的差别不大；租赁和商务服务业的就业密度，最小值在高铁沿线地区(0.012)和非高铁沿线地区(0.013)基本相同；科学研究、技术服务业和地质勘查业的就业密度，最大值在高铁通过的城市和非高铁通过的城市之间表现有明显差异，最小值在两类城市的差别不大。

2. 动态分析

图 5—4 显示，高铁开通城市的总体生产性服务业就业密度和各类生产性服务业就业密度都呈现逐年递增的态势。具体来说，高铁开通城市的总体生产性服务业就业密度、信息传输、计算机服务业和软件业就业密度、交通运输、仓储和邮电业就业密度和租赁和商务服务业就业密度的增长趋势较为迅猛；高铁开通城市的金融业就业密度和科学研究、技术服务业和地质勘查业就业密度的增长幅度较为缓和。

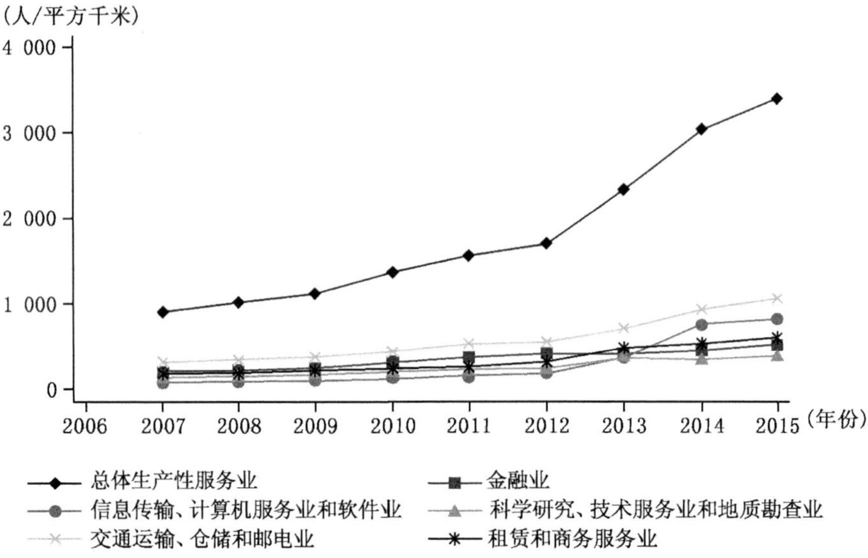

注:中国高铁于 2007 年开通运营,图中高铁开通城市的生产性服务业的就业密度趋势从 2007 年开始测绘。

数据来源:使用 Stata 对《中国城市统计年鉴》的数据计算并制作得出。

图 5—4　2006—2015 年高铁开通城市的总体生产性服务业和各类生产性服务业就业密度变化图

第四节　高铁开通与生产性服务业集聚的关系初步分析

上文已经对不同类型生产性服务业就业密度与是否高铁沿线地区关系进行了统计学意义上的比较,结果表明高铁开通地区的各类生产性服务业集聚水平均高于其他地区。除了高铁开通与否和不同类型的生产性服务业集聚的关系探究,本节尝试着将高铁运行特征数据和不同类型的生产性服务业集聚数据进行拟合,使用 Stata 对《2015 年中国城市统计年鉴》和《2015 年全国铁路列车时刻表》的数据运算得出。以高铁日停靠频次为例,分别对总体生产性服务业的就业密度、细分的五类生产性服务业的就业密度与高铁日停靠频次进行线性拟合。图 5—5 为 2015 年总体生产性服务业就业密度与高铁日停靠频次的散点图，图 5—6 至图 5—10 为 2015 年“金融业”就业密度、“信息传输、计算机服务业和软件业”就业密度、“科学研究、技术服务业和地质勘查业”就业密度、“交通运输、仓储和邮电业”就业密度和“租赁和商务服务业”就业密度与高铁日停靠频次的散点图。总的来说，总体生产性服务业的就业密度和五个类型生产性服务业的就业密度与高铁日停靠频次都可以拟合出正向相关的曲线。

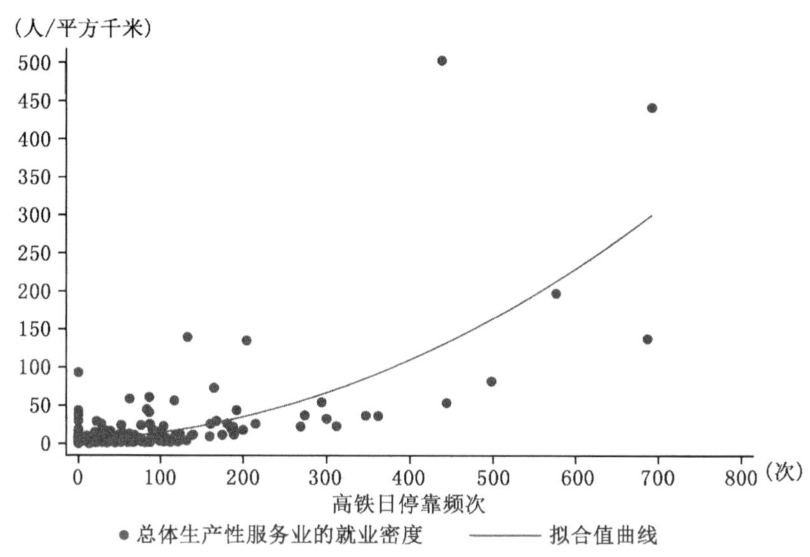

图 5—5 2015 年总体生产性服务业就业密度与高铁日停靠频次的散点图

根据图 5—5 可以发现，总体生产性服务业的就业密度和高铁日停靠频次呈现正相关，拟合后的系数约为 0.297，意味着高铁日停靠频次每增加一个单位，总体生产性服务业集聚水平将增加 0.297 左右。

根据图 5—6 可以发现，金融业的就业密度和高铁日停靠频次呈正向的相关关系，拟合后的系数约为 0.0359，意味着高铁日停靠频次每增加一个单位，金融业的集聚水平将增加 0.0359 左右。高铁日停靠频次正向影响着金融业集聚。

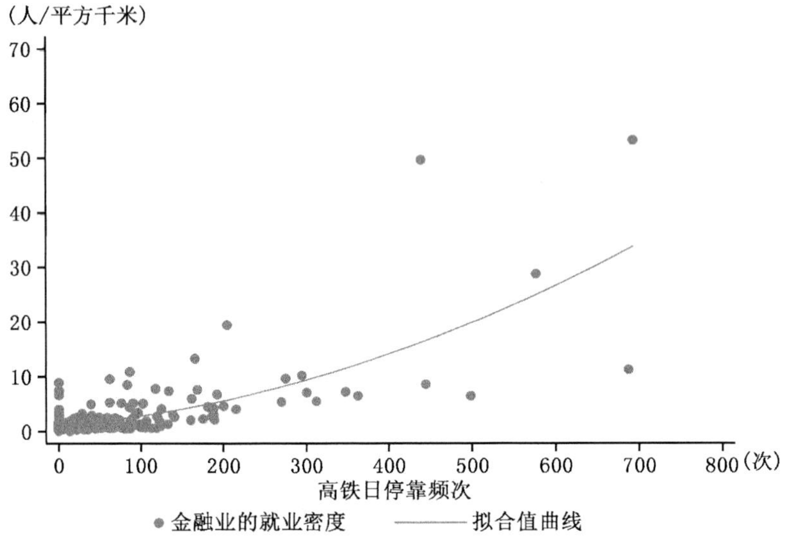

图 5—6 2015 年金融业就业密度与高铁日停靠频次的散点图

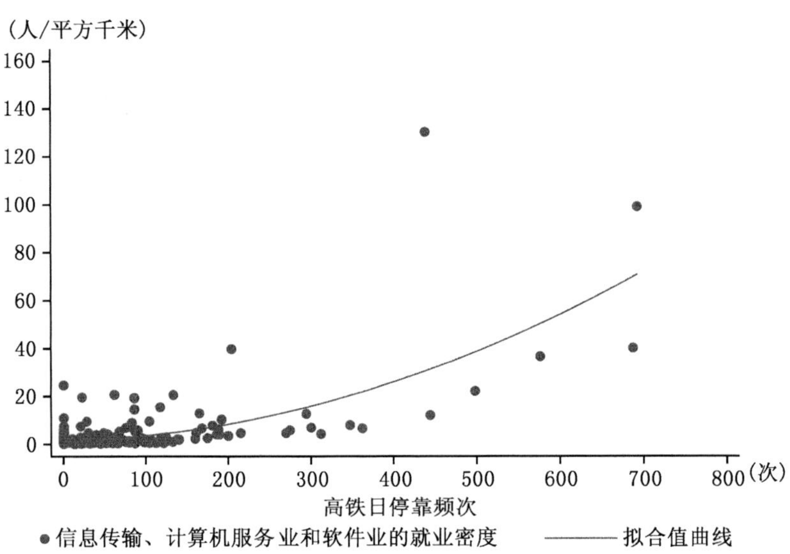

图 5—7 2015 年信息传输、计算机服务业和软件业就业密度与高铁日停靠频次的散点图

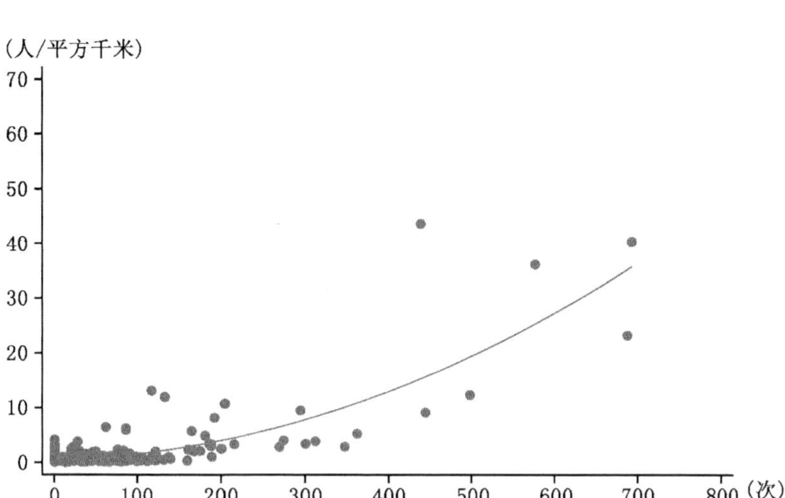

图 5—8　2015 年科学研究、技术服务业和地质勘查业就业

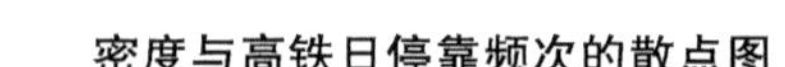
密度与高铁日停靠频次的散点图

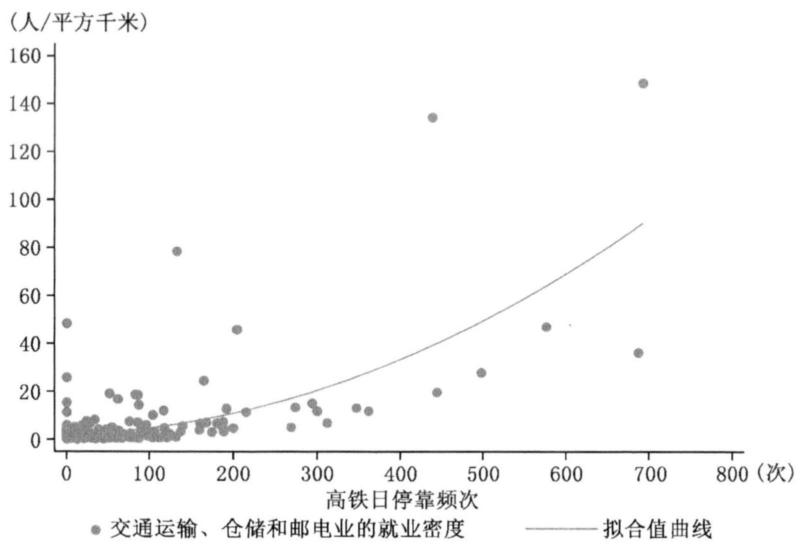

图 5—9　2015 年交通运输、仓储和邮电业就业密度与高铁日停靠频次的散点图

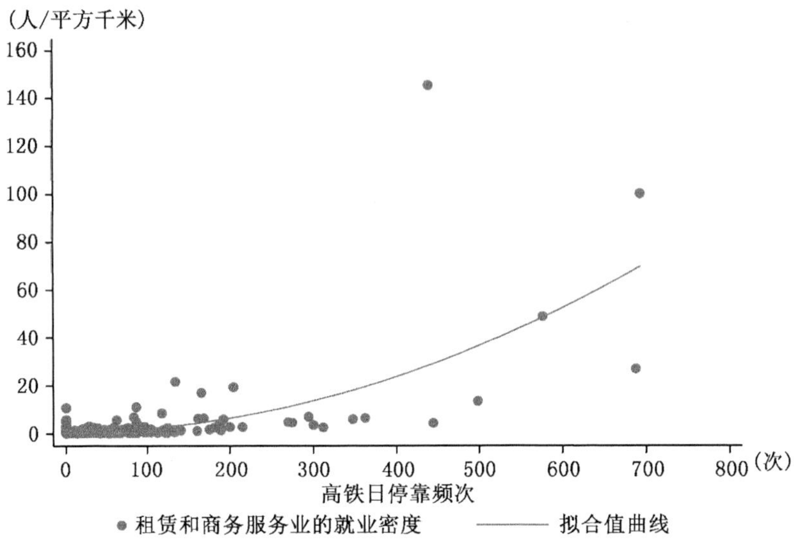

图 5—10　2015 年租赁和商务服务业就业密度与高铁日停靠频次的散点图

根据图 5—7 可以发现，信息传输、计算机服务业和软件业的就业密度和高铁日停靠频次呈正向的相关关系，拟合后的系数约为 0.0697，即高铁日停靠频次每增加一个单位，信息传输、计算机服务业和软件业的集聚水平将增加 0.0697 左右。高铁日停靠频次有可能正向影响着信息传输、计算机服务业和软件业的产业集聚。

由图 5—8 可得，科学研究、技术服务业和地质勘查业的就业密度和高铁日停靠频次之间存在正向的相关关系，拟合后的系数约为 0.0355，意味着高铁日停靠频次每增加一个单位，科学研究、技术服务业和地质勘查业的集聚水平将提高大约 0.0355。高铁日停靠频次正向影响着科学研究、技术服务业和地质勘查业的集聚。

在图 5—9 中，交通运输、仓储和邮电业的就业密度和高铁日停靠频次同样可以拟合出正相关的曲线，拟合后的系数约为 0.0891，说明高铁日停靠频次每增加一个单位，交通运输、仓储和邮电业的集聚程度将增大约 0.0891。我们可以发现高铁日停靠频次和交通运输、仓储和邮电业的就业密度拟合后的系数较其他细分后的生产性服务业更大，这就意味着高铁日停靠频次对交通运输、仓储和邮电业集聚的影响更强烈。

在图 5—10 中，租赁和商务服务业的就业密度和高铁日停靠频次拟合出正向关系的曲线，拟合后的系数约为 0.0667，说明高铁日停靠频次每增加一个单位，租赁和商务服务业的集聚程度将增大约 0.0667。

这仅仅是初步验证了高铁开通和高铁运行特征与我国生产性服务业的拟合性，并没有对因果关系和影响系数做出详实的解释。接下来的部分将对高铁与中国生产性服务业集聚的关系进行实证研究，分析高铁对不同类型生产性服务业集聚影响的异质性。

第五节　高铁开通对生产性服务业集聚影响的实证检验：因果分析

一、数据来源

高铁的开通数据从 2006—2015 年的《全国铁路列车时刻表》中摘录整理。城市数据以 2006—2015 年全国地级市共 286 个城市作为样本，相关的城市数据由作者根据 2007—2016 年的《中国城市统计年鉴》的数据梳理或计算。2011 年，巢湖市撤销地级市改设为县级市；2011 年，铜仁地区被设为地级市；2012 年，三沙市被设为地级市；2012 年，毕节地区被设为地级市；2013 年，海东撤地设市；2015 年，儋州市被设为地级市。为了保证实证分析的时间效应和固定效应，故未将巢湖市、铜仁市、三沙市、毕节市、海东市、儋州市的数据纳入使用。

二、模型构建

首先，采用 DID 方法使用高铁开通变量评估高铁对各类生产性服务业集聚的影响。

（一）未加入多期交叉虚拟变量的 DID 模型

未加入多期交叉虚拟变量的双重差分模型只考虑是否开通高铁对不

同类型生产性服务业集聚的影响。单期双重差分模型为：

$$Y_{it}=\beta_0+\beta_1 HSR_{it}+\alpha X_{it}+\gamma_t+\mu_i+\varepsilon_{it} \tag{5.1}$$

其中，Y_{it} 为被解释变量，即 i 城市在 t 时期的生产性服务业的集聚程度；HSR_{it} 为 i 城市在 t 年是否开通高铁，高铁开通取值为“1”，高铁没有开通取值为“0”；X_{it} 为控制变量，即人力资本、市场资源、信息资源和政府行政干预；α 为控制变量对生产性服务业集聚的影响程度；γ_t 表示时间固定效应；μ_i 为城市的个体固定效应；ε_{it} 为随机扰动项。

（二）加入多期交叉虚拟变量的 DID 模型

为了更好地研究高铁对生产性服务业集聚的影响，本研究通过将各年份的效应纳入 DID 模型中，即在模型中加入多期交叉虚拟变量。这种操作使解释变量可以反映高铁开通后每一年的差异。加入多期交叉虚拟变量的模型为：

$$\begin{aligned}Y_{it}=&\beta_0+\beta_1 HSR\_Y_{i1}+\beta_2 HSR\_Y_{i2}+\beta_3 HSR\_Y_{i3}+\beta_4 HSR\_Y_{i4}\\&+\beta_5 HSR\_Y_{i5}+\beta_6 HSR\_Y_{i6}+\beta_7 HSR\_Y_{i7}+\beta_8 HSR\_Y_{i8}\\&+\beta_9 HSR\_Y_{i9}+\alpha X_{it}+\gamma_t+\mu_i+\varepsilon_{it}\end{aligned} \tag{5.2}$$

其中，HSR_Y_{it} 为组间交叉虚拟变量，当年及以后的年份都取值为“1”，开通之前的各年取值为“0”。在具体处理数据的过程中，例如，HSR_Y_{i2} 为 i 城市在 2007 年是否开通高铁，如果该年开通了高铁，则 HSR_Y_{i2} 取值为“1”，HSR_Y_{i1}、HSR_Y_{i3} 至 HSR_Y_{i9} 都取值为 0；如果该年没有开通高铁，则 HSR_Y_{i2} 取值为“0”，HSR_Y_{i1}、HSR_Y_{i3} 至 HSR_Y_{i9} 都取值为 0。系数 $\beta_2,\beta_3,\cdots,\beta_9$ 依次反映了高铁开通后的各个年份对生产性服务业集聚的作用方向和影响程度。与未加入多期交叉虚拟变量的双重差分模型相同，模型(5.2)中的 γ_t 表示时间固定效应，μ_i 为城市的个体固定效应，ε_{it} 为随机扰动项。

（三）变量说明

表 5－2 为主要变量的含义及测量方法。

表 5—2　　　　主要变量含义、表示及测量方法

变量类别	变量名	含　义	测量方法	单　位
生产性服务业集聚变量（Y_{it}）	log*Total*	总体生产性服务业集聚程度	总体生产性服务业就业密度的对数	人/平方千米
	log*Finance*	"金融业"集聚程度	"金融业"就业密度的对数	人/平方千米
	log*Rearch*	"科学研究、技术服务业和地质勘查业"集聚程度	"科学研究、技术服务业和地质勘查业"就业密度的对数	人/平方千米
	log*Computer*	"信息传输、计算机服务业和软件业"集聚程度	"信息传输、计算机服务业和软件业"就业密度的对数	人/平方千米
	log*Transport*	"交通运输、仓储和邮电业"集聚程度	"交通运输、仓储和邮电业"就业密度的对数	人/平方千米
	log*Renting*	"租赁和商务服务业"集聚程度	"租赁和商务服务业"就业密度的对数	人/平方千米
高铁发展变量	HSR_{it}	研究期间内是否开通高铁	开通取"1"，未开通取"0"	—
	HSR_Y_{it}	高铁开通后第 i 年	开通后第 i 年取"1"，其他取"0"	—
其他控制变量（X_{it}）	*HR*	人力资源	高等学校数/每万人	个/万人
	MK	市场资源	每百人/城市面积	百人/平方千米
	IT	信息资源	移动电话数/总人口	个/人
	GB	政府行政干预	政府财政预算内支出/GDP	—
高铁运行特征变量	*Frequency*	高铁日停靠频次	每日停靠在高铁站的高铁车次	次
	Location	高铁站位置	位于郊区取"1"，位于城市中心取"0"	—
	Grade	高铁站级别	枢纽站取"1"，非枢纽站取"0"	—

（四）被解释变量

在高铁开通影响生产性服务业集聚的实证研究中，生产性服务业集聚程度是实证过程中要解释的变量，总体和细分类别的生产性服务业集聚程度变量的设置如下：

总体生产性服务业集聚程度（log*Total*）：使用总体生产性服务业（包括“金融业”“科学研究、技术服务业和地质勘查业”“信息传输、计算机服务业和软件业”“交通运输、仓储和邮电业”和“租赁和商务服务业”）的就业密度衡量，即总体生产性服务业从业人员数与城市行政区域全市面积的比值，并对该比值取对数。

“金融业”集聚程度（log*Finance*）：使用“金融业”的就业密度衡量，即“金融业”从业人员数与城市行政区域全市面积的比值，并对该比值取对数。

“科学研究、技术服务业和地质勘查业”集聚程度（log*Rearch*）：使用“科学研究、技术服务业和地质勘查业”的就业密度衡量，即“科学研究、技术服务业和地质勘查业”从业人员数与城市行政区域全市面积的比值，并对该比值取对数。

“信息传输、计算机服务业和软件业”集聚程度（log*Computer*）：使用“信息传输、计算机服务业和软件业”的就业密度衡量，即“信息传输、计算机服务业和软件业”从业人员数与城市行政区域全市面积的比值，并对该比值取对数。

“交通运输、仓储和邮电业”集聚程度（log*Transport*）：使用“交通运输、仓储和邮电业”的就业密度衡量，即“交通运输、仓储和邮电业”从业人员数与城市行政区域全市面积的比值，并对该比值取对数。

“租赁和商务服务业”集聚程度（log*Renting*）：使用“租赁和商务服务业”的就业密度衡量，即“租赁和商务服务业”从业人员数与城市行政区域全市面积的比值，并对该比值取对数。

（五）解释变量

根据理论机制中的论述，高铁通过人力资本效应、市场资源效应和信息资源效应对不同类型的生产性服务业集聚产生不同的影响，在实证分析中对解释变量的设置如下：

人力资本(*HR*):使用高等学校数占每万人比重测算。根据理论机制部分的论述,人力资本对生产性服务业集聚有着传导机制。一般来说,“金融业”“信息传输、计算机服务业和软件业”和“科学研究、技术服务业和地质勘查业”对人力资本更偏好。因此,预测人力资本和三类生产性服务业集聚呈显著的正向关系,人力资本与“交通运输、仓储和邮电业”和“租赁和商务服务业”集聚呈现负向相关或不相关。该数据从《中国城市统计年鉴》中获得。

市场资源(*MK*):采用每单位城市行政面积上的人口数测算。一般来说,市场资源较大的地区,生产性服务业集聚程度越高。因此,预测市场资源和总体生产性服务业集聚及细分的五类生产性服务业集聚呈显著正向关系。城市行政面积和城市年末总人口数来源于《中国城市统计年鉴》。

信息资源(*IT*):使用移动电话年末用户数占年末总人数的比重测算。根据传导机制,信息资源影响着不同类型生产性服务业的差异化集聚。信息资源在“金融业”“信息传输、计算机服务业和软件业”和“科学研究、技术服务业和地质勘查业”的生产经营活动中扮演着更重要的作用。因此,将地区的信息资源变量纳入高铁对生产性服务业集聚效应的考量之中,预测信息资源与“金融业”“信息传输、计算机服务业和软件业”和“科学研究、技术服务业和地质勘查业”集聚呈显著的正向关系。移动电话年末用户数和年末总人数从《中国城市统计年鉴》中获得。

政府干预程度(*GB*):采用政府财政预算内支出占 GDP 的比重测算。政府对生产性服务业的管制将提高生产性服务业企业的经营成本,厂商将有可能通过减少劳动力雇佣支出来维持盈利能力。因此,预测政府行政干预越大的地区,总体生产性服务业集聚现象及细分的各类生产性服务业集聚现象越不明显。政府财政预算内支出和 GDP 来源于《中国城市统计年鉴》。

表 5—3 为主要变量的描述性统计。

表 5—3　　主要变量的描述性统计

变量名称	样本量	均值	标准差	最小值	最大值
City *ID*	2 860	143.500	82.575	1	286
Year	2 860	2 010.500	2.873	2 006	2 015
HSR	2 860	0.308	0.462	0	1
HSR_Y_1	2 860	0.055	0.228	0	1
HSR_Y_2	2 860	0.048	0.213	0	1
HSR_Y_3	2 860	0.041	0.199	0	1
HSR_Y_4	2 860	0.040	0.196	0	1
HSR_Y_5	2 860	0.036	0.187	0	1
HSR_Y_6	2 860	0.031	0.174	0	1
HSR_Y_7	2 860	0.024	0.152	0	1
HSR_Y_8	2 860	0.021	0.145	0	1
HSR_Y_9	2 860	0.018	0.134	0	1
log*Total*	2 850	1.554	0.948	0.065	6.564
log*Finance*	2 854	0.791	0.604	0.022	6.562
log*Research*	2 855	0.470	0.561	0.006	4.169
log*Computer*	2 854	0.479	0.589	0.005	4.877
log*Transport*	2 854	0.842	0.746	0.015	5.008
log*Renting*	2 852	0.478	0.626	0.003	4.985
HR	2 794	0.018	0.022	0.001	0.142
MK	2 855	4.260	3.276	0.047	26.483
IT	2 857	0.804	0.835	0.030	10.166
GB	2 858	0.170	0.125	0.043	2.349
FERQ	2 860	21.723	62.095	0	692
HGRA	2 860	0.127	0.333	0	1
HLOC	1 566	0.515	0.500	0	1

资料来源:使用 Stata 软件将相关数据导入后得出。

三、结果分析

(一)固定效应检验

使用 F 检验值可以判断混合 OLS 模型和固定效应模型哪个更有效。检验结果见表 5—4。由表 5—4 可知,所有方程的 F 检验相应的 P 值均为 0.0000,因此,使用固定效应模型的实证研究效果要优于混合 OLS 模型。

表 5—4　　高铁开通对生产性服务业集聚模型中固定效应的 F 检验

		F 检验值	P 值
模型(5.1)	回归(1)	$F(14,284)=56.72$	$Prob>F=0.0000$
	回归(2)	$F(14,285)=28.76$	$Prob>F=0.0000$
	回归(3)	$F(14,284)=20.54$	$Prob>F=0.0000$
	回归(4)	$F(14,284)=45.81$	$Prob>F=0.0000$
	回归(5)	$F(14,284)=15.95$	$Prob>F=0.0000$
	回归(6)	$F(14,284)=11.45$	$Prob>F=0.0000$
模型(5.2)	回归(1)	$F(22,284)=40.42$	$Prob>F=0.0000$
	回归(2)	$F(22,284)=20.23$	$Prob>F=0.0000$
	回归(3)	$F(22,284)=13.63$	$Prob>F=0.0000$
	回归(4)	$F(22,284)=33.54$	$Prob>F=0.0000$
	回归(5)	$F(22,284)=11.06$	$Prob>F=0.0000$
	回归(6)	$F(22,284)=8.88$	$Prob>F=0.0000$

资料来源:使用 Stata 软件,将相关数据导入后得出。

模型(5.1)和模型(5.2)用来检测高铁开通对不同类型生产性服务业集聚的影响,模型(5.1)未加入多期交叉虚拟变量,模型(5.2)加入了多期交叉虚拟变量。回归(1)是指高铁开通对总体生产性服务业集聚的影响,回归(2)是指高铁开通对金融业集聚的影响,回归(3)是指高铁开通对信息传输、计算机服务业和软件业集聚的影响,回归(4)是指高铁开通对科学研究、技术服务业和地质勘查业集聚的影响,回归(5)是指高铁开通对交通运输、仓储和邮电业集聚的影响,回归(6)是指高铁开通对租赁和商务服务业集聚的影响。

(二)未加入多期交叉虚拟变量的模型结果分析

使用DID模型对高铁开通影响生产性服务业集聚进行实证检验,回归检验的结果如表5—5所示。

表5—5 高铁开通影响生产性服务业集聚的回归结果(未加入多期交叉虚拟变量)

变量	回归结果(1)	回归结果(2)	回归结果(3)	回归结果(4)	回归结果(5)	回归结果(6)
	log*Total*	log*Finance*	log*Research*	log*Computer*	log*Transport*	log*Renting*
HSR	0.0347*	0.0259***	0.0256*	0.0437*	0.00174	0.0253
	(0.0191)	(0.00970)	(0.0151)	(0.0226)	(0.0221)	(0.0192)
HR	0.952	1.017*	1.044	4.319**	−1.710	1.120
	(1.496)	(0.607)	(0.795)	(2.133)	(1.898)	(1.367)
MK	0.114***	0.0552***	0.0847***	0.177***	0.141***	0.113***
	(0.0263)	(0.0149)	(0.0249)	(0.0455)	(0.0305)	(0.0327)
IT	0.109***	0.107***	0.122***	0.220***	0.117***	0.122***
	(0.0287)	(0.0248)	(0.029)	(0.0507)	(0.0382)	(0.0446)
GB	−0.102	−0.149***	−0.212***	−0.430***	−0.0165	−0.169*
	(0.133)	(0.0401)	(0.0575)	(0.124)	(0.132)	(0.0862)
Constant	0.879***	0.419***	0.000557	−0.546***	0.183	−0.116
	(0.114)	(0.0638)	(0.104)	(0.193)	(0.131)	(0.144)
Observation	2,785	2,789	2,790	2,789	2,789	2,787
R^2	0.485	0.219	0.269	0.591	0.282	0.215
Number of City *ID*	285	285	285	285	285	285

注:表格中括号内是稳健标准误(robust standard errors),***、**、*分别是指1%、5%、10%的显著性水平。

资料来源:使用Stata软件将相关数据进行回归后得出。

其中,回归结果(1)检验高铁开通对总体生产性服务业集聚的影响,高铁开通变量*HSR*在10%的显著性水平下通过了检验,高铁开通使总体生产性服务业的集聚水平提高 0.0347；回归结果(2)检验高铁开通对金融业集聚的影响，高铁开通变量 *HSR* 在 1%的水平下显著，高铁开通使金融业集聚增强了 0.0259；回归结果(3)检验高铁开通对科学研究、技术服务业和地质勘查业集聚的影响，高铁开通变量 *HSR* 通过了 10%的显著性检验，高铁开通使科学研究、技术服务业和地质勘查业的集聚水平提高 0.0256；回归结果(4)检验高铁开通对信息传输、计算机服务业和软件业集聚的影响，高铁开通变量 *HSR* 在 10%的显著水平下通过了检验，高铁开通使信息传输、计算机服务业和软件业的集聚水平提高 0.0437；回归结果(5)检验高铁开通对交通运输、仓储和邮电业集聚的影响，高铁开通变量 *HSR* 未能通过显著性检验；回归结果(6)检验高铁开通对租赁和商务服务业集聚的影响，高铁开通变量 *HSR* 同样没有通过显著性检验。

在回归结果(1)中，对于总体生产性服务业集聚程度(log*Total*)，市场资源(*MK*)通过了显著性水平为 1%的检验，系数为 0.114，说明一城市市场资源每提高一单位，总体生产性服务业集聚程度增强 0.114，该结论验证了生产性服务业企业会向人口规模大的地区集聚的预期。信息资源(*IT*)通过了显著性水平为 1%的检验，系数为 0.109，说明一城市市场资源每提高一单位，总体生产性服务业集聚程度增强 0.109，该结果符合生产性服务业企业会向信息技术普及率高的地区集聚的预期。人力资本(*HR*)和政府干预程度(*GB*)未通过显著性检验。

在回归结果(2)中，针对金融业集聚程度(log*Finance*)，人力资本(*HR*)通过了显著性水平为 10%的检验，系数为 1.017，实证结果与预期一致。市场资源(*MK*)通过了显著性水平为 1%的检验，系数为 0.0552，实证结果与预期一致。信息资源(*IT*)通过了显著性水平为 1%的检验，系数为 0.107，说明一城市市场资源提高一单位，金融业集聚程度增强 0.107，该结果符合预期。政府干预程度(*GB*)通过了显著性水平为 1%的检验，系数为−0.149，该结果与预期一致。

在回归结果(3)中，针对信息传输、计算机服务业和软件业集聚程度

(log*Finance*),市场资源(*MK*)通过了显著性水平为1%的检验,系数为0.0847,该实证结果与预期一致。信息资源(*IT*)通过了显著性水平为1%的检验,系数为0.122,该结果符合预期。政府干预程度(*GB*)通过了显著性水平为1%的检验,系数为−0.212,该结果与预期一致。人力资本(*HR*)未通过显著性检验。

在回归结果(4)中,对于科学研究、技术服务业和地质勘查业集聚程度(log*Computer*),人力资本(*HR*)通过了显著性水平为5%的检验,系数为4.319,该实证结果与预期一致。市场资源(*MK*)通过了显著性水平为1%的检验,系数为0.177,该结论验证了生产性服务业企业会向人口规模大的地区集聚的预期。信息资源(*IT*)通过了显著性水平为1%的检验,系数为0.220,该结果符合生产性服务业企业会向信息技术普及率高的地区集聚的预期。政府干预程度(*GB*)通过了显著性水平为1%的检验,系数为−0.430,该结果与预期一致。

在回归结果(5)中,对于交通运输、仓储和邮电业集聚程度(log-*Transport*),市场资源(*MK*)通过了显著性水平为1%的检验,系数为0.141,该结论验证了生产性服务业企业会向人口规模大的地区集聚的预期。信息资源(*IT*)通过了显著性水平为1%的检验,系数为0.117,该结果符合生产性服务业企业会向信息技术普及率高的地区集聚的预期。人力资本(*HR*)和政府干预程度(*GB*)等其他解释变量未通过显著性检验。

在回归结果(6)中,对于租赁和商务服务业集聚程度(log*Renting*),市场资源(*MK*)通过了显著性水平为1%的检验,系数为0.113,说明一城市的市场资源提高一单位,租赁和商务服务业集聚增强0.113,该实证结果与预期一致。信息资源(*IT*)通过了显著性水平为1%的检验,系数为0.122,该结果符合预期。政府干预程度(*GB*)通过了显著性水平为10%的检验,系数为−0.169,该结果与预期一致。人力资本(*HR*)未通过显著性检验。

(三)加入多期交叉虚拟变量的模型结果分析

模型(5.2)加入多期交叉虚拟变量来研究高铁开通对生产性服务业

集聚影响随时间的演变趋势，见表5—6。

表5—6　　高铁开通影响生产性服务业集聚的回归结果
（加入多期交叉虚拟变量）

变　量	回归结果（1）	回归结果（2）	回归结果（3）	回归结果（4）	回归结果（5）	回归结果（6）
	log*Total*	log*Finance*	log*Research*	log*Computer*	log*Transport*	log*Renting*
HSR_Y_1	0.0255	0.0169**	0.0132	0.0346	−0.0131	0.0296**
	(0.0161)	(0.00777)	(0.0107)	(0.0254)	(0.0204)	(0.0147)
HSR_Y_2	0.0255	0.0204**	0.0386	0.0159	−0.0238	0.0136
	(0.0257)	(0.0101)	(0.0317)	(0.0234)	(0.0241)	(0.0183)
HSR_Y_3	0.0342	0.0376***	0.0260*	0.0510*	0.00946	0.0351
	(0.0243)	(0.0138)	(0.0146)	(0.0275)	(0.0275)	(0.0264)
HSR_Y_4	0.0470	0.0467***	0.0391**	0.0882**	0.0315	0.0528
	(0.0289)	(0.0172)	(0.0167)	(0.0346)	(0.0334)	(0.0321)
HSR_Y_5	0.0705**	0.0675***	0.0570***	0.111**	0.0624	0.0505
	(0.0338)	(0.0199)	(0.0198)	(0.0436)	(0.0406)	(0.0344)
HSR_Y_6	0.0578	0.0593***	0.0478**	0.122**	0.0567	0.0735*
	(0.0383)	(0.0201)	(0.0235)	(0.0504)	(0.0471)	(0.0409)
HSR_Y_7	0.0987*	0.0521*	0.0916***	0.287***	0.0635	0.174***
	(0.0566)	(0.0283)	(0.0303)	(0.0664)	(0.0589)	(0.0542)
HSR_Y_8	0.171***	0.0871***	0.123***	0.387***	0.160**	0.215***
	(0.0591)	(0.0229)	(0.0325)	(0.0742)	(0.0803)	(0.0608)
HSR_Y_9	0.150***	0.104***	0.145***	0.381***	0.147*	0.216***
	(0.0577)	(0.0273)	(0.0389)	(0.0814)	(0.0807)	(0.0637)
HR	0.607	0.838	0.732	3.315	−2.091	0.550
	(1.488)	(0.573)	(0.757)	(2.092)	(1.900)	(1.333)
MK	0.0942***	0.0433***	0.0676***	0.124***	0.117***	0.0842***
	(0.0246)	(0.0136)	(0.0241)	(0.0438)	(0.0302)	(0.0300)
IT	0.101***	0.102***	0.115***	0.198***	0.106***	0.109**
	(0.0293)	(0.0240)	(0.0258)	(0.0471)	(0.0394)	(0.0427)
GB	−0.0810	−0.134***	−0.193***	−0.372***	0.0135	−0.137*
	(0.131)	(0.0357)	(0.0523)	(0.107)	(0.129)	(0.0777)
Constant	0.967***	0.471***	0.0767	−0.307	0.287**	0.0160
	(0.106)	(0.0581)	(0.100)	(0.189)	(0.130)	(0.130)

续表

变 量	回归结果(1)	回归结果(2)	回归结果(3)	回归结果(4)	回归结果(5)	回归结果(6)
	log*Total*	log*Finance*	log*Research*	log*Computer*	log*Transport*	log*Renting*
Observations	2,785	2,789	2,790	2,789	2,789	2,787
R^2	0.490	0.225	0.281	0.617	0.293	0.239
Number of City *ID*	285	285	285	285	285	285

注：表格中括号内是稳健标准误(robust standard errors)，***、**、* 分别是指1%、5%、10%的显著性水平。

资料来源：使用 Stata 软件将相关数据进行回归后得出。

总的来看，无论是总体生产性服务业集聚的回归结果还是细分的五类生产性服务业集聚的回归结果，大部分虚拟变量都通过了显著性检验，且系数为正。这一数据结果的实际意义是指无论是总体生产性服务业集聚还是细分的生产性服务业集聚，在高铁开通之后的大部分年份都受到了高铁的促进作用。然而，回归结果之间呈现出一定的差异性：以 HSR_Y_9 的系数为例，高铁开通在第 9 年对总体及细分的生产性服务业集聚程度按升序排列为：金融业集聚(0.104)，科学研究、技术服务业和地质勘查业集聚(0.145)，交通运输、仓储和邮电业集聚(0.147)，总体生产性服务业集聚(0.150)，租赁和商务服务业集聚(0.216)，信息传输、计算机服务业和软件业集聚(0.381)。

回归结果(1)显示的是解释变量和总体生产性服务业集聚(log*Total*)的关系，高铁开通后的第 5 年(HSR_Y_5)、第 7 年(HSR_Y_7)、第 8 年(HSR_Y_8)和第 9 年(HSR_Y_9)共 4 个交叉虚拟变量是显著的，且系数为正，这说明高铁开通对总体生产性服务业集聚效应有一定滞后性的正向作用。在通过显著性检验的 8 个交叉虚拟变量中，它们的系数都为正且随时间呈现增长的趋势。其中，系数最小的变量是 HSR_Y_5(0.0705)，系数最大的变量是 HSR_Y_8(0.171)，这意味着高铁开通的第 5 年对总体生产性服务业集聚的促进作用最小，高铁开通的第 8 年对总体生产性服务业集聚的促进作用最大。

回归结果(2)表明了解释变量和金融业集聚(log*Finance*)的关系，全部交叉虚拟变量都通过了显著性检验。9 个交叉虚拟变量的系数都为正且随时间呈现增长的趋势。其中，系数最小的变量是高铁开通后的第 1 年(HSR_Y_1)，为 0.0169，系数最大的变量是高铁开通后的第 9 年(HSR_Y_9)，为 0.104，这表明高铁开通的第 1 年对金融业集聚的促进作用最小，第 9 年对金融业集聚的促进作用最大。

回归结果(3)呈现的是解释变量和科学研究、技术服务业和地质勘查业集聚(log*Research*)的因果关系，9 个虚拟变量中除了高铁开通的第 1 年和第 2 年之外其他变量都通过了显著性检验，并且显著的变量的系数都为正。由此可见，高铁开通后的第 3 年到第 9 年促进着科学研究、技术服务业和地质勘查业的集聚。在第 3 年到第 9 年的交叉虚拟变量中，系数最小的变量是 HSR_Y_3(0.0260)，系数最大的变量是 HSR_Y_9(0.145)，即高铁开通的第 3 年对科学研究、技术服务业和地质勘查业集聚的促进作用最小，第 8 年对科学研究、技术服务业和地质勘查业集聚的促进作用最大。

回归结果(4)表明了解释变量和信息传输、计算机服务业和软件业集聚(log*Computer*)的关系，除了高铁开通后的第 1 年和第 2 年之外，其他 7 个变量都通过了显著性检验并且这些变量的系数都为正。高铁开通的第 3 年到第 9 年变量的系数随时间也呈现出增大的趋势，其中，系数最小的变量是 HSR_Y_1(0.0510)，系数最大的变量是 HSR_Y_8(0.387)，这表明高铁开通后的第 1 年对信息传输、计算机服务业和软件业集聚的促进作用最小，第 8 年对信息传输、计算机服务业和软件业集聚的促进作用最大。

回归结果(5)表明了解释变量与交通运输、仓储和邮电业集聚(log-*Transport*)的关系，仅高铁开通后的第 8 年和第 9 年的交叉虚拟变量都通过了显著性检验。由此可见，高铁开通对交通运输、仓储和邮电业集聚的影响有较长时期的滞后。其中，系数最小的变量是高铁开通后的第 9 年(HSR_Y_9)，为 0.147，系数最大的变量是高铁开通后的第 9 年($HSR\_$

Y_8)，为 0.160。

回归结果(6)表明了解释变量与租赁和商务服务业集聚(log*Renting*)的关系，高铁开通后的第 6 年(HSR_Y_6)到第 9 年(HSR_Y_9)的变量通过了显著性检验，这 4 个交叉虚拟变量的系数都为正且随时间呈现增长的趋势，其中，系数最小的变量是 HSR_Y_6(0.0735)，系数最大的变量是 HSR_Y_9(0.216)，这表明高铁开通对租赁和商务服务业集聚的影响具有滞后性，高铁开通的第 6 年对租赁和商务服务业集聚的促进作用最小，第 9 年对其集聚的促进作用最大。

高铁开通对交通运输、仓储和邮电业集聚与租赁和商务服务业集聚影响具有滞后性，这种滞后性的主要原因可能是：高铁的开通提升地方通达性之后，劳动力先流入工资率和资本回报率较高的金融业等生产性服务业，交通运输、仓储和邮电业与租赁和商务服务业一开始没有享受到这种福利；当到了高铁开通的第 6 年及之后，高素质劳动力和优质资本留在了金融业、软件业等薪资较高的生产性服务业，其他劳动力和资本流向交通运输、仓储和邮电业与租赁和商务服务业，此时，这两类生产性服务业受高铁开通的影响才开始显著起来。

第六节　高铁运行特征对生产性服务业集聚影响的实证检验：异质性分析

一、模型构建

为了进一步探究由高铁引起的生产性服务业集聚的异质性，将高铁运行特征变量纳入模型中，验证高铁影响不同类型生产性服务业集聚的路径。研究选取的高铁运行特征变量分别为高铁日停靠频次、高铁站位置和高铁站级别。

(一)高铁日停靠频次对生产性服务业集聚的影响

模型如下：

$$Y_{it}=\beta_0+\beta_1 FREQ_{it}+\alpha X_{it}+\gamma_t+\mu_i+\varepsilon_{it} \tag{5.3}$$

其中，高铁日停靠频次 $FREQ_{it}$ 表示城市 i 在 t 时间的每日高铁站点高铁列车的停靠频次。β_1 是高铁日停靠频次 $FREQ_{it}$ 对生产性服务业集聚的影响，若系数在一定条件下显著且为正，说明高铁日停靠频次越高，高铁对生产性服务业集聚的正向作用越大；若系数在一定条件下显著且为负，说明高铁日停靠频次越高，高铁对生产性服务业集聚的负向作用越大；若系数不显著，说明高铁日停靠频次在高铁影响生产性服务业的集聚中没有发挥显著作用。

（二）高铁站位置对生产性服务业集聚的影响

模型如下：

$$Y_{it}=\beta_0+\beta_1 HSR_{it}+\beta_2 HLOC_{it}+\alpha X_{it}+\gamma_t+\mu_i+\varepsilon_{it} \tag{5.4}$$

$HLOC_{it}$ 是 HSR_{it} 和 $Location_{it}$ 的交叉变量（即 $HSR_{it}\times Location_{it}$）。其中，高铁站位置 $Location_{it}$ 为虚拟变量，表示城市 i 在 t 时间的高铁站点的位置，若高铁站位于郊区，将其赋值为“1”；若高铁站位于城市中心，则将其赋值为“0”。

我们采用城市距离指数（Diao 等，2016）来判断高铁站点是处于郊区还是城市中心，公式为：

$$L=\frac{Distance}{\sqrt{Size/\pi}} \tag{5.5}$$

其中，L 为城市距离指数，$Distance$ 为城市高铁站点距离市中心的直线距离，由百度地图软件测算得出；$Size$ 为该城市的建成区面积，$\sqrt{Size/\pi}$ 为城市半径。当距离指数 $L>1$ 时，高铁站处于城市郊区，此时 $Location_{it}=1$；当距离指数 $L<1$ 时，高铁站处于城市中心，此时 $Location_{it}=0$。

如果 $HLOC_{it}$ 的系数 β_2 在一定条件下显著且为正，说明高铁站距离市中心越远，高铁越能促进城市生产性服务业的集聚；如果系数在一定条件下显著且为负，说明高铁站距离市中心越远，高铁对生产性服务业集聚的抑制作用会越强；如果系数不显著，说明高铁站位置在高铁影响生产性服务业集聚中没有明显作用。

(三)高铁站级别对生产性服务业集聚的影响

模型如下:

$$Y_{it}=\beta_0+\beta_1 HSR_{it}+\beta_2 HGRA_{it}+\alpha X_{it}+\gamma_t+\mu_i+\varepsilon_{it} \tag{5.6}$$

$HGRA_{it}$ 是 HSR_{it} 和 $Grade_{it}$ 的交叉变量(即 $HSR_{it}\times Grade_{it}$)。其中,高铁站级别 $Grade_{it}$ 表示城市 i 在 t 时间的高铁站点在整个高铁网路中的级别。$Grade_{it}$ 为虚拟变量,如果高铁站级别为枢纽站,将其赋值为"1";如果高铁站级别为非枢纽站,则将其赋值为"0"。

枢纽站数据来自《"十三五"现代综合交通运输体系发展规划》。该规划列出了我国的国际性综合交通枢纽城市、全国性综合交通枢纽城市[①]和区域性综合交通枢纽及口岸枢纽城市[②]。为简化研究,将这三类枢纽城市统一纳入枢纽站城市($Grade_{it}=1$),其他城市均为非枢纽站城市($Grade_{it}=0$)。

β_2 是高铁站级别介入下,高铁对生产性服务业集聚的影响。如果该系数为正且在一定条件下显著,说明高铁站级别越高,高铁对生产性服务业集聚的积极影响越强;如果系数为负且在一定条件下显著,说明高铁站级别越高,高铁对生产性服务业集聚的负面作用越大;如果系数不显著,说明高铁站级别变量在高铁影响生产性服务业集聚中没有显著作用。

二、回归分析

(一)固定效应检验

F 检验值的检验结果,见表 5—7。表中所有方程的 F 检验对应的 P 值均为 0.0000,因此,使用固定效应模型的实证效果要优于混合 OLS 模型。

---

① 全国性综合交通枢纽城市中,喀什、库尔勒、义乌、襄阳、格尔木、大理不是地级市,故未纳入使用。

② 区域性综合交通枢纽及口岸枢纽城市中,珲春、绥芬河、满洲里、二连浩特、甘其毛都、策克、巴克图、吉木乃、阿拉山口、霍尔果斯、吐尔尕特、红其拉甫、樟木、亚东、瑞丽、磨憨、河口、龙邦、凭祥、东兴不是地级市,故未纳入使用。

表 5—7　高铁运行特征对生产性服务业集聚影响模型中固定效应的 *F* 检验

		F 检验值	*P* 值
模型(5.3)	回归(1)	$F(14,284)=63.31$	$Prob>F=0.0000$
	回归(2)	$F(14,284)=33.42$	$Prob>F=0.0000$
	回归(3)	$F(14,284)=25.21$	$Prob>F=0.0000$
	回归(4)	$F(14,284)=58.73$	$Prob>F=0.0000$
	回归(5)	$F(14,284)=16.32$	$Prob>F=0.0000$
	回归(6)	$F(14,284)=14.49$	$Prob>F=0.0000$
模型(5.4)	回归(1)	$F(15,156)=43.90$	$Prob>F=0.0000$
	回归(2)	$F(15,156)=25.82$	$Prob>F=0.0000$
	回归(3)	$F(15,156)=23.10$	$Prob>F=0.0000$
	回归(4)	$F(15,156)=42.84$	$Prob>F=0.0000$
	回归(5)	$F(15,156)=10.92$	$Prob>F=0.0000$
	回归(6)	$F(15,156)=12.12$	$Prob>F=0.0000$
模型(5.6)	回归(1)	$F(15,284)=53.06$	$Prob>F=0.0000$
	回归(2)	$F(15,284)=27.92$	$Prob>F=0.0000$
	回归(3)	$F(15,284)=19.55$	$Prob>F=0.0000$
	回归(4)	$F(15,284)=45.65$	$Prob>F=0.0000$
	回归(5)	$F(15,284)=15.10$	$Prob>F=0.0000$
	回归(6)	$F(15,284)=11.74$	$Prob>F=0.0000$

资料来源：使用 Stata 软件将相关数据导入后得出。

模型(5.3)、模型(5.4)和模型(5.6)依次用来检测高铁日停靠频次、高铁站位置和高铁站级别对不同类型生产性服务业集聚的影响。其中，回归(1)至回归(6)指高铁日停靠频次、高铁站位置和高铁站级别介入下，高铁依次对“总体生产性服务业”集聚，“金融业”集聚，“信息传输、计算机服务业和软件业”集聚，“科学研究、技术服务业和地质勘查业”集聚，“交通运输、仓储和邮电业”集聚，以及“租赁和商务服务业”集聚的影响。

(二)高铁日停靠频次对生产性服务业集聚的影响

表 5—8 为高铁日停靠频次对生产性服务业集聚影响的回归结果。

表 5—8　　　高铁日停靠频次对生产性服务业集聚影响的回归结果

变　量	回归结果 (1)	回归结果 (2)	回归结果 (3)	回归结果 (4)	回归结果 (5)	回归结果 (6)
	log*Total*	log*Finance*	log*Research*	log*Computer*	log*Transport*	log*Renting*
FERQ	0.000660***	0.000641***	0.000702***	0.00203***	0.000527**	0.000995***
	(0.000186)	(0.000112)	(0.000194)	(0.000301)	(0.000236)	(0.000242)
HR	0.854	0.917	0.934	3.974*	−1.806	0.952
	(1.490)	(0.594)	(0.754)	(2.061)	(1.887)	(1.339)
MK	0.0934***	0.0351**	0.0626**	0.112***	0.123***	0.0816**
	(0.0268)	(0.0147)	(0.0245)	(0.0389)	(0.0314)	(0.0329)
IT	0.0830***	0.0808***	0.0927***	0.132***	0.0926**	0.0791*
	(0.0293)	(0.0221)	(0.0242)	(0.0421)	(0.0402)	(0.0453)
GB	−0.0696	−0.115***	−0.173***	−0.309***	0.0181	−0.111
	(0.133)	(0.0320)	(0.0505)	(0.100)	(0.132)	(0.0802)
Constant	0.973***	0.512***	0.103	−0.243	0.264*	0.0319
	(0.118)	(0.0641)	(0.103)	(0.167)	(0.138)	(0.149)
Observations	2,785	2,789	2,790	2,789	2,789	2,787
R^2	0.490	0.237	0.290	0.629	0.287	0.241
Number of City *ID*	285	285	285	285	285	285

注:表格中括号内是稳健标准误(robuststandarderrors),***、**、* 分别是指1%、5%、10%的显著性水平。

资料来源:使用 Stata 软件将相关数据进行回归后得出。

表 5—7 显示,无论是总体生产性服务业集聚还是细分的生产性服务业集聚,解释变量高铁日停靠频次(*FREQ*)均通过了显著性检验,该变量的系数分别为 0.000660、0.000641、0.000702、0.00203、0.000527 和 0.000995,这说明高铁日停靠频次每增加 1,总体生产性服务业的集聚程度会增加 0.000660,金融业的集聚程度会提高 0.000641,科学研究、技术服务业和地质勘查业的集聚程度会增加 0.000702,信息传输、计算机服

务业和软件业的集聚程度会增加 0.00203，交通运输、仓储和邮电业的集聚程度将增加 0.000527，租赁和商务服务业的集聚程度增加 0.000995。

高铁日停靠频次（*FREQ*）对细分的生产性服务业的影响都是显著的，这说明增加高铁日停靠频次的城市对各种类型的生产性服务业都更具有吸引力。这种现象背后的逻辑可能是：细分的生产性服务业企业都需要劳动力提供服务，而高铁作为高速便捷的交通工具，每日运输着大量的劳动力；高铁日停靠频次多的站点往往流入大量的劳动力，各类生产性服务业企业考虑劳动力的可获得性，会将企业布局在高铁日停靠频次增多的城市。

高铁日停靠频次（*FREQ*）对信息传输、计算机服务业和软件业集聚的正向作用（0.00203）要明显地大于其他类型的生产性服务业。根据理论机制中的论述，高铁通过信息资源效应影响着生产性服务业的集聚，高铁日停靠频次作为高铁运行特征之一，高铁日停靠频次高的城市交通可达性越强，信息资源的汇集能力也越强。而信息传输、计算机服务业和软件业在商业经营中十分重视信息资源要素。因此，信息传输、计算机服务业和软件业集聚受到高铁日停靠频次（*FREQ*）的影响较为突出。

高铁日停靠频次（*FREQ*）对除信息传输、计算机服务业和软件业之外的其他四类生产性服务业集聚的正向作用差别较小。高铁日停靠频次可以在一定程度上反映高铁对城市通达性的提升力度。随着高铁日停靠频次增加，城市的可达性进一步提升，进而带来了人力资本、市场资源、信息资源在市场机制下的合理流动。实证结果表明："金融业""科学研究、技术服务业和地质勘查业""交通运输、仓储和邮电业"和"租赁和商务服务业"四类生产性服务业的集聚变化在这一过程中受到相似程度的影响。

三、高铁站位置对生产性服务业集聚的影响

表 5—9 为高铁站位置对生产性服务业集聚影响的回归结果。

表 5—9　　高铁站位置对生产性服务业集聚影响的回归结果

变　量	回归结果(1)	回归结果(2)	回归结果(3)	回归结果(4)	回归结果(5)	回归结果(6)
	log*Total*	log*Finance*	log*Research*	log*Computer*	log*Transport*	log*Renting*
HSR	0.0564	0.0683	0.0789**	0.103	0.0383	0.0537
	(0.0417)	(0.0428)	(0.0360)	(0.0630)	(0.0762)	(0.0668)
HLOC	−0.0699*	−0.0684	−0.0931***	−0.151**	−0.0835	−0.0739
	(0.0403)	(0.0428)	(0.0356)	(0.0624)	(0.0734)	(0.0608)
HR	−0.368	0.854	1.044	7.193**	−4.413	−0.689
	(2.316)	(0.973)	(1.378)	(3.105)	(2.957)	(2.210)
MK	0.0893***	0.0441***	0.0889***	0.174***	0.104***	0.129***
	(0.0246)	(0.0142)	(0.0230)	(0.0452)	(0.0289)	(0.0334)
IT	0.116***	0.167***	0.140***	0.272***	0.0991**	0.156**
	(0.0393)	(0.0407)	(0.0353)	(0.0693)	(0.0416)	(0.0646)
GB	−0.701	−0.402*	−0.959***	−1.615**	−0.234	−1.146**
	(0.529)	(0.212)	(0.255)	(0.683)	(0.525)	(0.464)
Constant	1.282***	0.569***	0.119	−0.562**	0.561***	−0.0296
	(0.131)	(0.0825)	(0.111)	(0.230)	(0.158)	(0.185)
Observations	1,546	1,548	1,549	1,548	1,549	1,547
R^2	0.578	0.518	0.302	0.681	0.314	0.295
Number of City *ID*	157	157	157	157	157	157

注:表格中括号内是稳健标准误(robust standard errors),***、**、* 分别是指1%、5%、10%的显著性水平。

资料来源:使用 Stata 软件将相关数据进行回归后得出。

交叉项(*HLOC*)的系数表明高铁站设于不同位置高铁对生产性服务业的影响。在表 5—8 中,对于总体生产性服务业集聚、“科学研究、技术服务业和地质勘查业”集聚和“信息传输、计算机服务业和软件业”集聚,*HLOC* 都通过了显著性检验,其系数都显著为负,说明高铁站设在城市郊区,高铁将不利于“科学研究、技术服务业和地质勘查业”和“信息传输、计算机服务业和软件业”的产业集聚。高铁站设置在郊区增加了各类生产要素到达城市中心区的运输费用,因而使得高铁对“科学研究、技术服务业和地质勘查业”集聚和“信息传输、计算机服务业和软件业”集聚都有负面影响。

由回归结果(3)和(4)可知，*HLOC* 影响“科学研究、技术服务业和地质勘查业”集聚和“信息传输、计算机服务业和软件业”集聚的系数分别为－0.0931 和－0.151，这意味着如果高铁站位于郊区，“科学研究、技术服务业和地质勘查业”的集聚程度减少 0.0931，“信息传输、计算机服务业和软件业”的集聚程度减少 0.151。此外，“科学研究、技术服务业和地质勘查业”集聚的解释变量 *HLOC* 的系数的绝对值(0.0931)要小于“信息传输、计算机服务业和软件业”集聚的解释变量 *HLOC* 的系数的绝对值(0.151)，说明如果高铁站建在城市的郊区，“信息传输、计算机服务业和软件业”相对于“科学研究、技术服务业和地质勘查业”所受到的负面影响会更大。

在回归结果(2)、(5)和(6)中，“金融业”集聚、“交通运输、仓储和邮电业”集聚和“租赁和商务服务业”集聚中的 *HLOC* 没有通过显著性检验，这意味着高铁站无论是建立在城市郊区还是城市中心地带，高铁对这三个类型的生产性服务业的集聚都没有显著影响。

由此可见，高铁站位置对细分的生产性服务业集聚的影响是不同的。高铁建设运营带给生产性服务业的经济作用是地区不平衡的，“信息传输、计算机服务业和软件业”和“科学研究、技术服务业和地质勘查业”企业更倾向于集聚在高铁站位于城市中心的城市，其他生产性服务业企业没有这种城市内部布局的偏好。

四、高铁站级别对生产性服务业集聚的影响

表 5－10 是高铁站级别对生产性服务业集聚影响的回归结果。

表 5—10　　　　高铁站级别对生产性服务业集聚影响的回归结果

变　量	回归结果(1)	回归结果(2)	回归结果(3)	回归结果(4)	回归结果(5)	回归结果(6)
	log*Total*	log*Finance*	log*Research*	log*Computer*	log*Transport*	log*Renting*
HSR	0.0203 (0.0228)	0.00710 (0.0115)	0.0156 (0.0195)	−0.0195 (0.0250)	0.0112 (0.0251)	0.00484 (0.0225)
HGRA	0.0421 (0.0380)	0.0555*** (0.0204)	0.0294 (0.0266)	0.186*** (0.0444)	−0.0278 (0.0461)	0.0602 (0.0391)
HR	0.888 (1.499)	0.932 (0.602)	0.999 (0.796)	4.031** (2.035)	−1.667 (1.886)	1.028 (1.360)
MK	0.112*** (0.0264)	0.0533*** (0.0150)	0.0837*** (0.0249)	0.171*** (0.0445)	0.142*** (0.0305)	0.111*** (0.0328)
IT	0.105*** (0.0288)	0.101*** (0.0232)	0.119*** (0.0269)	0.200*** (0.0485)	0.120*** (0.0391)	0.115** (0.0453)
GB	−0.0970 (0.134)	−0.143*** (0.0388)	−0.208*** (0.0572)	−0.408*** (0.121)	−0.0198 (0.132)	−0.162* (0.0862)
Constant	0.888*** (0.115)	0.430*** (0.0644)	0.00641 (0.104)	−0.509*** (0.188)	0.177 (0.131)	−0.104 (0.145)
Observations	2,785	2,789	2,790	2,789	2,789	2,787
R^2	0.485	0.222	0.270	0.597	0.282	0.217
Number of City *ID*	285	285	285	285	285	285

注:表格中括号内是稳健标准误(robust standard errors),***、**、* 分别是指1%、5%、10%的显著性水平。

资料来源:使用 Stata 软件将相关数据进行回归后得出。

交叉项(*HGRA*)的系数表明高铁站是否枢纽站高铁对生产性服务业集聚的影响。表 5—9 中,回归结果(2)和(4)表明,在"金融业"集聚和"信息传输、计算机服务业和软件业"集聚中,*HGRA* 通过了 1%的显著性检验,这说明在高铁站级别为枢纽站的情况下,高铁更能促进"金融业"和"信息传输、计算机服务业和软件业"的集聚。这种现象可能是大城市的人力资本和信息资源相比非枢纽站城市更为丰富,"金融业"和"信息传输、计算机服务业和软件业"企业更偏好这些经济要素。这和理论机制中论述的人力资本效应和信息资源效应相符合。

“金融业”集聚 *HGRA* 的系数为 0.0555，“信息传输、计算机服务业和软件业”集聚 *HGRA* 的系数为 0.186，这说明如果一座城市的高铁站级别为枢纽站，高铁会使“金融业”的集聚程度增加 0.0555，“信息传输、计算机服务业和软件业”的集聚程度增加 0.186。此外，“信息传输、计算机服务业和软件业”集聚的 *HGRA* 系数的绝对值(0.186)要大于“金融业”集聚的高铁运行特征变量 *HGRA* 系数的绝对值(0.0555)，这意味着如果一座城市的高铁站级别为枢纽站，高铁对“信息传输、计算机服务业和软件业”集聚相对于“金融业”集聚提升的幅度更大。

在回归结果(3)、(5)和(6)中，“科学研究、技术服务业和地质勘查业”集聚、“交通运输、仓储和邮电业”集聚和“租赁和商务服务业”集聚 *HGRA* 变量没有通过显著性检验，这表明无论高铁站是枢纽站还是非枢纽站，“科学研究、技术服务业和地质勘查业”“交通运输、仓储和邮电业”和“租赁和商务服务业”集聚都没有受到显著影响。

由此可见，高铁站级别对细分后不同类型生产性服务业集聚的影响具有异质性。如果高铁站级别越高，“金融业”和“信息传输、计算机服务业和软件业”企业受到高铁的积极影响越大，并且这两类生产性服务业受到的影响程度不同。但是，其他生产性服务业企业不会受到这种影响。

五、总结

(一)对高铁影响生产性服务业集聚的传导路径的验证

表 5—11 是人力资本(*HR*)、市场资源(*MK*)、信息资源(*IT*)和政府干预程度(*GB*)影响总体生产性服务业集聚和细分的生产性服务业集聚的回归结果。

表 5－11　高铁影响不同类型生产性服务业集聚机制路径的回归结果

	HR	*MK*	*IT*	*GB*
log*Total*	N	＋	＋	N
log*Finance*	＋	＋	＋	－
log*Research*	N	＋	＋	－
log*Computer*	＋	＋	＋	－
log*Transport*	N	＋	＋	N
log*Renting*	N	＋	＋	－

注:"＋"表示变量的系数显著且为正,"－"表示变量的系数显著且为负,"N"表示变量的系数不显著。

其中,市场资源(*MK*)和信息资源(*IT*)在总体生产性服务业集聚和细分的生产性服务业集聚的回归中都是显著正向的。人力资本(*HR*)对一些细分的生产性服务业有显著正向作用。政府干预程度(*GB*)对大部分细分的生产性服务业有显著负向作用。

具体来说,总体生产性服务业集聚受到市场资源的正向影响,受到信息资源的正向影响;"金融业"集聚和"信息传输、计算机服务业和软件业"集聚相似,都受到人力资本、市场资源和信息资源的正向影响,以及受到政府干预程度的负向影响;"科学研究、技术服务业和地质勘查业"集聚受到市场资源、信息资源的正向影响,以及受到政府干预程度的负向影响;"交通运输、仓储和邮电业"集聚受到市场资源、信息资源的正向影响;"租赁和商务服务业"集聚受到市场资源、信息资源的正向影响,以及受到政府干预程度的负向影响。

1. 对人力资本效应的验证

实证分析部分使用人力资本(*HR*)来检测人力资本效应对不同类型生产性服务业集聚的影响。在检验高铁开通影响生产性服务业集聚的单期回归结果中,人力资本对"金融业"集聚和"信息传输、计算机服务业和软件业"集聚的影响是显著的,且系数为正,这意味着人力资本水平越高的地区,"金融业"和"信息传输、计算机服务业和软件业"越集聚。这和理论机制部分论述的人力资本效应的传导路径相一致。“金融业”和“信息传输、计算机服务业和软件业”在劳动力的选择上偏好具有高级知识和先进技能的员工。人力资本密集的地区会提供这两类生产性服务业的要素可获得性，降低这两类生产性服务业的用人成本，进而有利于这两类生产性服务业获得更多营利。高铁开通的城市可达性提升，人力资本要素流动性增强，人力资本进一步聚集在大城市，“金融业”和“信息传输、计算机服务业和软件业”偏好在人力资本密集的大城市布局。总的来说，高铁可达性效应下的人力资本效应对生产性服务业集聚的影响路径得到了一定的实证验证。

2. 对市场资源效应的验证

实证分析部分采用了市场资源（MK）来验证市场资源效应对不同类型生产性服务业集聚的影响。细分的五类生产性服务业集聚的市场资源变量都通过了显著性检验，且系数都为正数。这说明在市场资源的扩大都有助于各类生产性服务业的集聚，这也和理论机制中的论述相符。在高铁的建设过程中，开通高铁的城市因时空压缩效应而经济辐射范围发生变化，市场容量扩大。各类生产性服务业企业为了更多的利润会选择向市场容量增加的城市集聚。简而言之，高铁可达性效应下的市场资源效应对生产性服务业集聚的影响路径得到了实证检验结果的支持。

3. 对信息资源效应的验证

信息资源（IT）是用来检验信息资源效应的变量，该变量在细分的五类生产性服务业集聚回归检验中均通过了显著性检验，且系数都是正的。这表明信息资源对各类生产性服务业集聚都具有正向的作用。该结果符合理论机制中对信息资源效应传导路径的阐述。高铁在一座城市开通后，信息资源因人才、资金等要素的流动而发生空间格局的变化。信息资源在生产性服务业企业提供精准服务的过程中发挥着重要的作用，因而各类生产性服务业对信息资源都较为重视，并倾向于在信息资源丰富的地区集聚。因此，实证分析的结果检验了高铁可达性效应下的信息资源效应对生产性服务业集聚的影响路径。

（二）对高铁影响生产性服务业集聚的总结

1. 对高铁开通影响生产性服务业集聚的总结

表 5—12 总结了高铁开通对不同类型生产性服务业集聚影响的回归结果。总体生产性服务业集聚受到高铁开通（*HSR*）的影响；“金融业”集聚、“科学研究、技术服务业和地质勘查业”集聚和“信息传输、计算机服务业和软件业”集聚受到高铁开通（*HSR*）的影响；其他两类生产性服务业集聚不受高铁开通（*HSR*）的影响。

表 5—12　　高铁开通影响生产性服务业集聚的回归结果

	log*Total*	log*Finance*	log*Research*	log*Computer*	log*Transport*	log*Renting*
HSR	+	+	+	+	N	N
HSR_Y_1	N	+	N	N	N	N
HSR_Y_2	N	+	N	N	N	N
HSR_Y_3	N	+	+	+	N	N
HSR_Y_4	N	+	+	+	N	N
HSR_Y_5	+	+	+	+	N	N
HSR_Y_6	N	+	+	+	N	+
HSR_Y_7	+	+	+	+	N	+
HSR_Y_8	+	+	+	+	+	+
HSR_Y_9	+	+	+	+	+	+

注：“＋”表示变量的系数显著且为正，“－”表示变量的系数显著且为负，“N”表示变量的系数不显著。表格由作者制作。

具体来说，在检验高铁开通对不同类型生产性服务业影响的时间效应上，总体生产性服务业集聚在高铁开通后第 5 年（HSR_Y_5）的数据开始显著，这说明高铁开通对总体生产性服务业集聚的影响具有滞后性。“金融业”集聚从高铁开通后的第 1 年（HSR_Y_1）到第 9 年（HSR_Y_9）都是显著的，“科学研究、技术服务业和地质勘查业”集聚和“信息传输、计算机服务业和软件业”集聚在高铁开通后的第 3 年（HSR_Y_3）开始显著，这说明高铁开通后很快就对具有知识密集型特征的生产性服务业集聚产生影响。“交通运输、仓储和邮电业”集聚和“租赁和商务服务业”集聚分别在高铁开通后的第 8 年（HSR_Y_8）和在高铁开通后的第 6 年（HSR_Y_6）开始受到显著影响。这表明具有劳动力密集型特征的生产性服务业集聚受到高铁开通的影响具有较大的滞后性。

2. 对高铁运行特征影响生产性服务业集聚的总结

表 5－13 对高铁运行特征（高铁日停靠频次、高铁站位置和高铁站级别）影响总体生产性服务业集聚和细分的生产性服务业集聚的回归结果进行归纳总结。总体生产性服务业集聚和“科学研究、技术服务业和地质勘查业”集聚受到高铁日停靠频次和高铁站位置的影响；“金融业”集聚受到高铁日停靠频次和高铁站级别的影响；“信息传输、计算机服务业和软件业”集聚受到高铁日停靠频次、高铁站位置和高铁站级别的显著影响；“交通运输、仓储和邮电业”集聚和“租赁和商务服务业”集聚都只受到高铁日停靠频次的影响。

表 5－13　　高铁运行特征影响生产性服务业集聚的回归结果

	FREQ	*HLOC*	*HGRA*
log*Total*	+	－	N
log*Finance*	+	N	+
log*Research*	+	－	N
log*Computer*	+	－	+
log*Transport*	+	N	N
log*Renting*	+	N	N

注：“＋”表示变量的系数显著且为正，“－”表示变量的系数显著且为负，“N”表示变量的系数不显著。表格由作者制作。

具体来说，*FREQ* 与总体生产性服务业集聚和细分的生产性服务业集聚的系数都显著且为正。高铁日停靠频次越高，高铁对总体和细分后的生产性服务业集聚的正向影响越大。

HLOC 对总体生产性服务业集聚和细分的生产性服务业中的“科学研究、技术服务业和地质勘查业”集聚和“信息传输、计算机服务业和软件业”集聚的系数显著且为负。高铁站距离市中心距离越远，高铁对总体生

产性服务业、“科学研究、技术服务业和地质勘查业”和“信息传输、计算机服务业和软件业”集聚的负面影响越大。

HGRA 仅与“金融业”集聚和“信息传输、计算机服务业和软件业”集聚的系数显著且为正。高铁站级别越高，高铁对“金融业”和“信息传输、计算机服务业和软件业”集聚的积极影响越大。

第七节　研究结论与政策建议

一、主要研究结论

高铁网络的建设和拓展促进了中国区域经济的发展，推动了产业结构的转型升级。高铁提升了城市的可达性，进而带来了劳动力、资本等生产要素流动的重新调整。生产性服务业企业在高铁的建设中发生着空间位移，生产性服务业集聚的空间变化是否受到高铁建设的影响，不同类型生产性服务业集聚受到高铁的影响是否不同，是本章尝试探究的主要问题。

本章以经济学的学科范式，对高铁与生产性服务业集聚之间的关系展开了深入研究。首先，从理论基础来说，回顾了高铁建设的时代背景，并详细梳理了国内外在高铁影响生产性服务业集聚上的相关文献，为提出新的研究问题和弥补前人工作的不足打下了基础。其次，从传导机制来看，提出了高铁影响不同类型生产性服务业集聚的理论机制，该机制提到高铁提升了地区可达性，通过人力资本效应、市场资源效应和信息资源效应三个效应对不同类型生产性服务业集聚产生影响。然后，在现状描述中，通过简单的统计图表、ArcGIS 图展现了高铁和生产性服务业集聚的现状，并使用 Stata 软件制作出散点图来拟合分析高铁和不同类型生产性服务业集聚的相关性。最后，在实证研究部分分两阶段进行实证检验，第一阶段使用 DID 模型和高铁开通变量从单期和多期依次检验高铁对不同类型生产性服务业集聚的差异性影响，第二阶段使用高铁日停靠频次、高铁站位置和高铁站级别三个高铁运行特征变量依次检测高铁对不同类型生产性服务业集聚的异质性影响。基于以上的分析过程，本章得出五点结论。

（一）高铁开通与否显著影响着具有知识密集特征的生产性服务业的集聚

在高铁开通影响生产性服务业集聚的单期回归结果中，高铁开通与“金融业”集聚、“科学研究、技术服务业和地质勘查业”集聚和“信息传输、计算机服务业和软件业”集聚的因果关系通过了显著性检验。这三类生产性服务业具有高附加值、知识密集的特征，这表明高铁开通改善了沿线城市的可达性，带来了经济要素的重新整合分配，金融、科研、信息技术等生产性服务业企业在这种传导机制中更多地向高铁沿线城市集聚。

（二）高铁开通对劳动力密集型生产性服务业集聚的影响具有滞后性

通过对高铁开通影响生产性服务业集聚的多期回归分析，发现“交通运输、仓储和邮电业”集聚和“租赁和商务服务业”集聚分别在高铁开通后的第 8 年和在高铁开通后的第 6 年开始受到显著影响，具有较严重的滞后性。这可能是因为高铁刚开通的时候，大部分劳动力理性选择向薪资更高的金融、科技等生产性服务业流动。在高铁开通了几年之后，经过高层级生产性服务业企业对劳动力质量的筛选，具备知识和先进技能的劳动力留在了知识密集、高附加值的生产性服务业，其他被淘汰的劳动力开始流入劳动力密集型生产性服务业。

（三）高铁的日停靠频次对各类生产性服务业集聚都有正向的影响

这意味着高铁在站点的日停靠频次每增加一单位，无论是高附加值的生产性服务业还是低附加值的生产性服务业都会从中受益。高铁日停靠频次高的城市有更活跃的人员、资本、信息等经济要素的流动，这些要素的丰富有利于生产性服务业经济活动的开展。同时，高铁日停靠频次高的城市加强了自身和周围地区的经济互动，扩大了自身的经济辐射范围。这符合理论机制和实证分析中市场资源效应影响各类生产性服务业集聚的论述。

（四）高铁站位置对知识密集特征的生产性服务业有着显著负向影响

这表明高铁站位置对不同类型生产性服务业集聚的影响同样具有异质性。如果某一城市高铁站位于郊区，“科学研究、技术服务业和地质勘查业”和“信息传输、计算机服务业和软件业”的集聚会有显著下降。高铁站设置在郊区对这两类生产性服务业有负面影响的原因可能是这种区位选择增加了各类生产要素到达城市主要经济活动区（即城市中心区）的时间成本和运输费用，知识密集特征的生产性服务业受这些成本增加的负面经营影响较大。

（五）高铁站级别积极影响着知识密集的生产性服务业的集聚

具体来说，某一城市的高铁站是枢纽站将更能集聚“金融业”和“信息传输、计算机服务业和软件业”，这和这两类生产性服务业服务范围广的特征有关。拥有高铁枢纽站特征的城市在高铁交通线路中占据着重要的地位，更多高铁线路在这些城市汇集中转，因为高铁站级别越高的城市具有更高的可达性。高可达性的城市因而具有更大的经济辐射范围，这与金融、信息技术等生产性服务业企业服务半径大的特点相契合，因而高铁枢纽站城市可达性强的特点和这两类生产性服务业服务范围大的特点产生经济共振。

二、政策建议

结合中国正在大力建设高铁“八纵八横”的大格局，研究高铁建设对生产性服务业集聚的影响，尝试探究和量化高铁对细分的五类生产性服务业集聚影响的差异，并进一步深入思考差异背后的原因。这些研究对促进产业优化升级、定位城市发展方向等具有重要的现实意义，对此，提出五点建议。

（一）高铁规划与区域协同发展相结合

高铁带给城市与区域的影响是多方面的，既可以带来城市之间的“时空压缩”效应，也可以造成区域之间的发展失衡。研究发现高铁开通和高铁运行特征对不同类型的生产性服务业集聚产生着不同方向的影响，这些影响中有正向的影响（如高铁的日停靠频次对各类生产性服务业都有着正向的影响），也有负面的影响（如高铁站距离市中心越远，高铁对部分生产性服务业都有着负向的影响）。因此，高铁网络在未来的布局中，应充分定位拟通车城市的经济特征，以期实现城市开通高铁之后，产业有序转移和合理调整，避免“虹吸效应”“廊道效应”等负面效应，不对城市的经济长远发展造成不利的影响。

（二）应对高铁影响部分生产性服务业集聚的滞后性

高铁对附加值较低的劳动力密集型生产性服务业集聚的影响具有一定的滞后性，这一结论对于刚刚开通高铁或即将开通高铁的城市具有重要的参考价值。这些城市应考虑到高铁开通后这种劳动力密集型生产性服务业集聚的滞后性，不应在滞后期内大力引进相关企业。这种考虑背后的主要原因是与交通、仓储、租赁等生产性服务业发展相配套的要素资源在高铁开通后流入城市仍需要一定的时间。此外，刚刚开通高铁的城市也要积极制定劳动力保障政策，加强城市内部的交通基础设施建设及科学规划产业发展战略，以准备为滞后期结束后迁入的劳动力密集型生产性服务业集聚提高服务。当滞后期结束后，开通高铁的城市应该有意识地支持已经迁入的相关企业，进一步提升城市经济发展的实力和效果。

（三）发挥高铁日停靠频次的正面效应

目前全国范围内的大中小型城市纷纷建立科技园区，进行产业结构升级。生产性服务业因其环保、吸纳就业等特征，成为诸多城市大力引进和重点建设的目标产业。高铁日停靠频次与各个类别的生产性服务业发展都有着密切的联系。事实上，伴随着我国高铁技术的不断进步，高铁运行速度也一直在提升，大部分城市的高铁日停靠频次相比高铁刚运营都有所提升。无论是知识密集型的生产性服务业还是劳动力密集型的生产性服务业，都要积极主动把握住高铁日停靠频次增加对产业集聚的促进作用。同时,高铁沿线的各城市应合理布局产业,实现区域内和区域间中下游产业的分工与协作,进一步提高各类生产性服务业企业的运营效率。

(四)审慎和科学地规划高铁站位置

当将高铁站位置纳入分析时,高铁对一些生产性服务业集聚的影响出现负面性。高铁站与城市中心的距离越远,高铁越会强化对“科学研究、技术服务业和地质勘查业”和“信息传输、计算机服务业和软件业”集聚的负面影响。对于在规划但尚未建设高铁站的城市,应该理性地选择高铁站的建设地址。如果城市以科研、信息技术等为主导产业,建议尽量缩短高铁站与城市中心的距离;如果城市的金融、交通、租赁等行业较为繁荣,则无须顾虑高铁站的区位选择。总之,在未来的高铁建设过程中,政策制定者应该科学严谨地规划高铁站的地理位置,规避高铁对城市产业的不利影响,进一步发挥“高铁经济”的积极作用。

(五)将高铁站级别纳入生产性服务业布局的考量

高铁站级别越高,会使得高铁对一些生产性服务业集聚产生越强的正向影响。各城市在发展生产性服务业的时候,应该结合自身的高铁站级别,有筛选地进行生产性服务业建设,不可盲目地吸纳各类生产性服务业。例如,高铁站具有枢纽站地位的城市在吸引金融、科研等类型的生产性服务业集聚上会更具优势。为了实现更高效率的产业发展,这些城市应该着重扶持这些产业的建设。简言之,在我国高铁网络的交通大格局中,各城市应充分发挥自身优势,最大限度地发展和建设适应自身高铁运行特征的生产性服务业,进而强有力地带动地区产业转型和经济社会可持续发展。

参考文献

[1]蔡卫民,熊翠.高铁发展对湖南省温泉旅游格局的影响研究[J].热带地理,2011(3):328—333.

[2]曾国平,吴明娥.服务业的集聚与城市化——基于省级面板数据的空间计量分析[J].城市问题,2013(12):55—61.

[3]陈建军,陈国亮,黄洁.新经济地理学视角下的生产性服务业集聚及其影响因素研究——来自中国222个城市的经验证据[J].管理世界,2009(4):83－95.

[4]陈曦.中国城市生产性服务业地域分工的演化特征与效应——基于空间面板杜宾模型[J].城市发展研究,2017,24(3):102－109.

[5]陈晓峰.长三角生产性服务业空间集聚与城市经济增长[J].南通大学学报:社会科学版,2015,31(6):6－12.

[6]邓明.中国城市交通基础设施与就业密度的关系——内生关系与空间溢出效应[J].经济管理,2014,36(1):163－174.

[7]董艳梅,朱英明.高铁建设的就业效应研究——基于中国285个城市倾向匹配倍差法的证据[J].经济管理,2016(11):26－44.

[8]董艳梅,朱英明.高铁建设能否重塑中国的经济空间布局——基于就业、工资和经济增长的区域异质性视角[J].中国工业经济,2016(10):92－108.

[9]董瑶,孟晓晨.京广沿线高铁站腹地的范围与结构研究[J].地理科学进展,2014,33(12):1684－1691.

[10]方远平,闫小培.信息技术影响下服务业区位研究述评与展望[J].云南地理环境研究,2007,19(6):69－74.

[11]顾乃华.生产性服务业对工业获利能力的影响和渠道——基于城市面板数据和SFA模型的实证研究[J].中国工业经济.2010(5):48－58.

[12]江曼琦,席强敏.生产性服务业与制造业的产业关联与协同集聚[J].南开学报:哲学社会科学版,2014(1):153－160.

[13]李红昌,Linda Tjia,胡顺香.中国高速铁路对沿线城市经济集聚与均等化的影响[J].数量经济技术经济研究,2016(11):127－143.

[14]林晓言,罗燊,朱志航.区域质量与高速铁路社会效用——关于高速铁路建设时机的研究[J].中国软科学,2015(4):76－85.

[15]林晓言,罗燊.知识流空间与高速铁路[J].吉首大学学报:社会科学版,2017,38(3):51－58.

[16]林雄斌,杨家文,陶卓霖,宋金平,任颋等.交通投资、经济空间集聚与多样化路径——空间面板回归与结构方程模型视角[J].地理学报,2018,73(10):1970－1984.

[17]刘霄泉,孙铁山,李国平.北京市就业密度分布的空间特征[J].地理研究,

2011,30(7):1262—1270.

[18]宓科娜,庄汝龙,高峻.高速铁路发展、空间溢出与经济增长——基于浙江省66个县(市)的空间面板数据[J].资源开发与市场,2017,33(7):837—842.

[19]孙晓华,刘小玲,徐帅.交通基础设施与服务业的集聚效应——来自省市两级的多层线性分析[J].管理评论,2017,29(6):214—224.

[20]覃成林,种照辉.高速铁路发展与铁路沿线城市经济集聚[J].经济问题探索,2014(5):163—169.

[21]王姣娥,丁金学.高速铁路对中国城市空间结构的影响研究[J].国际城市规划,2011,26(6):49—54.

[22]许宪春.中国服务业核算及其存在的问题研究[J].经济研究,2004(3):20—27.

[23]宣烨,余泳泽.生产性服务业层级分工对制造业效率提升的影响——基于长三角地区38城市的经验分析[J].产业经济研究,2014(3):1—10.

[24]杨维凤.京沪高速铁路对我国区域空间结构的影响分析[J].北京社会科学,2010(6):38—43.

[25]姚涵,柳泽,刘晓忱.高速铁路影响下城市空间发展的特征、机制与典型模式——以京沪高速高铁为例[J].华中建筑,2015,33(5):7—13.

[26]姚永玲,赵宵伟.城市服务业动态外部性及其空间效应[J].财贸经济,2012(1):101—107.

[27]岳希明,张曙光.我国服务业增加值的核算问题[J].经济研究,2002(12):51—59.

[28]钟业喜,黄洁,文玉钊.高速铁路对中国城市可达性格局的影响分析[J].地理科学,2015,35(4):387—395.

[29]周海波,胡汉辉,谢呈阳.交通基础设施、产业布局与地区收入——基于中国省级面板数据的空间计量分析[J].经济问题探索,2017(2):1—11.

[30]周孝,冯中越.北京生产性服务业集聚与京津冀区域协同发展[J].经济与管理研究,2016,37(2):44—51.

[31]Browning H L ,Singelmann J. The Emergence of a Service Society:Demographic and Sociological Aspects of the Sectoral Transformation of the Labor Force in the USA[M]. National Technical Information Service,Springfield,1975.

[32]Coffey W J. The Geographies of Producer Services[J]. Urban Geography, 2000,21(2):170—183.

[33]Diao M,Zhu Y,Zhu J. Intra-city access to inter-city transport nodes:The implications of high-speed-rail station locations for the urban development of Chinese cities[J]. Urban Studies,2016,54(10):2249—2267.

[34]Haig R M. Toward an Understanding of the Metropolis:li. The Assignment of Activities to Areas in Urban Regions [J]. The Quarterly Journal of Economics, 1926,40(3):402—434.

[35]Hirschman A O. The strategy of economic development[M]. New Haven, Yale University,1958.

[36]Kilkenny M. Transport Costs,the New Economic Geography,and Rural Development [J]. Growth and Change,1998,29(3):259—280.

[37]Krugman P. Increasing returns and economic geography[J]. Journal of Political Economy,1991,99(3):483—499.

[38]Perroux F. Note sur la notion de"pôle de croissance"[M]. éditeur inconnu, Presses Universitaires de France,1955.

[39]Samuelson P A. Spatial Price Equilibrium and Linear Programming[J]. The American Economic Review,1952,42(3):283—303.

第六章　高速铁路对知识密集型服务业集聚的影响:基于中介效应的检验

在产业发展服务化、信息化、知识化的趋势下,知识密集型服务业作为服务业中的重要分支获得飞速发展。同时,我国正逐步迈进高铁时代,高速铁路网建设日益完善。高速铁路作为城际间重要的交通运输方式,具有时速快、运量大、方便快捷的特点,高速铁路的开通为高铁沿线区域及高铁站点城市的发展提供了契机。交通运输方式的变革使得人才、资本、知识等要素的高效流动成为可能,为区域产业结构调整、大力发展新兴服务业提供了机遇和条件。而知识密集型服务业的发展以人才、知识为基础,人才的广泛流动才能促进产业内部创新,因此其对交通的便捷性具有更高要求。现有的研究针对高铁与知识密集型服务业集聚现象之间关系的研究较少,且缺乏对中介传导机制的系统研究。本章在上述现实背景下研究高速铁路如何影响知识密集型服务业的集聚,以我国 286 个地级及以上城市 2009—2015 年的面板数据为样本,分析高铁开通对知识密集型服务业集聚的影响分为直接效应和间接效用。为检验间接效应是否存在及效应传递的作用机制,利用中介效应模型,对其中介影响度进行测量,深入探索高铁促进知识密集型服务业集聚的内在机理。

本章共分为五节:第一节介绍论文的研究背景和研究意义;第二节进行高速铁路与知识密集型服务业的机理分析,并提出理论假说;第三节从产业产值、就业人数、工资收入等方面对知识密集型服务业的发展现状进行分析;第四节进行实证分析,首先将分析高铁开通对知识密集型服务业集聚水平的影响，其次利用中介效应方法分别对本章提出的市场需求效应、人力资本效应进行研究论证；第五节为结论及建议，主要是总结本章的研究结论，提出相关政策建议，从而为城市知识密集型服务业的发展提供参考。

第一节　研究背景与意义

一、研究背景

当前全球经济一体化的迅猛发展对交通建设的现代化、网络化提出了较高要求，高速铁路以其运行时速快、周转量大、方便快捷等优势逐渐成为各城市间联系的主要方式。各国高度重视高铁建设，不仅因为它是一种高效便捷的交通运输方式，而且高铁线路中形成的高铁经济对区域经济发展的带动作用不可小觑。高铁作为加强地区间联系的主要设施之一，建设周期长、投资额度高、涉及领域广、社会效益大，其推进、演化进程势必会对区域交通网络格局、各要素流动、经济发展空间布局及经济联系等方面带来深远影响。

伴随着十九大的顺利召开，当前我国经济发展中服务业已逐渐成为新引擎，软件和信息技术“软实力”成为经济发展硬支撑，那么，经济发展的重点应是促进高端服务业和战略性新兴产业的发展，推动产业结构优化升级。在信息技术和通信技术迅猛发展的背景下，知识密集型服务业（Knowledge-Intensive Business Service，KIBS）作为现代新兴服务业的一种，在地区 GDP 中的占比增大，逐渐成为知识经济社会中产业基础结构的重要组成部分。随着经济发展、人民群众文化需求日益提高及我国基本矛盾的改变，知识密集型服务业有望成为带动国民经济发展的重要力量。同时，知识密集型服务业对交通的时效性和便捷性具有较高要求，而当前发展势头良好的高铁经济，通过提高区域可达性，引导知识、信息、人才、资本等要素进行重新配置，极大地满足了 KIBS 发展对交通运输的需求。截止到 2020 年，我国高铁线路将覆盖 80％以上的大城市，全国性、规模化的高铁网络有待形成，交通区位的改变势必会影响知识密集型服务业“服务业集群”的发展态势①。

本章借助全国 286 个地级及以上城市的知识密集型服务业的发展数据和高铁开通运营情况，来分析高速铁路对知识密集型服务业集聚的影响。为检验间接效应是否存在及效应传递的作用机制，利用中介效应模型对其中介影响度进行测量，深入探索高铁促进知识密集型服务业集聚的内在机理。在国内产业转型发展和高铁网络化建设的背景下，本章在为各区域主体制定相关产业政策及规划交通建设等方面提供参考与借鉴。

二、研究意义

（一）理论意义

国内外在对高铁和服务业发展的关系已有了较为深入的研究。在具体产业类型方面，通过对比分析后发现高铁开通对高级服务业（陈燕萍，2015）、旅游业（裴洪雪，2016）及生产性服务业（肖雁飞等，2013）的影响最为明显；在影响要素方面，高铁显著提高了服务业所在地区的就业密度（邓涛涛等，2017）、劳动生产率（杨勃等，2017）及知识资本率（Lambregts，2008）；在产业布局和空间形态方面，王丽和曹有挥（2012）、汪德根和章鋆（2015）通过论述或实证研究证明高铁开通后服务业倾向于以高铁枢纽为中心集聚式分布。但现有研究仍存在一些不足之处，现有文献未能深入挖掘高铁发挥空间布局效应的中介作用机制，且很少将高铁的作用主体聚焦于知识密集型服务业，研究大多是以现象分析和对策总结为主，缺乏剖析内部作用机制的实证分析。借助于中介效应模型，本章将高铁对知识密集型服务业集聚的影响分为直接效应和间接效用。为检验间接效应是否存在及效应传递的作用机制，本章提取各中介变量，并对其中介影响度进行测量，深入探索高铁促进知识密集型服务业集聚的内在机理。

---

① 高铁网．“到 2020 年高铁覆盖 80％以上的大城市”，http://news.gaotie.cn/guihua/2016-07-21/336426.html，2016—07—21.

(二)现实意义

近年来信息技术和通信技术迅猛发展,知识逐渐成为服务业发展的重要影响因素,尤其是在我国加入 WTO 之后,知识密集型服务业的发展势如破竹,在地区 GDP 中的占比愈加增大。知识密集型服务业对交通的时效性和便捷性具有较高要求,而当前发展势头良好的高铁经济,通过提高区域可达性,引导知识、信息、人才、资本等要素进行重新配置,进一步优化了知识密集型服务业的产业布局。全球范围内高铁经济方兴未艾,知识密集型服务业发展迅猛。在全球经济一体化加深、竞争加剧的背景下,深入分析高铁对 KIBS 的作用机制,根据高速铁路和地区发展前景预测 KIBS 的区域发展方向,对更好地促进我国及区域高铁经济和 KIBS 产业发展有重要意义。

三、可能的创新点

创新点主要体现在三个方面。

第一,探究高速铁路对知识密集型服务业的因果效应。运用面板数据,对各城市高速铁路开通状况及知识密集型服务业的集聚水平进行度量,利用固定效应模型检验高铁开通对知识密集型服务业集聚程度的影响。

第二,采用中介效应探讨其影响路径及机制。在研究交通区位因素对知识密集型服务业的影响时,利用中介效应模型,具体阐述在高铁影响知识密集型服务业集聚的作用机制中有多少来自高速铁路对知识密集型服务业的直接效应,又有多少通过人力、市场等中介要素发挥间接作用。若间接作用存在,那么文中假设的中介效应传导机制是否正确?本章的研究主旨在于厘清高铁经济对知识密集型服务业集聚所带来的直接效应和间接效应,并进一步确定中介效应发挥作用的传导机制。

第三,将研究对象扩展到全国地级及以上城市。目前对高铁经济或者知识密集型服务业两主体的研究大多聚焦于省或者市一级,较少利用国内所有地级及以上城市的数据对知识密集型服务业的集聚状况进行分析。鉴于目前我国高铁线路基本已覆盖全国,选取全国 286 个地级及以上城市作为研究样本，对二者关系的考察更加具有科学性和可参考性。

第二节　高铁影响知识密集型服务业集聚的机理分析

一、知识密集型服务业的概念分类及特征

知识密集型服务业萌生于 20 世纪 80 年代，伴随着知识资源和信息技术的迅猛发展，知识密集型服务业逐步演变成服务业中的重要分支。国内外对于知识密集型服务业的定义难以统一，总体来看可分为两大类：一类是将某个单一要素作为定义的指标，另一类是综合类的定义指标，见表 6—1。

表 6—1　　知识密集型服务业的概念

基于视角		提出者	代表性观点
单一要素的定义指标	产业活动投入	美国商务部	在提供服务时融入大量科学、工程、技术等专业性知识的行业
		经济合作与发展组织	技术及人力资本投入密度较高、附加值大的服务行业
	产业活动目的	Miles 等(1995)	一些专门提供经济行为服务的组织，这些服务旨在知识的创造、积累或扩散
	产品供给	Muller(2001)	主要为其他组织发展提供高智力、高附加值服务的组织或咨询类公司
综合类的定义指标	综合产品投入与产出、生产手段、行业特征等多种要素	Hertog(2000)	依赖专业知识(如与某些专门领域相关的知识或技能)来提供知识型的中间产品和服务的组织
		金雪军(2002)	对信息流进行搜集、整理、分析、研究、存储并转化为可用知识，为用户提供信息资源和信息管理
		姜慧霞、宁艳文(2007)	显著依赖特定领域的专业性知识，向社会提供以知识为基础的中间产品或服务，具有高增加值、高创新度等特点
		王国顺、张凡(2016)	以知识为输入和输出的服务企业，包括针对企业的调查、咨询、研究、工程活动等，促进企业间知识交换和扩散
		国务院发展研究中心	依托互联网、电子商务等信息化手段的现代知识服务业，其产品价值体现在信息服务的输送和知识产权上

关于知识密集型服务业的分类,各研究主体的划分依据主要有技术层面、知识层面、互动层面等。经合组织(OECD)对 KIBS 的定义是将知识密集型服务业划分为信息服务业、管理咨询业、法律服务业、研发服务业、金融服务业、市场服务业及工程性服务业七大类。正是由于该行业的发展极度依赖知识的汲取与创新,并且以为其他组织或个人提供服务的形式实现价值,所以知识密集型服务业具有高知识性、高技术性、高创新性、高附加值和高互动性的特征。

综合对 KIBS 的概念、分类及特征的相关研究,本章认为知识密集型服务业是以高度集中的技术知识和高素质人力资源为基本投入要素,通过对知识信息流进行创造、使用、传递和共享,为客户提供具有高附加值、高创新性的专业化、定制化的智力产品或服务,以通过管理咨询、创新研发、产品设计、市场调研等形式实现。因此,本章研究的知识密集型服务业包含四大类:金融业;信息传输、计算机服务和软件业;科学研究、技术服务和地质勘查业;租赁和商务服务业。

二、知识密集型服务业集聚的影响因素

产业集聚描述的是同一类型产业在某一区域空间范围内高度集中分布的过程。产业集聚在世界各国常有发生,日益受到经济学、管理学、地理学等诸多学科的关注。产业进行空间集聚是其提高劳动生产率、激发创新、降低生产成本的必经之路,知识密集型服务业独特的高 R&D、高创新、高互动等特点决定了其集聚水平会受到当地经济状况、要素禀赋、经济制度环境、城市化水平等多重因素的影响。

首先,地区经济发展水平越高,则当地知识密集型服务或产品的市场需求越大,产业集聚水平越高。罗兵和周勇(2013)通过对 KIBS 集聚的相关案例进行分析,认为人类基于经济竞争压力和社会压力而产生的产业升级、生活方式转变的需求是促进知识密集型服务业发展的现实动力。而全球经济转型和地区协调发展因素,只是拉动知识密集型服务业发展的间接动力。一般来说,产业结构越高级、制造业集聚程度越高、相关产

业链越完善,在产业关联效应和知识溢出效应的作用下,知识密集型服务业集聚度越高。张峰和万里洋等(2016)通过 VAR 模型对知识密集型服务业和制造业的发展关系进行探究,论证了以信息服务业、商务服务业等为代表的知识密集型服务业增加值和制造业增加值间具有一定的协整关系,较高的制造业水平有助于推动 KIBS 产业集聚。Goebel 等(2010)将慕尼黑地区的个案研究作为依据,得出生产性制造业是知识密集型产业重要基础的结论。方远平等(2014)以我国国际化的先进制造业基地——珠三角为例,探求工业化发展状况对 KIBS 的影响。研究发现,具有完善产业链的相关制造业在产前、产中、产后都具有对 KIBS 的服务需求,如现代物流服务、市场咨询服务、融资服务需求等,因此工业化较为发达地区的 KIBS 集聚程度越高。

其次,劳动力和资金等资源禀赋。任国岩和蒋天颖(2015)通过对长三角地区知识密集型服务业的集聚程度进行测算,得出资本资源和经济发展程度是影响该地区 KIBS 发展的主要因素的结论。韩红(2007)结合该产业特征,认为 KIBS 产品或服务的高附加值通过服务人员与客户之间的高度互动来实现,其中,工作人员自身具备的知识储备、专业素养对产品或服务的价值能否实现有决定作用。时省和王腊芳等(2014)通过实证研究,印证了人力资本水平是当前影响我国知识密集型服务业集群程度的重要因素。

再次,经济制度环境是指政府扶持力度和社会经济开放度。政府扶持措施包括制定相关法律、制度保障和增加财政支出,开放的经济社会环境则有助于增加创新合作,提高区域科技水平。邹德玲和徐明等(2015)以长三角地区的知识密集型服务业为研究对象,证实了开放的城市文化环境所带来的信息、技术、人才、资本等要素为长三角地区 KIBS 的发展提供了必要支撑,同时当地政府也重视对科学研究的财政投入。Winden(2008)认为国家政策在城市知识密集型服务业发展中具有重要作用。王国顺和张凡等(2016)指出北京、上海等直辖市和省会城市的科研机构众多,创新度领先于全国平均水平,促进了该地区 KIBS 空间集聚度的提高。

最后,城市化过程中必然包含着产业结构的调整,产业结构的优化升级又表现为知识密集型服务业等第三产业的发展。城镇化所具有的交通区位优势、配套的相关产业链、高素质的人力资本、潜在的市场需求等为知识密集型服务业的集聚发展提供了基础。陈绪冬和潘春燕等(2013)认为交通的发展程度对服务业布局的影响最为明显。郑长娟和程少锋等(2017)认为城市化水平越高的地方,KIBS 集聚水平就越高。方远平等(2014)通过计量模型对广东省内 KIBS 发展的影响因素进行研究,发现城市化水平这一要素对知识密集型服务业发展的影响最为显著,并提出了要提高广东省城镇化的内涵与质量、大力发展现代服务业的政策建议。城市化进程的加速和社会信息化程度的提高,可以强化 KIBS 发展所需的消费根基和产业根基,吸引 KIBS 在该区域集聚发展。

三、高铁对知识密集型服务业集聚的影响

伴随着城市交通基础设施的不断完善,当地服务业的发展机遇、空间布局、劳动力状况等都会受到影响。具体研究方面,张彬宾和陆万军(2016)以贯穿西部的国道主干线为例,实证研究表明国道主干线建成后在公路辐射范围内的服务业就业份额在整体上得到极大提升。高翔等(2015)通过对比研究后发现,有高速公路连接地区的服务业企业劳动生产率更高,同时以零售业和批发业为例,揭示出受交通影响最为明显的是有外部市场需求的可贸易服务业。蒋荷新(2017)利用 2005—2015 年数据做空间计量分析,得出民航运输业的发展能有效提高生产性服务业增加值的结论。而高铁作为当前交通运输的主流形式,与公路、航空运输的不同之处在于它可以带动资金、人才流动,间接促进知识流空间的发展,对提高服务业的空间集聚效应作用显著。在研究内容上,部分学者在对高速铁路和服务业二者间的关系进行分析时,倾向于以某一高铁或具体区域为例研究高铁的产业效应。邓涛涛等(2017)定量分析了长三角地区服务业集聚状况在高铁网络化推进中的变化,证实高铁的开通通过提升

沿线城市的市场区位,促进服务业在高铁沿线城市集聚。宋文杰等(2015)以天津市武清区为例,发现武清区作为“京津走廊”,同时接收了来自北京、天津两大高铁中心城市的资源扩散,获得更多的中介机会并催生了一系列新的经济功能,如休闲娱乐旅游、学术会议、商务等。

因知识密集型服务业起步普遍较晚,且现阶段在不同国家和国内不同地区间的发展水平各异,所以具体到高速铁路对知识密集型服务业整体性的影响方面,国内研究领域还处于相对空白的状态。国外研究方面,Chen 等(2011)通过实证研究证实了高铁是促进当地经济向知识密集型模式转变的一大动因。同样的,Hall 等(2012)认为高铁开通加强了区域资本的集中度,为知识型经济的发展提供了条件,交通基础设施的改善为经济转型提供了路径依赖与支持。Ben 等(2012)将知识密集型服务业定位为在一国经济系统中发挥创新竞争作用的关键驱动因素,该产业具有的知识密集、客户交互的特征对区域开放度提出较高要求,而高铁运输通过增强开放性提高了 KIBS 的国际市场占有率。Gallego 和 Maroto (2015)利用 2000—2007 年的数据,证实高铁通过提高不同地区间的地理邻近性,拓展了知识密集型服务业的传播网络。Lambregts(2008)对荷兰进行区域研究,认为高效的高铁运输能力与稳固的知识资本基础是提高城市 KIBS 竞争力的关键。覃成林和杨晴晴(2017)运用动态 VPM 模型,分析了 2003—2011 年高铁周边核心城市内的生产性服务业空间转移的动态过程,得出生产性服务业倾向于沿高铁线路集聚的结论,并且高铁沿线的省会、副中心城市以及高级枢纽城市成为生产性服务业的主要聚集区。

Hubbard 和 Nutter(1982)、Daniels(1985)等按照产品或服务面向的对象不同将服务业分为消费性服务业以及生产性服务业两大类,与知识密集型服务业注重产品和服务的特点及形式、未对客户做具体区分的特征相比,生产性服务业的目的是为制造业提供各种配套服务,其产品和服务并不直接面对市场消费者,但它与知识密集型服务业同样具有信息和知识密集、服务专业化、高附加值的特征,具体包括金融服务、信息服务等产业。而且知识密集型和创新型制造业企业在生产性服务业的客户群体中所占比重日益上升,这进一步促使生产性服务业知识密集度、创新度和专业性的提升,因此本章将生产性服务业作为知识密集型服务业的代表产业来进行论述。在研究指标方面,肖雁飞和张琼(2013)调查研究了武广高铁的开通对湖南省生产性服务业的影响程度,结果表明武广高铁的兴建对该服务业就业人数、第三产业增加值、固定资产投资额、生产性服务业增加值的贡献值分别是2.57%、5.90%、6.67%、5.16%,并且随着时间推移,高铁对生产性服务业各项指标的贡献率不断提升。在空间布局方面,Shearmur(2008)从KIBS自身的外溢效应、产业间协同效应及劳动力要素等方面探讨了产业整体的空间分布规律。

在总体交通区位对知识密集型服务业的影响研究上,Herstad(2015)探究了交通网络对全球知识流的影响,揭示了交通运输对于知识扩散和市场开拓的重要性。周麟等(2016)明确指出,知识密集型服务业具有与客户进行面对面沟通的高度需求,导致该行业在区位选择中更加注重地区内交通网络的整合度,完善的交通设施在给客户通行带来便利的同时,更有助于企业在高度的互动中完成知识的存储以及合作创新。方远平等(2014)通过对广东省的KIBS空间集聚进行实证分析,表明交通通达性的提高能够显著提高知识密集型服务业的空间集聚水平。蒋荷新(2017)通过实证分析验证了交通基础设施对生产性服务业的发展具有积极的正向溢出作用,这种促进效应通过经济因素及人口因素来发挥作用。

假说1:高速铁路开通对知识密集型服务业发展具有显著影响,能增强知识密集型服务业的集聚水平。

四、中介传导机制

在国内城镇化的快速推进过程中,高铁客站作为城市主要的资金流、人流、信息流的集散地及换乘中心,在城市经济发展具有的乘数效应以及集聚效应的影响下,对城市发展的促进作用与日俱增。高铁城市可达性的提高极大地增强了地区人力、资本、信息等资源的开放性、流动性和创造性,为扩大 KIBS 消费市场、吸引劳动力和资本及激发行业创新提供了条件。结合对知识密集型服务业集聚因素的探究,本章认为高速铁路对 KIBS 集聚的中介传导效应主要存在两点,见图 6—1。

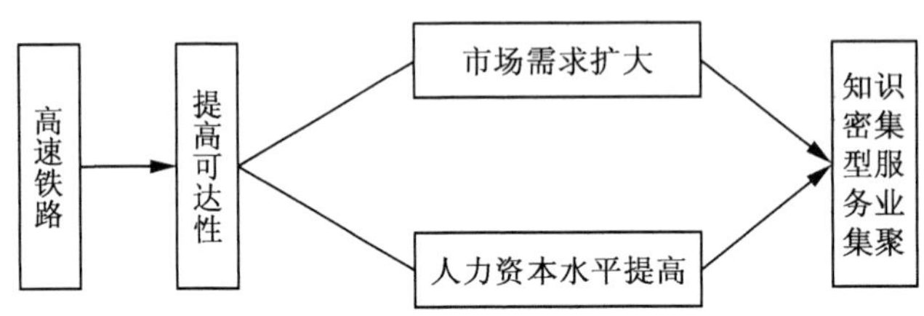

图 6—1　高速铁路对知识密集型服务业集聚的影响机制

(一)市场需求效应

交通基础设施具有的经济分布效应,可以细分为经济集聚效应和经济扩散效应。一方面,高铁开通促进当地资源集聚。一般来说,市场规模的大小取决于当地的人口规模和产业集中度,同时外部市场也占一定比重,这两方面均受当地交通便捷程度的影响。高铁的走廊效应增强了地区之间的便利性与可达性,极大地降低了客户的搜寻成本、交通成本、沟通成本和交易成本等,有助于拓展知识密集型服务业的潜在市场。Froidh(2005)认为高铁提高了城市可达性,使得瑞典主要旅游城市的市场占有率从 6%上升到 30%,从而得出高铁运输方式对开拓服务业市场有重大影响的结论。桑霞(2011)探求武广高铁开通对湖北省旅游市场的影响,高铁建立起湖北与珠三角、港澳地区的密切联系,这些富裕地区居民收入高、购买力强、消费观念前卫,极大地拓展了湖北省的客源市场,高铁开通第一年旅游全线飘红。Rubalcaba 和 Gallego(2013)以欧洲 51 个城市的主要商业中心为例,验证出市场需求是商业中心选址的主要导向。周麟等(2016)认为 KIBS 产品及服务所具有的专业化、定制化等特征,决定了知识密集型服务业的产业活动离不开与客户的频繁互动。而高铁通过提高该城市的可达性,增加了当地的消费渠道,极大地吸引了来自外部的市场需求。另一方面,交通基础设施的改善使得区域经济在一定程度上呈现由中心向外围扩散的趋势。由于经济发展的不均衡性,各城市在高铁网络中的受益程度也是不均衡的(姜博等,2016)。高速铁路运输的人流、物流、资金流、信息流有可能不能促进当地发展,“虹吸效应”反而使得本地的资源要素聚集到其他发达城市或者新兴城市。Preston 和 Wall(2008)及 Hall(2009)也认为,虽然高速铁路的开通提升了城市的交通可达性,但使得沿途中的中小城市内部资源向外转移或者被忽略,从而形成“过道效应”。因此,高铁通车并非意味着沿线每个城市经济水平和市场规模都获得提升,只是使得沿线城市整体经济集聚效应得到强化,产业集聚水平总体提高。

高铁枢纽加速产业水平和垂直分工合作在更大范围内展开,凸显网络化产业集群新格局。高铁枢纽是提升交通可达性的关键节点,是交通圈、经济圈形成的催化器,更是广义层面要素集聚、产业集群化转移的快速通道。高铁枢纽的建成和开放,引起经济活动分布、企业选址、产业集群化发展的连锁反应。特别是近年来,高铁枢纽迅速吸引较高产业梯度区域的企业,沿着通道来扩展自己的产业链,使产业的分工合作在更大范围内开展,大大促进了地区间要素的集聚和配置、产业的集聚和转移,且促使产业转移的主流形式由分散式逐渐转变为集群式,加速形成网络化的枢纽产业集群。以嵊新区域的高铁建设为例,2017 年年底杭绍台高铁全线开工建设,高铁站规划出炉,标志着“一纵一横”两大交通干线将交汇于嵊新区域。嵊新区位交通条件将发生历史性转变,对嵊新经济社会发展带来前所未有的机遇和挑战。高铁推动嵊新区域跃居浙中枢纽。杭绍台高铁和金甬铁路建成后,将打通嵊新区域与温州、杭州、台州、宁波及义乌的交通快线,为嵊新融入都市区、接受辐射、共享要素提供绝佳机遇。杭绍台高铁和金甬铁路建成营运将为嵊新区域带来每年约 300 万人次的新增客流,形成旅游度假、商业购物、房地产等消费领域巨大发展空间,促进旅游产业链延伸、城市综合功能提升。

假说 2:高速铁路通过扩大市场需求来对知识密集型服务业的集聚发挥引导作用。

(二)人力资本效应

知识密集型服务业从业人员的专业化水平、技能储备对其产品或服务有决定作用,且劳动要素主要为具有大学学历的高技能人才。Illeris(1989)曾明确指出知识型服务业在一定区域空间进行集聚就是为了享受高素质人力资源形成的“蓄水池”。林晓言(2017)通过 Moran 指数证实,高速铁路提高了科研人员的集聚效应,并使各地区的联系强度不均等化。企业通过外部规模经济,可以共享外溢的技术、专业的分销网络和供应商,以及具备高级技能的劳动力市场。Pol(2003)认为高铁强化了城市服务以及信息经济的竞争优势,扩大了人员流动区域,并增加了高铁城市的福利潜力,从而增加了外来人才的流入。人口集聚是高铁城市一切活动开始的前提,Amano 等(1990)按照是否具有新干线站点将城市划为两类,通过对比研究得出有新干线站点的城市尤其是中心枢纽城市,其年均人口出生率明显高于未开通高铁的城市的结论。蒋茂荣等(2017)利用我国 2012 年投入产出表及投入产出计量经济模型,实证研究得出高铁建设具有明显的就业促进作用,每亿元高铁投资就可创造 1 084 个就业岗位。庄汝龙等(2017)研究 2003—2014 年间浙江省 66 个城市的产业集聚水平变化,证明在高速铁路的作用下人力资本对经济集聚发展的影响度提高了 0.02%。林晓言等(2015)对武广高铁沿线城市进行分析,指出高铁通过时空压缩效应极大地提高了目标城市对外来人口的吸引力度。Brotchie(1991)在对高铁就业效应所具有的行业差异性进行研究后发现,高铁经济对当地服务业的就业状况影响最大,包括知识型产业。Nakamura(1989)对高铁开通前后的就业人数进行对比分析,发现高铁开通后第三产业尤其是旅游业和金融服务业的就业人数增长最为明显。新经济地理学理论认为,如果高铁开通提高了区域经济的集聚水平,则工业和服务业方面应该会有明显显现。因为高铁主要作为客运途径,同时知识密集型服务业对客运交通的便利度具有高度敏感,所以知识密集型服务业很能反映高铁的“经济效应”(张克中和陶东杰,2016)。较高的教育程度能够保障人力资本水平,有利于提高劳动力素质,从而促进技术创新、提高经济效率。

创新在空间上并非均匀分布,与城市经济集聚有着强相关,甚至与经济集聚相比,创新在空间上显得更加集聚。例如,日本创新专利申请量基本集中在东京、京阪神、近畿三大都市圈,创新在空间集聚的结果反映了创新集聚力的强度,美国、欧洲的创新活动也显示了同样的倾向。与美欧、日本一样,中国的创新在空间上主要集中在大都市圈。知识溢出范围多集聚在各个创新源的邻近空间,而知识扩散的范围受“距离摩擦阻尼效应”,随着距离的增大而逐渐衰减。也就是说,区域间空间距离越近,创新的直接交流频率就越高。因此,对外交通枢纽的可达性、城市中心交通的可达性、公共交通站点的可达性等被认为是影响创新空间格局的重要因素网。黄苏萍和李燕(2018)选取长三角城市群内开通高铁的 20 个城市为研究样本,使用可达性度量潜力模型法分析高铁对沿线城市科技创新潜力演变的影响,发现在空间相互作用下,高铁开通前长三角城市群内城市间科技创新潜力值差异不大,随着高铁开通其差异凸显,但不同城市其影响程度有所不同,苏州、无锡的科技创新潜力值一跃而起超过上海,杭州、南京、常州等也紧跟上海。大中城市创新潜力排序会因高铁的空间相互作用而出现上升或下降。对照群中各城市科技潜力值在高铁开通后也有显著的提升,只是与实验群相比增速较慢。基于长三角 2005—2015 年的面板数据采用系统 CMM 的双重差分法检验高铁对沿线城市群的科技创新效应,结果表明,高铁对沿线城市科技创新有促进作用,但促进作用需要与科技财政投入、人力资本、地方化经济、交通便利度共同发挥效应。

假说 3:人力资本在高速铁路和知识密集型服务业集聚之间起中介作用。

第三节　我国知识密集型服务业发展状况分析

一、知识密集型服务业发展历程分析

20 世纪 70 年代后新型信息技术革命在发达国家中兴起,从浅层次

来看,信息技术的发展使得产业的技术基础及生产的技术结构发生变动,为新兴服务业的发展准备了条件,同时推动了产业内部管理方式以及生产方式信息化,优化了部门之间的分工合作,更促进产业结构向着知识型和服务化转变。从深层次来看,技术进步促进知识经济不断发展,促进产业结构进一步演化,具体表现为服务业产值占 GDP 比重上升,同时服务业内部各行业结构分化,即由以劳动、资源密集型产业为代表的传统型服务贸易向主要依靠创新的知识密集型服务业演变。其中,餐饮、零售、物流运输等传统服务行业占服务业发展总产值的比重下降;金融业、租赁和商务服务业、咨询行业等知识密集型服务业产值所占比重持续增加。一般而言,工业化水平、城市化水平及人均收入水平是决定某一地区第三产业发展状况的重要因素,知识密集型服务业以第三产业作为产业发展基础,是从服务业中被细化形成的一门新兴产业。知识密集型服务业以信息技术和知识技能作为发展要素,顺应当今知识经济全球化发展的背景和趋势,在促进区域经济增长中的重要程度愈加显现,与产业发展服务化、信息化、知识化的趋势相契合,同时体现出第三产业服务业内部结构向知识型、创新型和高级化特征演变(赵明菲,2015)。

在全球范围内追溯知识密集型服务业的发展历程,按照其发展的不同特征和态势,可以分为三个主要阶段。

第一阶段:工业革命到第二次世界大战期间,知识密集型服务业获得初步发展。18 世纪末的第一次工业革命,以大机器生产为代表的大工业获得有利发展,极大地提升了社会生产力,为社会分工的深化提供了条件。同时,开始出现比较完整的企业组织形态、多样化的产业发展,以及社会的需求推动了知识密集型服务业的发展。第二次工业革命中,电话、电报的发明促使邮电通信产业的萌芽和发展,商业类型更丰富,商业获得进一步发展,各种金融信托类公司及管理咨询类公司逐步开始发展。

第二阶段:第二次世界大战后到 20 世纪 80 年代,知识密集型服务业在全社会确立自己的经济增长地位。20 世纪 70 年代,世界范围内掀起新一轮的新技术革命,信息技术获得长足发展,促使经济发展模式开始转变。社会经济发展中所需要的全部资源已经脱离了传统经济增长三要素的限制,依赖于劳动者本身的知识技能日益成为经济发展所必备的要素之一,为会计、传媒出版、咨询、律师等新兴行业的发展提供了条件。丹尼尔·贝尔首次提出的"知识型服务业"使得知识型服务业在日后受到更广泛的关注,这在全社会正式确立了知识型服务业在第三产业中的分化形成,为知识密集型服务业的发展开辟了道路。

第三阶段:20世纪90年代至今,知识密集型服务业获得新的发展机遇。全球经济一体化深入发展,交通基础社会建设和通信网络建设愈加完善,推动全球范围内进行分工协作,同时,制造业、服务业等行业发展对服务化、信息化、知识化提出要求,使得知识、技能等要素能够广泛流动,促使知识经济从一个虚无缥缈的概念转变成了社会经济发展中重要的角色。知识型服务业开始转变成为新经济中的前沿产业,在经济全球化的浪潮中抓住机遇,获得新发展(陈兴淋等,2005)。

相比之下,知识密集型服务业在我国发展起步较晚,目前仍处于初步发展进程中,但知识密集型服务业发展速度较快。20世纪80年代开始,国际范围内的知识密集型服务业相关部门借助外商直接投资的形式进入我国,当时知识密集型服务企业主要分布在我国经济发展的中心城市,以北京、上海、深圳等地居多,此后,安盛、麦肯锡、波士顿等一些跨国咨询公司也相继进入我国,吸引国内对知识密集型产品和服务的市场需求。同时,我国知识密集型服务业在由外引入获得发展的同时,也为国内劳动者提供了众多就业岗位,知识密集型服务业人员数量逐年上升。国内知识密集型服务业增速较快,明显带动了国内整体服务业的发展。

二、发展特点分析

(一)产业增加值比较

比较知识密集型服务业的产业增加值占当年国内生产总值的比重与制造业产值占比可知,2009—2011年制造业产值占国内生产总值比重略有上升,2011年后制造业产值占比不断下降;知识密集型服务业的产值占比虽小于制造业，但一直保持稳定增长，在国民生产总值中所占比重不断增加，其国民经济的“推动器”地位凸显，见图 6—2。

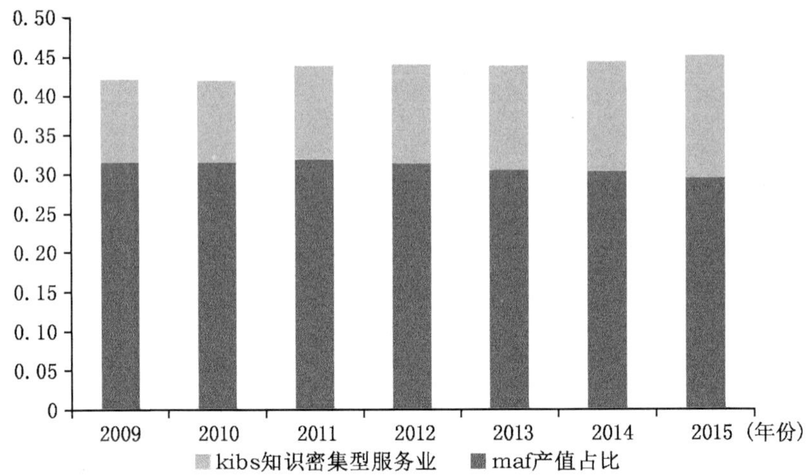

数据来源：根据《中国统计年鉴》历年统计数据整理。

图 6—2　我国 2009—2015 年制造业产值占比和 KIBS 产值占比

王静(2011)利用 RNA 指数对我国知识密集型服务业内部各行业的竞争力进行分析，认为科学研究服务、技术服务的竞争力远远小于计算机和信息服务、金融服务等行业，行业发展具有不平衡性。将知识密集型服务业细分成金融业，信息传输、计算机服务和软件业，租赁和商务服务业，科学研究、技术服务和地质勘查业四类子行业，并将其产业产值做比较，见图 6—3。2009—2015 年，金融业的产值总额在四类子行业中数值最大，远远超过其他三个子行业的行业产值，且保持较高的增长幅度；其次是信息传输、计算机服务和软件业；科学研究、技术服务和地质勘查业产值最小。这与当前国内知识密集型内部各行业的发展历史和发展规模有关。金融业在我国起步较早，作为外来资本输出的形式获得率先发展，且仍处于发展的上升期，比其他三类子行业服务对象更广泛，更大众化、社会化，更容易得到社会其他行业和消费群体的接受和认可。而信息传输、计算机服务和软件业，租赁和商务服务业，科学研究、技术服务和地质勘查业提供的服务具有一定针对性,对知识技能的要求更高,市场较小,因此,金融业的产值远远高于其他行业。整体来看,四类子行业的产值均保持稳定增长趋势。

(二)行业集聚度比较

在信息技术和通信技术迅速发展的背景下,我国产业结构不断优化,整体实现由第二、第三、第一产业向第三、第二、第一产业转变,第三产业增加值占国内生产总值的比重不断提升。在新常态经济下,中国经济由工业主导型向第三产业主导型加快转变,向着“服务化”态势转变。本章将制造业和知识密集型服务业的集聚程度进行对比,来分析两大产业的发展现状、就业状况和未来趋势。我国高速铁路以客运为主,对人力资本的形成有较大影响,结合邓涛涛(2017)、何永达(2015)等相关学者的研究方法,采用就业密度反映知识密集型服务业的集聚程度。KER_{it} 表示 i 城市 t 时期的知识密集型服务业就业密度(单位:百人/平方公里),该值越大,表示目标城市的知识密集型服务业空间集聚度较高,有较强的专业化水平和市场竞争力。

图 6—3 是我国制造业平均集聚水平和知识密集型服务业平均集聚水平。总体来看,2009—2015 年制造业集聚水平明显高于知识密集型服务业集聚水平。2009—2012 年制造业集聚水平和知识密集型服务业集聚水平保持缓慢上升,且制造业的上升势头强劲;2012 年二者集聚水平均大幅提高,显示知识密集型服务业和制造业发展具有一定的关联性;2013 年两种产业的集聚水平在经过一年的增长达到最高值后又有所下降,其中制造业一直保持下降趋势,而知识密集型服务业的集聚水平在 2014 年开始转折提升,这表明知识、技能、创新等要素的持续稳定发展为知识密集型服务业的稳定发展提供了强有力的支撑,知识密集型服务业的集聚水平有望保持常年稳定提高趋势。

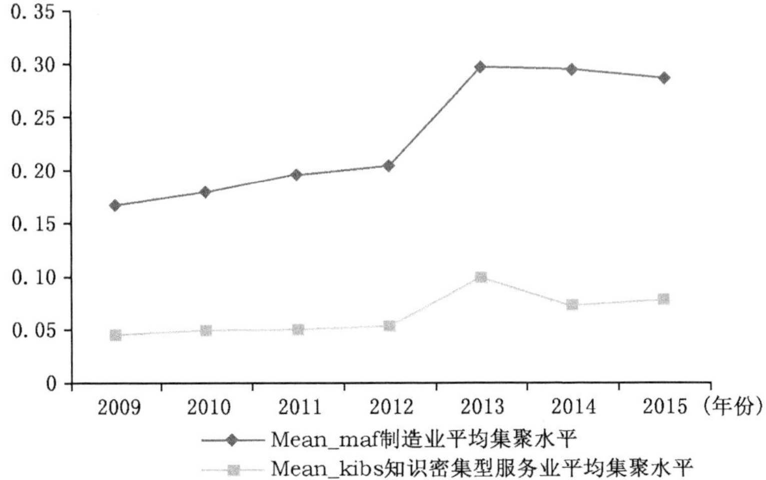

数据来源:根据《中国统计年鉴》历年统计数据整理。

图 6—3 2009—2015 年我国制造业平均集聚水平和 KIBS 平均集聚水平

第四节 高铁影响知识密集型服务业集聚的中介效应检验

一、检验方法与模型设定

为深入分析高速铁路对知识密集型服务业集聚的影响过程和作用机制,在参考温忠麟和叶宝娟(2014)中介模型的基础上,建立包括人力资本、市场需求中介因子在内的中介效应模型,并用逐步法依次检验回归系数,模型如下:

$$\ln KER_{it}=\alpha_{it}+\beta_1 Z+\gamma X_{it}+\varepsilon_{it} \tag{6.1}$$

$$\ln M_{it}=\alpha_{it}+\delta Z+\eta X'_{it}+\varepsilon_{it} \tag{6.2}$$

$$\ln KER_{it}=\alpha_{it}+\beta_2 Z+\theta\ln M_{it}+\lambda X_{it}+\varepsilon_{it} \tag{6.3}$$

其中,$\ln KER_{it}$ 代表知识密集型服务业的集聚程度的对数,$\ln M$ 代表中介变量的对数,包括市场需求、人力资本两个因素, X 代表控制变量。

模型(6.1)是基本面板回归模型,表示高速铁路对知识密集型服务业集聚的直接影响,系数 β_1 衡量高铁对 KIBS 的总经济效应。模型(6.2)表示高铁开通对市场需求、人力资本水平中介变量的影响,系数 δ 衡量高铁对各中介变量 M 的作用。模型(6.3)表示高速铁路和各中介变量对知识密集型服务业集聚的共同影响,系数 θ 是在控制了自变量 X 的影响后,中介变量对知识密集型服务业的效应;系数 β_2 是在控制了中介变量 M 的影响后,高速铁路对知识密集型服务业的直接效应。

若所提出的影响机制的确存在显著的影响,那么可以预期在回归方程中加入中介变量 M 后,β_1 与 β_2 的显著性或影响程度将会出现明显变化,若二者间并未出现显著差异,则说明该作用机制的解释力不强。进行中介检验,并对模型(6.2)进行估计时,考察自变量高铁开通与各中介因素之间的关系,系数 δ 的正负性表明自变量促进或抑制中介因素水平。最后对模型(6.3)进行估计时,在 δ 均为正值的前提下,若 β_1 大于 β_2 说明中介效应存在且发挥正向作用;若 δ 为负、β_1 和 β_2 的估计值均为正,且满足 β_1 小于 β_2,说明负向中介效应存在,见图 6－4。

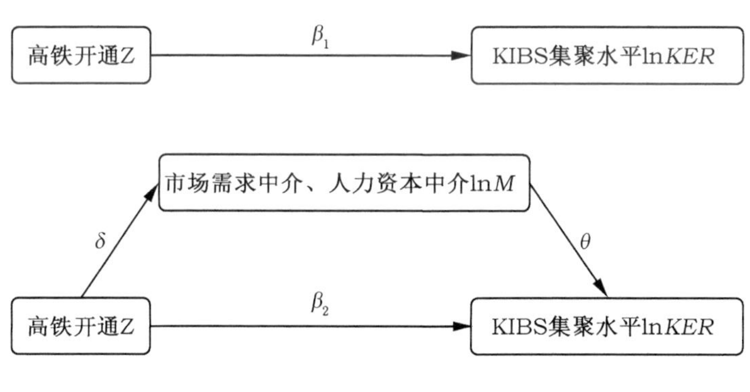

图 6－4　中介效应模型示意图

二、参数估计方法

处理面板数据时,应先确定面板数据的计量估计方法是混合面板、固定效应还是随机效应,三种模型使用方法有不同的适用条件。通过相关检验选择最有效的估计方法：

由于混合面板估计认为样本中每个个体具有相同的回归方程，不存在个体效应，而固定效应和随机效应则是在个体效应存在的前提下使用，因此我们可以通过观测固定效应模型估计结果中的 F 检验值确定是否存在个体效应，若 F 检验拒绝原假设，则表明存在个体效应，不宜使用混合面板估计。

对于固定效应和随机效应的选择，随机效应假设个体变化的扰动项与所有解释变量均不相关，而固定效应则假定二者间存在相关性，运用 Hausman 检验进行检验，若 P 值结果表明拒绝原假设，则固定效应更合适。

首先，运用固定效应模型对基准回归模型进行检验，结果表明固定效应模型 F 检验的 P 值为 0.0000，那么拒绝原假设 H_0，说明与混合面板回归模型相比，固定效应模型更优。其次，运用 Hausman 检验对固定效应模型以及随机效应模型进行估计，得到固定效应模型的 P 值也为 0.0000，因此固定效应优于随机效应。由于研究基于 2009—2015 年我国 286 个地级及以上城市的各项数据，横截面维度相较于时间序列较大，是比较明显的大 N 小 T 的短面板数据结构，不同城市受地理、历史等因素的影响存在不随时间变化的个体特征，这些特征会影响城市的经济发展、产业分布等。所以，与时刻固定效应模型相比，本研究更适合个体固定效应模型。引入个体固定效应模型进行检验后，F 统计量显著。同样，对中介效应模型、自变量和中介变量的共同效应模型先后进行固定效应模型、Hausman 检验及个体固定效应模型检验，得到的 F 检验的 P 值均为 0.0000。因此，研究均采用个体固定效应模型进行论证分析。

三、指标选取与数据来源

（一）指标选取

中介效应分析所研究的变量包括被解释变量、解释变量、中介变量及控制变量四类。

1. 被解释变量的选取

按照我国《国民经济行业分类》对知识密集型服务业的划分,结合OECD对其的定义,本研究针对的KIBS主要包含金融业,信息传输、计算机服务和软件业,租赁和商务服务业,科学研究、技术服务和地质勘查业四大类。研究继续使用就业密度来反映知识密集型服务业的集聚程度,采用密度的概念进行测量。$\ln KER_{it}$ 表示 i 城市 t 时期的知识密集型服务业就业密度的对数形式(单位:人/平方千米)。知识密集型服务业的相关数据主要来源于《中国城市统计年鉴》《中国区域经济统计年鉴》,测度的指标包括各年鉴中发布的地级行政单位的KIBS从业人员数及区域面积。

2. 解释变量的选取

解释变量Z采用"0－1"变量表示,每个城市高铁开通时间节点不同,将目标城市2009—2015年是否开通高铁作为划分标准,高铁未开通用"0"表示,已开通则用"1"表示。国际铁路联盟(UIC)规定,高速铁路是指速度达到250km/h的客运专线或速度达到200km/h的既有线。我国定义的高速铁路包括运营时速不超过250km/h的动车组("D"开头)及新建时速达到300～350km/h的高速动车组("C"开头和"G"开头)。参考国际国内对高铁的定义,实证分析中的高速铁路及站点城市为2015年底高铁列车("G"开头)、动车组列车("D"开头)、城际列车("C"开头),数据来源于2009—2015年的列车时刻表。

3. 中介变量的选取

市场需求效应 $M_1=\ln P$,相关学者黄玖立和黄俊立(2008)运用地区生产总值表示市场规模,陈俊华等(2015)采用人均地区生产总值表示老龄化产业的市场规模,人均地区生产总值能在一定程度上反映当地收入状况,而知识密集型服务业的产品和服务具有高附加值、高创新性的特征,一般来说客户的收入水平较高才会具有消费高端产品的需求。因此,研究拟采用人均地区生产总值的对数形式来表明地区知识密集型服务业的市场规模大小,数据来源于《中国城市统计年鉴》。

人力资本效应 $M_2=\ln T$,知识型服务实质上是智力型服务,高水平的技能、知识储备才有机会能够创造行业发展所需的新知识,促进行业专业化水平的提高。参考盛龙和陆根尧(2013)的方法,以地区普通高等学校专任教师数的对数值表示当地人力资本水平的大小。数据来源于《中国城市统计年鉴》。

4. 控制变量的选取

结合知识密集型服务业集聚的影响因素及交通基础设施对产业发展的影响,因此还会有其他变量对知识密集型服务业集聚、高铁开通、人力资本、市场需求之间的关系带来影响,参考相关研究,现将金融发展程度、固定资产投资、外商直接投资、信息技术水平和政策支持等重要因素作为控制变量,分别取其对数形式代入计算,力求内容更加完善。

金融发展水平($\ln L$),用地区年末金融机构各项贷款余额表示当地的金融发展程度,取其对数形式来反映当地投资能力和资本积累水平。数据来源于《中国城市统计年鉴》,单位为亿元。

固定资产投资($\ln I$),城市加大固定资产投资将对整体经济增长和产业发展带来积极促进作用,但过度依赖固定资产投资刺激经济,长期来看将造成资源浪费、产能过剩等问题。使用固定资产投资额的对数形式,数据来源于《中国城市统计年鉴》,单位为亿元。

外商直接投资($\ln F$),城市的对外开放、外资的引入可能促进当地产业结构的升级,从而促进知识密集型服务业的发展。外商投资额初始数据来源于《中国城市统计年鉴》,单位为亿美元,取其对数形式。

信息技术水平($\ln O$),以每万人使用移动电话数的对数形式计算。石林(2015)研究认为从信息技术水平看,信息技术水平与知识密集型服务产业在空间上存在关联性。信息技术是流动的,信息技术的不断开发创新是知识密集型服务产业发展的一个重要创新源,两者经济活动交往程度高。统计数据来源于《中国城市统计年鉴》。

政策支持(S),同时采用财政支出中科学、教育事业费的支出比例衡量地区政府对 KIBS 的重视程度,一般来讲,政府对科学教育事业费支出比例越大则该地区劳动力受教育水平越高、经济结构也越优化,对当地KIBS的劳动力池和市场需求均有扩大作用。该数据直接来源于《中国城市统计年鉴》。

表6—2为模型变量说明。

表6—2　　模型变量说明

变量类型	变量名称	符号	变量解释
被解释变量	KIBS集聚度	ln*KER*	就业人数/平方千米的对数
核心解释变量	高铁开通	*Z*	0—1变量
中介变量	市场需求	ln*P*	人均地区生产总值的对数
	人力资本	ln*T*	普通高等学校教师数的对数
控制变量	金融发展水平	ln*L*	年末金融机构贷款余额的对数
	固定资产投资	ln*I*	固定资产投资额的对数
	外商直接投资	ln*F*	当年实际使用外资金额的对数
	信息技术水平	ln*O*	每万人使用移动电话数的对数
	政策支持	*S*	科教支出占GDP的比重

(二)数据来源与描述性统计

研究在宏观层面上选取全国286个地级及以上城市作为研究样本,各统计数据均来源于2010—2016年的《中国城市统计年鉴》《中国区域经济统计年鉴》,以及各城市国民经济和社会发展统计公报。考虑到我国高铁大提速与扩建集中于2008年,且高铁经济具有一定的滞后效应,研究期间为2009—2015年。

每个统计指标均有2002个统计数值,在数据整理过程中,针对不符合发展趋势和发展状况的数据所存在的明显错误和瑕疵进行了修正,对年份间数据进行异常值剔除和缺失数插入法补全,得到一系列样本观测值。

1. 自变量、因变量和中介变量的描述性统计

表6—3为样本中主要变量的描述性统计。KIBS集聚度采用比值的形式,可以看出KIBS集聚度的取值范围是0.0011～5.7233,总体均值是

0.7950,远远小于最大值,说明不同地级及以上城市的 KIBS 集聚度差异较大,部分城市的 KIBS 尚未得到发展,知识密集型服务业集聚度的城市间差异有助于我们正确估计影响该产业分布的因素。高铁开通运用虚拟变量表示,均值为 0.4106,说明 7 年间开通高铁的城市数量有限。将人均地区生产总值对数化处理,均值在最大值和最小值之间,将普通高等学校教师数对数化处理,得到样本数值的波动范围是 2.9444~11.1206,取值在样本间差异较大,波动幅度大于人均地区生产总值对数值的变动程度。

表 6—3　　主要变量的描述性统计

变量名称	符号	均值	标准差	最小值	最大值
KIBS 集聚度	$\ln KER$	0.7950	1.2340	0.0011	5.7233
高铁开通	Z	0.4106	0.4921	0	1
市场需求	$\ln P$	10.4371	0.6209	8.4098	13.0557
人力资本	$\ln T$	7.5366	1.3482	2.9444	11.1206

2. 控制变量的描述性统计

表 6—4 是控制变量对数形式的描述性统计。年末金融机构各项贷款余额表示的金融发展水平的均值是 6.7911,标准差是 1.1630,在 4.1081~10.8781 波动,说明地级及以上城市的金融发展水平之间存在较大差异。固定资产投资总额的样本值情况与金融发展水平相似,波动范围较大。外商直接投资的最小值为 0.003,最大值是 5.3471,体现出部分地级及以上城市的开放度小,吸引外资有限。信息技术水平在 2.8046~8.3129 波动,均值为 5.6178。虽在波动范围内,但是最大值和最小值之间相差较大,显示不同城市间的信息基础设施发展水平不一。用比重表示的政策支持变量的样本值中,最小值是 0,最大值为 0.1972,这一方面印证有些城市的 KIBS 尚未得到发展,另一方面说明目前政府对该产业发展的支持力度有限,发展不平衡。

表 6—4　　控制变量的描述性统计

变量名称	符号	均值	标准差	最小值	最大值
金融发展水平	ln$L$	6.7911	1.1630	4.1081	10.8781
固定资产投资	ln$I$	6.7390	0.8793	3.5839	9.6158
外商直接投资	ln$F$	0.6527	1.8920	0.003	5.3471
信息技术水平	ln$O$	5.6178	0.8084	2.8046	8.3129
政策支持	S	0.0317	0.0193	0	0.1972

为了初步、直观的描绘市场需求、人力资本两个中介因素与被解释变量之间的关系,分别绘制了市场需求水平与 KIBS 空间集聚度、人力资本水平与 KIBS 空间集聚度的散点图,见图 6—5 和图 6—6。

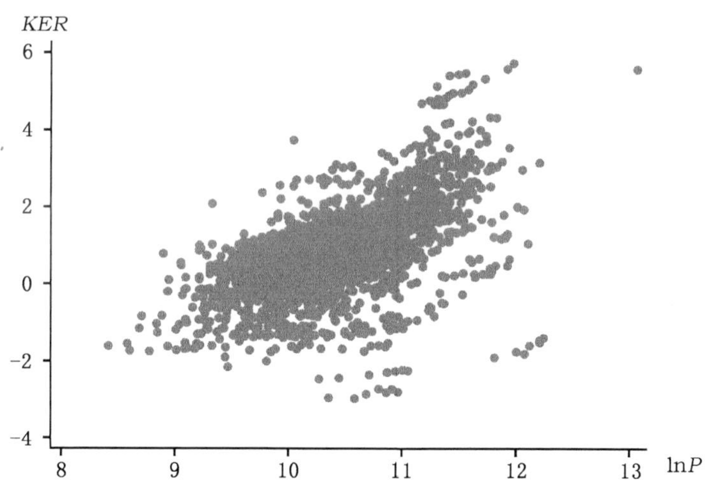

图 6—5　2009—2015 年间市场需求水平与 KIBS 集聚水平

从图 6—7 可以看出,我国地级市层面的市场需求大小与 KIBS 集聚水平之间存在大致的正相关关系,这种正向相关关系在一定程度上验证了将市场需求作为高铁开通与 KIBS 集聚度的中介传导因素的研究意

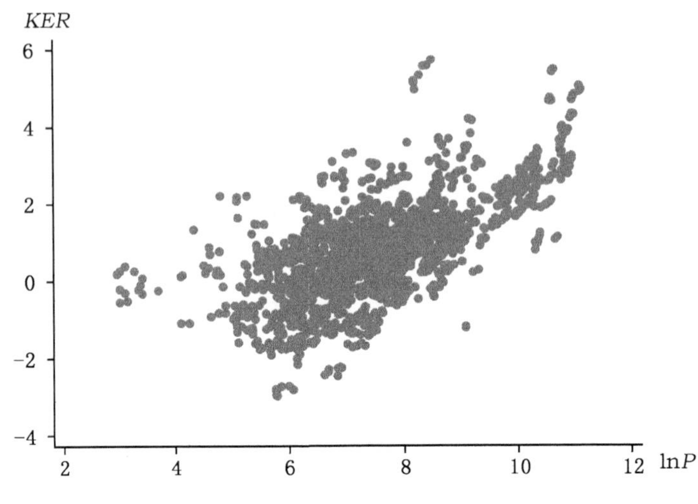

图 6－6　2009—2015 年间人力资本水平与 KIBS 集聚水平

义。图 6－8 则表明人力资本水平的高低与 KIBS 集聚水平之间的正向相关关系。研究将从实证方面证实高铁开通对 KIBS 集聚确实有积极影响,且这种影响通过这两个中介因素发挥作用。

第五节　高铁影响知识密集型服务业集聚的实证分析

本节在前期收集整理得到的数据基础上进行实证分析,采用的计量软件是 Stata13,运用温忠麟等(2004)提出的逐步回归法进行检验,得到模型的参数估计结果。

一、基准回归模型结果分析

首先考察高铁开通对 KIBS 集聚度的直接影响,表 6－5 为具体的回归结果。可以看出,高铁的开通对 KIBS 空间集聚具有一定的正向促进作用,且回归结果显著,这与理论假说和数据观察一致,因此命题 1 成立。

表 6—5　　　　高速铁路对 KIBS 集聚的影响

变　量	(1)	(2)	(3)
	基准回归模型		
	ln*KER*	ln*KER*	ln*KER*
Z	0.2740*** (0.03)	0.0748*** (0.03)	0.0666* (0.02)
ln*L*		0.2364*** (0.03)	0.1740*** (0.03)
ln*I*		0.1069*** (0.03)	0.0742 (0.03)
ln*F*		0.0006 (0.01)	0.0009 (0.01)
ln*O*		0.0231 (0.04)	−0.0136 (0.04)
S		0.0080 (0.01)	0.0120 (0.01)
ln*T*			0.0731*** (0.02)
ln*P*			0.1420*** (0.04)
常数项	0.6827*** (0.01)	−1.7354*** (0.16)	−2.9371*** (0.30)
观测值	2002	2002	2002
R^2	0.2549	0.5676	0.6042
P 值	0.0000	0.0000	0.0000

注:* 显著性水平在 10%以下,** 显著性水平在 5%以下,*** 显著性水平在 1%以下,括号内为标准误。

资料来源:利用 Stata 计算得到。

模型(1)和模型(2)中的高铁开通的估计系数均为正，且都在1%水平下显著。模型(2)为基准回归模型，表明在控制其他变量后，高铁开通后城市的KIBS集聚度会提高7%。模型(3)显示在将市场需求效应和人力资本效应两个中介因素加入方程后，高铁开通对KIBS集聚的影响变为在10%水平下显著，且系数值降低，其他控制变量和中介变量的显著性有所提高，表明存在其他变量在高铁开通和KIBS集聚的关系中发挥中介作用，承担了解释变量对被解释变量的部分直接效应。

在基准回归模型(2)中，除了主要解释变量KIBS集聚水平外，其余控制变量的回归结果也为我们带来了有益的信息。其中，以年末金融机构各项贷款余额表示的地区金融发展程度系数值较大，且统计结果显著，说明当地金融发展程度对KIBS行业发展影响重大，完善的金融体系和发达的金融市场有利于资本流动、激活产业发展，吸引知识密集型服务业等高级服务行业进行集聚。同样的，固定资产投资的系数值较大，在1%的水平上显著，说明固定资产投资数额的增加会促进当地KIBS空间集聚。

以地区科教投入占地区生产总值比重表示的科教投入及信息技术水平两个变量对被解释变量的影响不显著，究其原因，可能是当前我国知识密集型服务业大多分布在经济发达城市，该类城市中知识密集型服务业起步较早，已过初期阶段，因此对政策支持和信息化水平的敏感度降低。张清正和李国平(2015)对服务业集聚的影响因素进行分析，实证结果显示政策支持对服务业集聚影响的显著性程度逐渐降低。服务业发展初期，政府行为在知识型、科技型服务业发展集聚中显得尤为重要，知识密集型服务业对政府政策和制度环境的依赖性较强。而当产业集聚发展到一定程度后，政府需要遵循服务业的市场规律来引导知识型、科技型服务业获取健康有序发展，此时政府只是充当服务角色，并不会过多和直接在市场中干预服务业的发展。王国顺等(2016)分城市类别对288个地级市的知识密集型服务业集聚水平及影响因素进行计量，同样分析认为在产业起步阶段，知识密集型服务业的集聚主要靠政策支持吸引资本投入。

而在直辖市、省会城市、副省会城市等发达地区知识密集型服务业处于快速增长阶段,政策支持对产业集聚的影响减小。在发展初期,信息化水平是知识密集型服务业集聚的重要因素,较高的信息化水平会吸引知识密集型服务业在当地落户发展。随着当地知识密集型服务业集聚规模不断壮大,对信息化水平提出更高要求,同时更加看重基础设施以外的人才、市场等要素,这些因素削弱了信息化基础设施建设对知识密集型服务业集聚的影响。

二、以市场需求为中介变量的回归分析

表6—6为以人均地区生产总值对数形式表示的市场需求影响KIBS空间集聚的中介效应回归结果。

表6—6　　　　市场需求中介效应回归结果

变　量	(4) 中介效应模型 ln*P*	(5) 总效应模型 ln*KER*
Z	0.1860*** (0.02)	0.0720* (0.03)
ln*L*	0.3467*** (0.02)	0.1840*** (0.03)
ln*I*	0.2335*** (0.02)	0.0715** (0.03)
ln*F*	0.0113 (0.01)	−0.0011 (0.01)
ln*O*	0.1681*** (0.02)	−0.0023 (0.04)
S	−0.0390*** (0.00)	0.0139 (0.01)
ln*P*		0.1512*** (0.04)

续表

变 量	(4) 中介效应模型 ln$P$	(5) 总效应模型 lnKER
常数项	5.7677*** (0.10)	−2.6073*** (0.28)
观测值	2002	2002
R^2	0.7362	0.6051
P 值	0.0000	0.0000

注:* 显著性水平在10%以下,** 显著性水平在5%以下,*** 显著性水平在1%以下,括号内为标准误。

资料来源:利用Stata计算得到。

模型(4)中高铁开通虚拟变量的回归系数显著为正,表明开通高铁确实会扩大目标城市的市场需求,且城市开通高铁后当地市场需求水平提高18.6%。模型(5)同时加入了高铁开通虚拟变量和人均地区生产总值对数形式的中介变量后,得到回归系数β_2(0.072),与基准回归模型(2)中的β_1(0.0748)相比较,系数值略有下降,同时核心解释变量显著水平降低,而以人均地区生产总值对数形式表示的中介变量在1%的水平下显著,市场需求水平每提高一单位,KIBS集聚度上升15.12%。这印证了市场需求的扩大确实是高铁开通促进KIBS空间集聚的一个重要渠道,与理论分析相一致,命题2成立。因此,市场需求在高铁开通对KIBS空间集聚的影响中发挥正向作用,且是完全中介效应。结合公式计算中介效应以及中介效应占总效应的比例,得到市场需求对高铁开通和知识密集型服务业集聚的中介效应是0.0281(0.186×0.1512),中介效应占总效应的比重为28.07%[0.0281/(0.0720+0.0281)]。

模型(4)中的其他变量显示,要促进当地市场需求的扩大,可以从增加固定资产投资、提高信息化水平等方面入手。考察模型(5)中的其他变量,金融发展程度和固定资产投资都能在较高水平上显著促进当地知识密集型服务业的集聚化发展。

三、以人力资本为中介变量的回归分析

表 6—7 为人力资本中介效应回归结果。

表 6—7　　人力资本中介效应回归结果

变　量	(6) 中介效应模型 ln*T*	(7) 总效应模型 ln*KER*
Z	0.0763*** (0.02)	0.0687* (0.03)
ln*L*	0.1800*** (0.03)	0.2220*** (0.03)
ln*I*	−0.0066*** (0.03)	0.1073*** (0.03)
ln*F*	−0.0254** (0.01)	0.0026 (0.01)
ln*O*	0.1759*** (0.04)	0.0090 (0.04)
S	0.0205* (0.01)	0.0063 (0.01)
ln*T*		0.8010*** (0.02)
常数项	5.2417*** (0.15)	−2.1554*** (0.20)
观测值	2002	2002
R^2	0.6775	0.5677
P 值	0.0000	0.0000

注:* 显著性水平在 10%以下,** 显著性水平在 5%以下,*** 显著性水平在 1%以下,括号内为标准误。

资料来源:利用 Stata 计算得到。

模型(6)中高铁开通的统计值在 1%水平下显著为正值,说明高铁开通极大地增加了该地区高素质劳动力数量,有利于高技能和专业化人才

的汇集，结果显示高铁开通后目标城市的人力资本水平会上升 7.6%。在模型(7)中同时加入高铁开通虚拟变量和普通高等学校教师数对数形式的中介变量，在控制了中介变量和其他控制变量的影响后，得到高铁开通对 KIBS 集聚的直接效应，即回归系数 β_2(0.0687)，β_2 数值小于基准回归模型(2)中的 β_1(0.0748)，此时核心解释变量在 10%水平下显著，人力资本中介变量在 1%的水平下显著，且人力资本水平每提高 1%，KIBS 集聚水平会提高 80.1%。命题 3 成立，说明人力资本在高速铁路和 KIBS 集聚之间起完全中介作用。结合公式计算中介效应以及中介效应占总效应的比例，得到人力资本对高铁开通和知识密集型服务业集聚的中介效应是 0.0611(0.0763×0.801)，中介效应占总效应的比重为 47.07% [0.0611/(0.0611+0.0687)]。同时，市场需求中介变量回归分析中的直接效应系数(0.072)大于人力资本中介变量回归分析中的直接效应系数(0.0687)，相比于基准回归模型(2)中的 β_1(0.0748)，前者的下降幅度明显小于后者，而且在各自的总回归效应模型中，人力资本效应的显著水平更高，中介效应在总效应中占比更大。意味着从样本考察期看，人力资本在高铁开通促进 KIBS 空间集聚的正向中介作用大于市场需求在该传导机制中所发挥的中介作用。

对模型(6)中其他变量的回归结果进行分析，发现固定资产投资对人力资本水平的影响方向为负，这与当前国内固定资产的投资方向有关。赖荟羽(2017)以四川省为例分析 2012—2015 年全省固定资产投资状况，从整体规模上看，四川省服务业投资逐年增加，但从服务业各行业固定投资比例来看，房地产业、交通运输、邮政业、水利、环境和公共设施管理业的固定投资体量大且增长幅度大，但金融业、科学研究等行业的固定资产投资较少，对教育行业的人力投入较小。同时外商直接投资对人力资本水平产生反作用，这也与人力资本水平的计算方法有关。地区吸引到的外商直接投资很少进入教育行业，大多进入金融业、制造业等行业，这会与教育行业形成劳动力的竞争。而金融发展水平、政府政策支持以及信息技术水平均与当地的人力资本水平成正比，其中金融发展水平的系数值最大，统计结果显著，在1%的水平下显著，且金融发展水平每提高一单位，人力资本水平会提高约18%。

第六节　结论及政策建议

一、研究结论

本章在产业经济学、区域经济学及宏观经济学的基础上，以我国286个地级及以上城市2009—2015年的数据为样本，采用计量经济建模分析方法，研究我国高铁对知识密集型服务业集聚水平的影响。首先对知识密集型服务业发展的影响因素进行总结论述，其次分析了自变量与因变量之间可能存在的影响机制，并提出相关理论假说，之后利用中介效应模型对该理论假说进行实证检验，最后在对基准回归模型、中介效应模型等进行计量回归分析以后得出主要结论。

第一，对全样本的个体固定效应模型回归显示，高铁开通显著促进了地区知识密集型服务业集聚化发展，控制其他变量后，高铁开通后城市的KIBS集聚度会提高7%。集聚水平的提高反映行业生产的专业化和竞争力的提高，体现了高铁交通要素对产业发展的影响。

第二，对中介传导机制的分析显示，市场需求效应和人力资本效应作为高铁开通和知识密集型服务业聚集的中介传导因素的假说均成立，二者显著促进了知识密集型服务业的集聚水平。对两个中介因素在传导机制中的重要程度进行分析，人力资本中介变量回归分析中的直接效应系数小于市场需求中介变量回归分析中的直接效应系数，相比于基准回归模型，前者的下降幅度明显大于后者，而且在各自的总回归效应模型中，人力资本效应的显著水平更高，人力资本中介效应占总效应的比重为47.07%。意味着从样本考察期看，人力资本在高铁开通促进KIBS空间集聚的正向中介作用大于市场需求在该传导机制中所发挥的中介作用。

第三，其他控制变量中，金融发展水平对产业集聚的影响显著，发达的金融市场有利于资本流通,同时也直接促进了知识密集型服务业中金融行业的发展。外商直接投资也多投资于具有广阔成长前景的知识密集型服务业,促进了产业规模扩大。固定资产投资直接为知识密集型服务业的发展提供必要的设备、场所、设施等。在产业发展初级阶段,科教支出和信息化水平对知识密集型服务业具有明显的促进作用,但随着产业不断快速发展,科教支出和信息化建设对知识密集型服务业的影响程度降低。

二、政策建议

通过实证分析,我们进一步了解了高铁开通对知识密集型服务业集聚水平的影响,高铁的开通会促进目标产业的发展,市场需求的扩大和高素质的劳动力也为知识密集型服务业的发展创造了条件。结合我国经济发展背景,我国经济发展结构长期以低端生产、加工和制造为主,属于对资源高度依赖的粗放型发展模式,经济发展亟须由“高碳经济”模式转变至“低碳经济”模式。知识密集型服务业是服务业中知识、技术含量最高的行业,具备环境污染小、资源消耗低、带动效应强以及发展态势优的特点。在知识、技术、信息等资源日益成为经济和社会发展重要因素的当今社会,技术、信息对于经济增长的贡献率快速增长,有望成为经济发展中主要的生产要素。而知识密集型服务业作为知识创造和传播扩散的承担者,发挥基础性的知识生产及知识资源重新配置的双重功能,有利于转变我国经济发展模式、实现可持续发展(赵明菲,2015)。但当前我国知识密集型服务业发展不足,政府和社会的重视程度不够,企业的发展模式和管理方法落后,且缺乏高素质劳动力等必要的生产要素,结合理论综述、现状分析以及研究结果分析,本章对如何促进我国知识密集型服务业的发展提出以下具体的政策建议。

(一)制定创新人才发展战略

通过构建理论机制及实证分析的方法总结出人力资本在知识密集型服务业发展中的作用,人力资本水平每提高 1%,KIBS 集聚水平会提高

80.1%。知识密集型服务业的发展,关键在于高素质劳动力队伍的建设,人才对企业乃至整个产业的发展至关重要。其他地级及以上城市要广泛借鉴北京、上海等地企业在人才引进、薪酬体系、培训制度及骨干员工持股制度等方面的经验,引用国内外企业科学的管理方法及先进的信息技术,以减少知识密集型服务业行业内部高端人才的流失。同时,企业可以积极主动地开展与高等学校或研究院所的合作,培养具有专业技术化水平的高级专门人才。另外,地区政府应重视提供优越的人才培养和发展环境,借鉴印度、新加坡等国培养软件、高科技行业的国际服务人才的经验,制定知识密集型服务业专业人才的发展战略,通过计划性的详细培训,培养出一批具有专业知识和技能并且符合国际行业标准的新型技能人才。指导建立知识密集型服务业专门人才培训基地,建设一批本领过硬的知识密集型服务业就业人才队伍,增加对地区的科学、教育投入。地方政府的人才培养体系要注重以企业为核心主体、以市场需求为导向,完善产、学、研、官四位一体的人才创新机制和相关的成果共享机制。

(二)推进高速铁路建设

研究认为高速铁路建设能显著促进知识密集型服务业的产业集聚,有助于形成规模经济。基准回归模型(2)表明在控制其他变量后,高铁开通后城市的 KIBS 集聚度会提高 7%。因此,建议相关部门进行铁路规划时以自上而下为主,站点选址要充分考虑城市本身的发展需求和城市的现状建成区边界,与既定发展方向和功能定位匹配。地区政府要紧跟国家铁路建设步伐,争取被纳入高铁路线开通的规划中,或者可以将城市建设重心向附近已有的铁路站点偏移,借助高铁的便捷化优势,引导知识密集型服务业进行集聚。规模经济的建设也体现为产业园区建设,以往学者在对制造业发展过程的研究中,得出建设产业基地是快速推动产业整体发展有效手段的结论。通过推动知识密集型服务业产业园区化建设,可以带动知识型服务业的集群化发展,转变当前的知识密集型企业经营分散、规模较小、管理水平偏低、企业间沟通交流有限的状况。在促进科技园区优化升级的过程中,要积极促进新型服务业基地建设,例如建设金融服务的外包基地、文化产业创新基地等,使得产业集聚区的示范效应及带动效应得到有效发挥。在具体的发展方向上,一方面,科技园区的产业结构应注重从单一型产业集聚向包括知识密集型服务业在内的复合型经济体系调整;另一方面,要从低端传统的服务外包行业向云计算、物联网等现代服务业发展转变。

(三)政府提供相应的政策支持

文章通过数据分析发现现阶段各地区知识密集型服务业发展所得到的政策支持有限,科教支出占 GDP 比重较小。且研究表明政府支持度的提高会促进当地人力资本水平,科教支出占 GDP 的比重提高一单位,人力资本水平提高 2.05%。与制造业等其他行业对比,服务业在发展过程中对于制度体系的依赖性更强。有学者研究表明,制度变化会显著影响服务业的经济增长状况。而且国际经验也显示,在服务业的初级扩张中,政府相关政策的调整会产生重大影响,可能会直接促进某种创新的产生,因此政府应当在钻研尖端技术、促进自主创新以及培育新兴技术产业方面提供配套的产业政策支持。我们也需要看到,目前传统行业仍吸引到了我国服务业中外商直接投资的大头部分,所以政府要制定有效的外商投资优惠政策,增加知识密集型服务业的资金吸引力度(肖晓军和肖润华,2012)。在园区建设的政策支持方面,要在科技园区内设立专门的知识密集型服务业发展资金,对具有创新性、稳定增长型、特色鲜明的服务业工程和企业进行奖励。其次注重引导知识密集型服务业和先进制造业形成互动发展的良好格局。对在园区内部设立研发部门、金融以及售后服务部门的企业给予一定的物质或政策奖励,来促进其生产环节逐步向高端服务业延伸(黄丽萍,2013)。

(四)推动市场化和产业化改革

一般来说,推动知识密集型服务业的产业化需要有三个必备条件,即产业相对集群、规模效应和完整的产业链。首先,科技服务的发展要以企业为研发主体,以市场为导向,以应用研究与基础科学交错合作的形式发展，以此为知识密集型服务业企业提供正常运营和发展所必需的科技要素。其次，科技服务活动应一并提供信息搜集服务、结果反馈服务、市场分析服务以及创新培训服务，加速形成完整的产业链模式。最后，在此基础上，科技服务业借助网络式的分布发展，促使科技服务组织从原本的分散机构转变成为分工不同、紧密协作的产业，形成规模效益。我国当前知识密集型服务业的产业化改革还受到区域或行业的限制，行业内部要及时整合各类资源，争取做大做强一批顶尖的知识服务业企业。同时，知识密集型服务业要获得长远发展，必须进行市场化改革。本研究表明市场需求水平每提高一单位，KIBS 集聚度上升 15.12%。我国应尽快从垄断行业以及专业性的研究机构中引入市场竞争机制。从国际知识密集型服务业成长和发展经验来看，知识型服务业的发展具有规模化经营的特点，国际知识服务业企业呈现集团化、大型化的发展态势。而纵观我国知识密集型服务业企业现状，大多数规模较小，国际竞争力不强，因此推动国内知识密集型服务业实现跨越式发展，就要突破行政区域或行业差异的限制，通过收购、兼并重组等一系列方法使得本土知识密集型服务业企业做大做强，增强与大型跨国公司相抗衡的竞争力。

参考文献

[1]陈兴淋，王巧梁，徐希明．我国知识服务业发展现状及其对策研究[J]．华东经济管理，2005，19(5)：53－56.

[2]陈绪冬，潘春燕，黄际恒．服务业布局的新趋势、新分类及新模式——交通视角下的服务业布局研究[J]．规划师，2013，29(7)：101－104.

[3]陈燕萍．中国高铁对沿线城市旅游产业集群空间结构影响研究[J]．改革与战略，2015(8)：137－140.

[4]邓涛涛，王丹丹，程少勇．高速铁路对城市服务业集聚的影响[J]．财经研究，2017，43(7)：119－132.

[5]方远平，毕斗斗，谢蔓，等．知识密集型服务业空间关联特征及其动力机制分析——基于广东省 21 个地级市的实证[J]．地理科学，2014，34(10)：1193－1201.

[6]高翔，龙小宁，杨广亮．交通基础设施与服务业发展——来自县级高速公路

和第二次经济普查企业数据的证据[J]. 管理世界,2015(8):81—96.

[7]韩红. 知识密集型服务业基本特征及产业支撑要素的再探讨[J]. 理论界,2007(12):63—65.

[8]何永达. 人力资本、知识创新与服务业空间集聚——基于省际面板数据的计量分析[J]. 经济地理,2015(9):120—125.

[9]黄玖立,黄俊立. 市场规模与中国省区的产业增长[J]. 经济学季刊,2008,7(4):1317—1334.

[10]黄丽萍. 我国知识密集型服务贸易竞争力分析与发展策略思考[J]. 国际贸易,2013(6):56—60.

[11]姜博,初楠臣,王媛,等. 高速铁路对城市与区域空间影响的研究述评与展望[J]. 人文地理,2016,31(1):16—25.

[12]姜慧霞,宁艳文. 浅探浙江省知识密集型服务业发展现状及意义[J]. 科技资讯,2007(21):180—180.

[13]蒋茂荣,范英,夏炎,等. 中国高铁建设投资对国民经济和环境的短期效应综合评估[J]. 中国人口·资源与环境,2017(2):75—83.

[14]蒋荷新. 交通基础设施对生产性服务业发展的溢出效应——基于省际的空间计量模型分析[J]. 中南财经政法大学学报,2017(3):46—57.

[15]金雪军,毛捷,潘海波. 中国知识服务业发展问题探析[J]. 软科学,2002,16(3):12—16.

[16]林晓言,罗燊,朱志航. 区域质量与高速铁路社会效用——关于高速铁路建设时机的研究[J]. 中国软科学,2015(4):76—85.

[17]林晓言,石中和,吴笛,等. 高速铁路对城市人才吸引力的影响分析[J]. 北京交通大学学报:社会科学版,2015,14(3):7—16.

[18]裴洪雪. 高速铁路沿线区域旅游空间结构的演化研究——以武广高铁为例[J]. 中国商论,2016(26):93—95.

[19]任国岩,蒋天颖. 长三角知识密集型服务业集聚特征与成因[J]. 经济地理,2015(5):85—91.

[20]石林. 中国知识密集型服务业集聚及影响因素研究——基于地级市视角[J]. 经济问题探索,2015(3):102—106.

[21]时省,王腊芳,赵定涛. KIBS集聚、区域创新及人力资本门槛效应[J]. 系统

工程,2014(3):18—25.

[22]桑霞．武广高铁对咸宁旅游业发展的影响及对策[J]. 咸宁学院学报,2011,31(10):205—207.

[23]宋文杰,朱青,朱月梅,等．高铁对不同规模城市发展的影响[J]. 经济地理,2015(10):57—63.

[24]覃成林,杨晴晴．高速铁路对生产性服务业空间格局变迁的影响[J]. 经济地理,2017,37(2):90—97.

[25]汪德根,章鋆．高速铁路对长三角地区都市圈可达性影响[J]. 经济地理,2015,35(2):54—61.

[26]王静．我国知识密集型服务业国际竞争力研究[J]. 当代经济管理,2011,33(9):47—52.

[27]王国顺,张凡,郑准．我国知识密集型服务业的空间集聚水平及影响因素——基于288个城市数据的实证研究[J]. 经济地理,2016(4):106—112.

[28]王丽,曹有挥,姚士谋．高速铁路对城市空间影响研究述评[J]. 长江流域资源与环境,2012,21(9):1073—1079.

[29]温忠麟,叶宝娟．中介效应分析:方法和模型发展[J]. 心理科学进展,2014,22(5):731—745.

[30]肖晓军,肖润华．知识密集型服务出口的国际竞争力比较分析[J]. 当代经济,2012(5):72—74.

[31]肖雁飞,张琼,曹休宁,等．武广高铁对湖南生产性服务业发展的影响[J]. 经济地理,2013,33(10):103—107.

[32]张峰,董会忠,万里洋．知识密集型生产者服务业与制造业联动发展分析——基于VAR模型的实证研究[J]. 科技管理研究,2016,36(2):139—144.

[33]张克中,陶东杰．交通基础设施的经济分布效应——来自高铁开通的证据[J]. 经济学动态,2016(6):62—73.

[34]郑长娟,郝新蓉,程少锋,等．知识密集型服务业的空间关联性及其影响因素——以浙江省69个县市为例[J]. 经济地理,2017,37(3):121—128.

[35]周麟,沈体雁．大城市内部服务业区位研究进展[J]. 地理科学进展,2016,35(4):409—419.

[36]邹德玲,丛海彬,徐明．长三角知识密集型服务业空间集聚综合测度[J]. 中

国科技论坛,2015(11):54—60.

[37]Amano K, Nakagawa D. Study on urbanization impacts by new stations of High Speed Railway[C]//Conference of Korean Transportation Association, Dejeon City. 1990(3):14—20.

[38]Chen C L, Hall P. The impacts of high-speed trains on British economic geography: a study of the UK's InterCity 125/225 and its effects[J]. Journal of Transport Geography, 2011, 19(4):689—704.

[39]Gallego J, Maroto A. The specialization in knowledge-intensive business services (KIBS) across Europe: permanent co-localization to debate[J]. Regional Studies, 2015, 49(4):644—664.

[40]Hertog P. Knowledge-intensive business services as co-producers of innovation[J]. International journal of innovation management, 2000, 4(4):491—528.

[41]Lambregts B. Geographies of knowledge formation in mega-city regions: some evidence from the Dutch Randstad[J]. Regional Studies, 2008, 42(8):1173—1186.

[42]Miles I, Kastrinos N, Bilderbeek R, et al. Knowledge-intensive business services: users, carriers and sources of innovation[J]. European Innovation Monitoring System (EIMS) Reports, 1995(12):11—17.

[43]Muller E, Zenker A. Business services as actors of knowledge transformation: the role of KIBS in regional and national innovation systems[J]. Research policy, 2001, 30(9):1501—1516.

[44]Nakamura H, Ueda T. The impacts of the Shinkansen on regional development[C]//The Fifth World Conference on Transport Research, Yokohama. 1989(3):68—73.

[45]Pol P M J. The economic impact of the high-speed train on urban regions [J]. 2003.

[46]Rubalcaba L, Gallego J, Gallo M T, et al. Business services location and market factors in major European cities[J]. Cities, 2013(31):258—266.

[47]Winden V W. Urban governance in the knowledge-based economy: Challenges for different city types[J]. Innovation, 2008, 10(2—3):197—210.

第七章　是什么原因导致了高铁站区的发展差异？来自全球夜间光线数据的证据

高速铁路对城市发展的影响已引起人们的广泛关注。然而，由于缺乏统计数据，很少有研究从国家层面总体考察高铁引导的城市发展现象。利用夜间灯光亮度作为经济发展的指标，本章提供了中国124个高铁站点周边地区完整的发展图景，探讨了导致中国高铁站区发展模式不同的原因。根据文献检索，本章收集了中国100多个新建高铁站区的统计数据，是第一个全面评估中国高铁站区发展状况的研究探索。

研究结论如下：第一，夜间灯光亮度高的高铁站区主要分布在北京、天津、长三角城市群和珠三角城市群，夜间灯光亮度增长较快的高铁站区主要分布在河北省、河南省和安徽省。第二，城市经济发展水平、城市等级水平和高铁设站位置是影响高铁站区发展的三个关键因素。第三，影响新建和现有高铁站区发展的因素各不相同。城市等级水平和高铁设站位置显著影响新建高铁站周围的发展，但对现有高铁站周围的发展没有显著影响。

本章共分五节：第一节回顾了相关文献，并提出研究假说；第二节介绍了数据来源和使用的计量经济学模型；第三节介绍了我国高铁站点的空间分布及发展现状；第四节给出实证结果；第五节得出结论并对其进行讨论。

第一节 问题的提出

交通基础设施投资通常被视为是促进经济增长和发展的关键因素之一(Bhatta 和 Drennan,2003;Vickerman,2008;Lakshmanan,2011;Deng,2013)。交通系统作为城市的重要支柱,在城市空间发展中起着重要的作用。高速铁路已成为 21 世纪初最具革命性的交通技术之一,提供城际快速运输服务。与其他国家(如日本、西班牙、法国等)不同,中国在实施大规模高铁建设的同时正处于城市化的加速阶段。高铁的特点是大容量和快速运输能力,高速铁路的开通极大地缩短了城市间的时空距离,提高了设站城市的交通可达性水平,深刻影响着人口和产业要素在不同城市之间的集聚与扩散。当前,以高铁站点为代表的大型交通枢纽深刻影响着中国城市的土地利用和空间结构,中国高铁大规模建设与快速城镇化的同步推进,使得这一影响更为深刻和复杂(Wang 和 Lin,2011)。

随着我国高铁线路的快速发展,沿线城市纷纷希冀能抓住建设高铁站的机遇,积极推进高铁站区的开发建设。为了应对城市空间的快速扩张,我国高铁站点一般都设置于城市边缘或周边(Yin 等,2015)。地方政府普遍对高铁引导的城市发展抱有很高的期望。然而,许多地方政府盲目追求对高铁站区大规模建设,存在对经济增长的不合理预期等问题。目前,由于中国已经建成了连接大量城市的庞大高铁网络,迫切需要评估全国高铁站区的发展状况。

然而,由于统计数据的局限性,我国高铁站区发展缺乏系统、大规模的比较研究。本章利用全球夜光数据测量了中国高铁站区的发展模式,是最早探索中国高铁站区发展差异及其原因的研究之一。夜间灯光数据的优点是,在没有官方统计数据的情况下可以得到不受行政限制的经济发展水平的可靠估计。当前研究普遍表明,夜间光照亮度与 GDP 之间存在很强的相关性。一个地区夜间光照亮度的卫星观测数据比其他依赖有限数据的估计技术更能准确地揭示该地区的经济发展水平(Henderson

等，2012；Donaldson 和 Storeygard，2016；Lee，2018）。Henderson 等（2012）利用 188 个国家 17 年的数据得出结论，DMSP/OLS 夜间光线数据是估算经济活动的有效代理变量，而传统数据无法获得或数据质量较差。在回顾了卫星数据在经济学中的应用后，Donaldson 和 Storeygard（2016）指出，地球表面在夜间发出的可见光已经成为衡量当地经济活动的常用指标。Lee（2018）认为夜间灯光数据与 GDP 有很强的相关性，最近也使用 DMSP/OLS 夜间灯光数据来估计朝鲜的经济活动。

高铁建设已成为亚洲和欧洲公共投资和区域基础设施产出的重要组成部分，在不同空间水平上影响着亚欧地区的发展。目前，大多数研究采用宏观范围考虑高铁对区域（高铁网所覆盖的区域）和沿线城市的影响（Qin，2017；Hiramatsu，2018；Vickerman，2018；Xu 和 Huang，2019）。然而，在微观尺度上发表的高铁站区研究较少，大多采用案例研究等定性方法对少数高铁站区的发展情况进行考察（Yang 和 Sun，2014；Xu 和 Wang，2016）。一般来说，以往的研究方法大多集中于描述高铁站区周边的发展状况。因此，这些文献缺乏对影响全国或区域高铁站点区域的因素的揭示，这些正是本研究所寻求的贡献。首先，将全国所有高铁站点纳入样本中，利用 DMSP/OLS 夜间光照数据定量评价高铁站区周围的土地利用情况，从而为高铁站区发展提供一个完整的画面。其次，利用多元线性回归分析了高铁站区周边地区高铁发展的影响因素，特别关注高铁与当地交通基础设施的关系。

目前，统计数据均以行政区划单位为基础。由于统计数据的可得性的限制，对于高铁站区发展缺乏系统的研究。本研究建立了一个研究框架，对高铁站区的发展潜力进行了评估。如今，越来越多的国家正在规划、建设和运营高铁。特别是我国的高铁发展迅速，运行里程达 2.9 万千米，居世界第一。我国高铁站点数量众多，且存在较大差异。因此，考虑到中国高铁网络的规模和多样性，从数据可得性的角度可以对我国高铁站区的发展情况进行较为全面的统计分析。

本研究对新知识体系有以下贡献。一是将全国所有高铁站点纳入研究范围,利用 DMSP/OLS 夜间灯光数据对高铁站区周边土地利用进行了定量评价,建立了一个高铁站区发展评估框架;二是对中国 124 个高铁站区的发展情况进行了较为全面的描述性分析,并阐述了研究框架的拓展应用;三是通过计量回归分析揭示了影响高铁站区发展的因素,并为高铁引致城市发展实践提出了政策建议。

第二节 文献综述与研究假设

目前,很多研究都在探索高铁引导的城市发展。目前研究主要集中在高铁开通带来的可达性改善(Garmendia 等,2008;Zhang 等,2016;Ortega 等,2018;Diao,2018),以及生产要素(如资本、劳动力等)向高铁开通城市的集聚。高铁开通主要影响城市服务部门,因为服务部门的生产要素对流量最敏感。一方面,高铁开通有利于提高生产性服务业的经济优势,加快从业人员的流动,加快城镇化进程,促进生产性服务业的集聚,从而促进生产性服务业的发展(Shao 等,2017;Dong,2018)。另一方面,高铁带来的就业人口和乘客产生了巨大的消费需求,潜在消费者的增长很有可能提高服务业的竞争程度,降低具有规模经济效应的服务业的价格,扩大服务业的服务市场,提高服务质量,最终促进消费服务业的发展(Andersson 等,2012;Albalate 等,2017;Wang 等,2018)。值得注意的是,这种现象在旅游业中很容易观察到。高铁带来的出行便利和出行范围的扩大,往往会刺激新的旅游需求,从而促进旅游业的快速发展(Jones 等,2016;Aaron 等,2018)。因此,高铁开通城市获得了积极的发展影响(Dai,2015;Meng 等,2018)。

虽然高铁对新兴区域发展做出了重要贡献,然而一些研究发现高铁开通也对一些城市造成了负面影响,如交通堵塞、噪音问题(Geng 等,2015),导致“城市扩张”现象(Deng 和 Wang,2018)。此外,高铁开通造成了区域发展的显著差异,重塑了原有的经济发展空间格局(Chen 和 Hall,2011;Diao,2018;Meng 等,2018)。值得注意的是,一些学者发现高铁开通加剧了该地区的不平衡发展。高铁开通使发达地区进一步吸引欠发达地区的优质生产要素，进而促进发达地区的经济增长，形成“马太效应”（Wang 等，2017；Qin，2017）。

尽管高铁主导的经济发展受到了广泛的关注，但研究多集中在区域层面（高铁网络覆盖的区域）（Campa 等，2016；Guirao 等，2018）和城市层面（Garmendi 等，2012；Garmendia 等，2015；Long 等，2018）。相对而言，针对高铁引导下站区层面经济发展的实证研究较少。高铁站区的定义并没有得到普遍认可，一般是指高铁站中心周围的圆形区域（Yin 等，2015）。现有研究表明，高铁周边区域通常布置成一个圆形，核心区的半径被定义为 2 千米。因此，高铁站区主要指 2 千米以内的区域，即高铁站周边区域（Wang 等，2014；Zhao 和 Chen，2015；Xu 和 Wang，2016）。以往研究一般采用实地考察的案例研究方法对高铁站区的发展进行研究（Yang 和 Sun，2014；Xu 和 Wang，2016）、航空解译和真实场景地图（Yang 和 Sun，2014）。研究结果表明，高铁站区可达性的改善显著促进了高铁站区的发展（Yin 等，2015）。然而，如果高铁站点的选址不当，将导致其周边地区的开发不顺利（Henneberg，2015）。

目前的研究方法存在两个局限性。一是在研究样本的选择上，高铁站区的选择存在一定程度的主观判断，此外由于实地调研获得的样本数量非常有限，使得研究结论是在一定数量的高铁站点中得出的，因此，结论可能难以推广。二是在研究方法上，目前对高铁站区层面的研究主要是定性评价，缺乏对高铁站区发展进行定量评价和比较评价。

为了填补研究空白，本研究以中国 124 个高铁站点为样本，对高铁站点区域发展情况进行了全面的分析。Hess 和 Almeida（2016）总结了世界各地作者对站区的定义。以往的研究将高铁站周边区域视为半径为 1/4 英里至 3 英里的圆形区域。对于我国高铁站区的定义，很多学者认为半径为 2 千米的圆形区域为高铁站区（Wang 等，2014；Zhao 和 Chene，2015；Xu 和 Wang，2016；Wang 和 Gu，2019）。此外，根据国家发改委的规划，各城市应重点发展新建高铁站周围 2 千米范围内的区域。因此，根据我国现有高铁站点的研究和规划,我们将重点放在高铁站点周边半径2千米的区域。本章介绍了一个系统的研究框架,用于利用DMSP/OLS夜间灯光数据测量高铁站区的发展状况,并将其付诸实施。由于夜间灯光数据与GDP具有很强的相关性,因此某一地区的夜间灯光亮度卫星观测数据可以较为准确地揭示该地区的经济发展水平(Henderson等,2012;Hodler和Raschky,2014;Donaldson和Storeygard,2016;Lee,2018)。该框架可以推广到其他国家来研究类似现象。研究将评估中国高铁站区的发展效果,以探究导致这些发展差异的原因。基于文献综述,提出以下假设:

假设1:高铁站区发展与城市经济发展水平呈正相关关系。

经济发展水平高的城市往往有更多的人口、更高的人均可支配收入、更高的公共交通效率等,因此,高铁站区有相当大的可能性吸引更多的经济资源,形成高铁站区与城市之间的良性互动,很可能对高铁站区的发展产生积极影响(Peek等,2006)。经济发展水平高的城市通常会获得更多的财政收入(Zhang和Zhang,2007),这些收入可以用于投资高铁站区开发的融资。

假设2:高铁站区发展与中国城市体系中城市等级水平正相关。

在中国的政治经济格局中,城市之间的要素禀赋存在很大的差异。而单个城市对经济发展资源的占有程度往往与中国城市等级体系高度相关(Shi和Zhou,2007;Wang和Nie,2010)。总体而言,城市等级越高、经济发展资源越多、基础设施投入越高、社会保障条件越好,市场规模越大。由于城市级别较高的城市生产要素较多,发展条件较好,更有可能集聚人力、财力和物力来开发高铁片区。第二个研究假设将检验这一关系。

假设3:高铁站区的发展与其在城市区域内的位置密切相关。

城市内高铁站点的位置可以分为两种类型:一种是位于城市相对发达的内城区域,如北京火车站和上海火车站;另一种位于远离市中心的郊区。位于郊区的高铁站距离市中心很远,因此通勤很不方便,路程也很长。因此,城郊高铁站与市中心之间的经济联系十分薄弱。第三个研究假设将检验高铁站点的位置与经济发展潜力之间的关系。

假设4：影响新老高铁站区发展的因素可能不同。

新建高铁站和现有高铁站的发展环境存在显著差异。一方面，现有的高铁站点往往位于初始条件良好、发展水平较高的内城地区，进一步发展的空间十分有限；另一方面，新建高铁站点一般位于不那么拥挤的郊区地区，具有很大的发展潜力，空间的可用性可能是促进站点区发展的一个因素。

在文献综述的基础上，我们提出了这四个假设，并将进一步通过统计分析进行检验。

第三节　数据和方法

一、研究数据

城市经济统计数据来源于《中国城市统计年鉴》(2014)，高铁开通日期数据来自中国国家铁路局(http://www.nra.gov.cn/ztzl/hyjc/gstl)，各高铁站点的经纬度信息通过在线地图坐标系统(http://api.map.baidu.com/lbsapi/getpoint)获取。由于官方统计数据通常是在行政区域一级收集的，目前没有关于高铁站区规模的经济活动和发展的统计数据。为了解决统计数据不足的问题，研究尝试利用全球夜光数据对我国高铁站区发展状况进行定量评价。夜间光线数据来自DMSP(国防气象卫星计划)携带的OLS(操作线扫描系统)传感器(Forbes，2013)。该传感器最初主要用于气象监测，但由于其独特的光电放大能力，能够在夜间探测到地表微弱的近红外辐射。因此，该传感器获取的夜光图像数据越来越多地用于研究经济增长等人类活动(Henderson等，2012；Donaldson和Storeygard，2016)和城市扩张(Long等，2018)等现象。

由于DMSP/OLS夜光图像数据集具有时间高效、经济、高时间跨度和空间覆盖的特点,已被广泛用于测度区域经济发展(Henderson 等,2012;Hodler 和 Raschky,2014;Donaldson 和 Storeygard,2016;Leery,2018)。本研究使用的是 2013 年稳定的 DMSP/OLS 夜间灯光数据,包括城镇稳定的灯和其他类型的灯,去除火灾、废弃燃烧等瞬变事件产生的瞬时强光,卫星夜间光亮度的灰度值范围为 0～63。利用地理信息系统软件 ArcGIS 软件提取高铁站区夜间光照亮度平均值,作为高铁站区发展的评价指标。DMSP/OLS 夜间光线数据来自美国国家海洋和大气管理局。DMSP/OLS 稳定的夜间照明数据存在“过饱和”“在轨辐射校准不足”等问题,从而导致不同年份的数据不具有可比性。本研究采用了双向马尔可夫随机对高铁站区 DMSP/OLS 夜间照明数据进行校准和优化,从而尽可能提高不同年份间数据的可比性和连续性(Zhao 等,2018)。利用 ArcGIS 提取高铁站区夜间灯光亮度平均值,作为高铁站区经济发展的评价指标。经过校准,高铁站区卫星夜间光照亮度的灰度值范围为 0～112.83。可以说,中国的案例研究为其他国家运用本研究所建立的框架研究类似问题提供了经验参考。

一般来说,高铁站区开发可能受到多种因素的影响。在数据可得性基础上,我们的分析将这些因素分为三个主要类别,包括区位可达性、高铁基础设施配置和城市发展条件。

地理距离(ln*dist*),从高铁站到市中心的地理距离(km)。利用 ArcGIS 获取各城市行政区域的重心坐标,根据高铁站点的具体坐标,得到高铁站点与城市重心之间的直线距离。

车站位置(*site*),二元变量,当高铁站位于市中心时取值为“1”,其他情况取值为“0”。

枢纽站(*hub*),二元变量,如果高铁站为中心站取值为“1”,其他情况为“0”。枢纽站的定义是根据中国大型高铁枢纽站规划中确定的国家枢纽站。

地铁连接(*metro*),二元变量,当高铁车站由地铁连接时取值为“1”,其他情况取值为“0”。

城市经济发展水平(ln*pgdp*)，人均 GDP 的对数值。

服务业水平(*serv*)，服务业增加值占国内生产总值的比重。

中国城市排名(城市等级)(*grade*)，二元变量，如果该城市是中央管理的城市或副省级城市取值为“1”，其他情况为“0”。从城市的行政等级来看，中国的城市由高到低可以分为中央管理城市(省级)、副省级城市、地级市城市等(Li 等，2015)。中央直辖城市，包括北京、上海等；副省级城市是中国一种特殊的行政级别结构，正式实施于 1994 年，包括广州、杭州等(Li 等，2015；Ma，2005)。

二、计量模型及变量说明

首先考虑利用散点图考察高铁站区发展和持续解释变量(ln*dist*，ln*pgdp*，*serv* 等)之间的关系，见图 7—1。

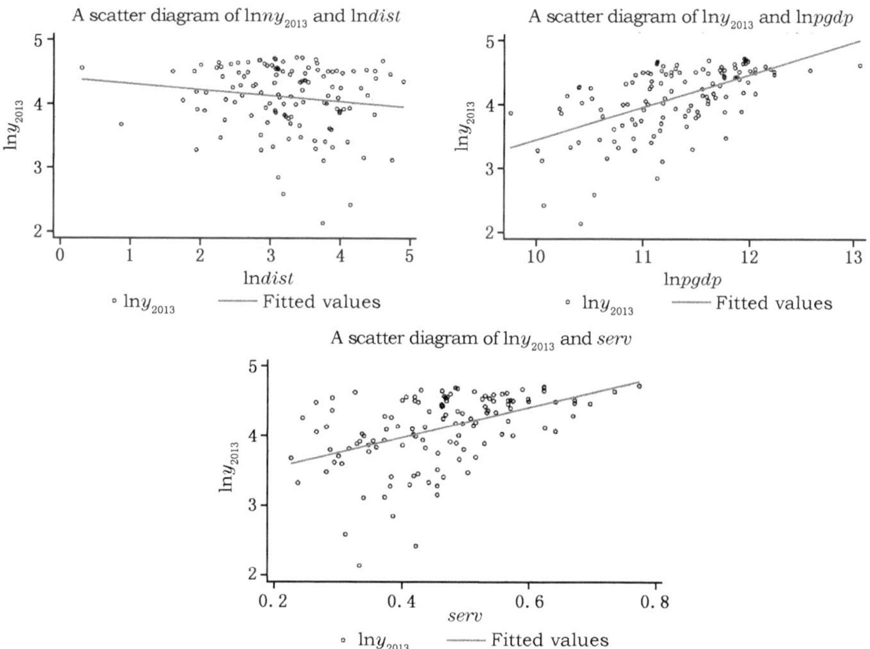

图 7—1　高铁站区发展与连续解释变量的关系

从图 7－1 可以比较直观地观测高铁站区发展与持续的解释变量之间的关系,这符合多元线性回归的线性假设。其次,将车站位置、枢纽、地铁连接和城市等级作为虚拟变量引入多元线性回归模型中。

一般来说,高铁站区的发展会受到很多因素的影响。在数据可用性的基础上,将这些因素分为三大类:区位可达性(地理距离、车站位置)、高铁基础设施配置(枢纽站、地铁连接)和城市发展条件(城市经济发展水平、服务行业水平、城市等级)。

值得一提的是如何定义高铁站点位置。由于中国城市的大小差异较大,用简单的线性距离来确定高铁车站的位置是不合适的。研究中,高铁站的位置是以高铁站与城市中心(定义为市政府所在地)的相对距离来衡量的,这是因为不同城市的发展规模存在显著差异,仅计算高铁站与城市中心的线性距离不能反映高铁站在城市中的位置,因此假设城市建成区为圆形分布,计算城市的半径。利用 ArcGIS 计算各城市的重心,测量高铁站与城市重心的线性距离,并与城市建成区的半径进行比较,当高铁站与城市中心的距离大于城市半径时,可以认为高铁站位于城市建成区的外围或郊区;当高铁站与城市中心的距离小于城市半径时,可以认为高铁站位于城市建成区。

为检验高铁站区发展的影响因素,设置模型为:

$$\ln y = X\beta + \mu \tag{7.1}$$

其中,Y 为被解释变量,用夜间光照亮度测量;X 包含一组解释变量;β 为回归系数;μ 为误差项。

表 7－1 总结了使用的解释变量的定义和含义,表 7－2 为解释变量的描述性统计。

表 7－1　　可能影响高铁站区发展的重要因素

类　别	因　素	定量指标	变　量
区位可达性	地理距离	高铁站到市中心的地理距离(千米)	ln*dist*
	车站位置	二元变量,如果高铁站位于市中心,取值为“1”,其他情况为“0”	*site*

续表

类　别	因　素	定量指标	变　量
高铁基础设施配置	枢纽站	二元变量，如果高铁站为中心站，取值为“1”，其他情况为“0”	*hub*
	地铁连接	二元变量，当高铁站由地铁连接时取值为“1”，其他情况取值为“0”	*metro*
城市发展条件	城市经济发展水平	人均 GDP 的对数值	ln*pgdp*
	服务行业水平	服务业增加值占国内生产总值的比重	*serv*
	城市等级	二元变量，如果该城市是副省级及以上城市取值为“1”，其他情况为“0”	*grade*

表 7—2　　变量的描述性统计

变量名称	样本量	均值	标准差	最小值	最大值
ln*y*2013	124	3.970	0.259	2.664	4.143
ln*dist*	124	3.226	0.784	0.305	4.901
site	124	0.419	0.495	0	1
hub	124	0.194	0.397	0	1
metro	124	0.169	0.377	0	1
ln*pgdp*	124	11.299	0.593	9.756	13.056
serv	124	0.462	0.115	0.225	0.773
grade	124	0.323	0.469	0	1

资料来源：中国城市统计年鉴、中华人民共和国国家铁路局、百度地图、DMSP/OLS 夜间光线图像数据集。

第四节　我国高铁站点的空间分布与发展

一、中国高铁站点的空间分布

首先，从高铁线路配置的角度来看，“四纵”“四横”客运专线构成了我国高铁网络的主要框架，著名的高铁线路包括京沪高铁（中国最繁忙的高铁路线）、京广高铁（世界上最长的高铁线路）和杭深高铁（连接中国最繁荣的长三角城市群和珠三角城市群）。到 2013 年中国有 105 个城市开通了高铁，这些城市主要位于中国东部。高铁服务城市最多的省份是辽宁、河北、山东、河南、江苏、浙江、湖北、湖南、福建和广东。

其次，从城市高铁站点分布来看，新建高铁站点多位于郊区，较少位于中心城市。根据计算，124 个高铁站点样本中只有 52 个（约 42%）位于市中心，其余均位于郊区，这与中国城市的规划特点有关。大部分城市的目标是扩大自己的城市规模，实现多中心发展，希冀依托高铁站建设带动城市发展。

二、高铁站区建设

2007—2013 年间，中国高铁站区的发展状况发生了很大变化。高铁开通前高铁站区夜间灯光亮度普遍偏低，经计算，有 35 个高铁站区夜间灯光亮度小于 30，夜间灯光高亮度高铁站区主要分布在北京、天津、长三角城市群和珠三角城市群。高铁开通后高铁站区夜间光照亮度普遍较高，经计算，夜间亮度在 50 以上的高铁站区有 89 个，占所有高铁站区的 72%，夜间亮度在 60 以上的高铁站区有 58 个，达到阈值的高铁站区有 15 个；高铁发展较好的地区主要分布在广东、江苏和浙江。

高铁站区发展变化差异较大。高铁开通后大部分高铁站区夜间灯光亮度都有较大提高，说明高铁站区实现了快速发展。夜间光照亮度快速增加的高铁站区主要分布在河北省、河南省和安徽省，说明这些省份的高铁站区在高铁开通的影响下实现了快速发展。有 57 个高铁站区的夜间光照亮度增加了 10 以上，占总光照亮度的 46%。这都说明在高铁的影响下，高铁站区周边的发展进程受到了极大的刺激。

第五节　实证结果

通过多元回归分析，对高铁站区发展的影响因素进行定量研究。表7—3为124个高铁站点的直接估计结果。

表7—3　　高铁站区发展影响因素回归结果（总样本）

变量	(1)	(2)	(3)
ln*pgdp*	0.188***	0.177***	0.167***
	(4.18)	(3.74)	(3.56)
serv	0.422**	0.239	0.221
	(2.48)	(1.16)	(1.06)
hub		−0.011	−0.046
		(−0.33)	(−1.23)
grade		0.088**	0.096**
		(2.43)	(2.43)
ln*dist*			0.012
			(0.43)
site			0.081*
			(1.81)
metro			0.022
			(0.74)
Constant	1.651***	1.831***	1.889***
	(3.26)	(3.39)	(3.46)
Observations	124	124	124
R^2	0.289	0.303	0.319

注：括号内为t统计量；***、**和*分别表示在1%、5%和10%水平上显著。

首先，回归结果(1)、(2)和(3)表明，在1%的显著性水平下，城市经济发展水平的回归系数为正且显著，这表明城市经济发展水平对高铁站区发展具有显著的促进作用。这与假设 1 是一致的。可能的原因是,城市经济发展水平高,通常与城市化水平高、人口多、居民可支配收入高、各种生产资源高度集中有关,地方政府对高铁站区开发建设的税收和资金更充裕。因此,高铁站所在城市的经济越发达,高铁站周边地区的发展就越大。

其次,回归结果(2)和(3)中,虚拟变量等级的回归系数在 5%水平下均为正且显著,说明城市等级越高,其发展效应对高铁站区的影响越显著。这与假设 2 是一致的。产生这一结果可能的原因是,行政资源的配置对于推进中国城市发展进程至关重要,城市建设的干预程度与城市的政治地位有关。一个城市的行政等级地位越高,通常可以从更高一级的政府获得更多的政治和经济资源,更多的资源会被投入高铁站区周边的开发,从而加快高铁站区建设。

再次,回归结果(3)中,虚拟变量位点的回归系数为 0.081,在 10%水平上显著。这与假设 3 一致。该结果说明高铁站位置是影响高铁站区发展的重要因素。当高铁站位于市中心时,其区位因素可以促进高铁站周边地区的发展;而对于位于郊区的高铁站来说,车站与城市中心的距离较长,削弱了车站与城市中心的经济关系。离市中心越远,高铁站区发展越慢。有两个可能的原因可以解释这一发现:大多数中国城市,尤其是三四线城市,经常把高铁车站设在郊区,一方面是这些城市经济不发达,不能为高铁站区的发展提供足够的资金支持;另一方面由于高铁站点的位置远离城市中心,缺乏有效的交通连接,往往会制约高铁主导的郊区城市发展。

此外,样本将高铁车站分为两类:一类是对现有火车站的改造升级,在周边地区发展多年,相对成熟;另一类是新建高铁站,周边开发较少,开发空间较大。这两种类型高铁站区的发展特征存在较大差异。因此,为了进一步探究新建高铁站区和既有高铁站区发展影响因素的差异,对两个子样本进行回归分析,回归结果如表 7—4 所示。

表 7—4　　高铁站区发展影响因素回归结果(分样本)

变 量	新建高铁站点			对现有高铁站点的更新		
	(1)	(2)	(3)	(4)	(5)	(6)
ln*pgdp*	0.429***	0.398***	0.393***	0.234***	0.200***	0.178**
	(4.81)	(4.26)	(4.23)	(3.85)	(3.04)	(2.03)
serv	1.139**	0.625	0.493	0.776**	0.520*	0.514
	(2.44)	(1.14)	(0.91)	(2.50)	(1.74)	(1.51)
hub		0.0672	0.00387		0.0315	−0.122
		(0.65)	(0.03)		(0.38)	(−1.22)
grade		0.214*	0.228*		0.0997	0.121
		(1.88)	(1.95)		(1.09)	(1.20)
ln*dist*			0.108			0.0255
			(1.44)			(0.50)
site			0.259*			0.130
			(1.95)			(1.42)
metro			0.0346			0.151***
			(0.33)			(3.08)
Constant	−1.374	−0.855	−1.198	1.322*	1.795**	1.895*
	(−1.42)	(−0.83)	(−1.15)	(1.92)	(2.49)	(1.81)
Observations	79	79	79	45	45	45
R^2	0.388	0.411	0.435	0.301	0.322	0.372

注：括号内为 t 统计量；***、**、* 分别代表 1%、5%、10%的显著性水平。

回归结果(1)、(4)、(2)、(5)、(3)和(6)表明存在显著的高铁站区发展差异因素，这些发现与假设 4 一致。第一，各模型中城市经济发展水平的回归系数均为显著正相关，因此，城市经济发展水平对新建和既有高铁站区的发展都具有刺激作用。但仔细看，新建高铁站点的回归系数均大于既有高铁站点的回归系数，说明城市经济发展水平对新建高铁站点面积的促进作用大于既有高铁站点面积。回归结果(2)和(3)中，城市等级水平和高铁站点位置的回归系数均为正且均显著。而在回归结果(5)和(6)中,虽然回归系数仍然为正,但没有通过显著性检验,说明城市等级对新高铁站区的发展有显著的正向影响,而对现有高铁站区的发展没有影响。这是因为在高铁开通之前,现有高铁站区已经发展良好,新的开发建设空间有限,进一步发展的瓶颈明显。行政地位较高的城市可以得到更多的政策支持,调动更多的资源建设新的高铁站区,可以显著加快上述进程。因此,对高铁新站区的发展具有显著的积极影响。

对于位于市中心的新建高铁站点,高铁的开通提高了站点区域的可达性,这将促进高铁站点周边的城市开发和土地建设,因此土地和房地产的升值也很明显。这对于企业和居民来说具有一定吸引力。许多被吸引的企业和居民倾向于聚集在最便利的高铁站点周围,从而促进了新的高铁站点区域的发展。

举例来说,位于郊区的广州南站和市区的杭州东站可以说明不同的高铁站点位置对周边地区发展的影响。广州南站,2004 年 12 月开工建设,2010 年 1 月投入使用,它是中国高铁系统的枢纽站,位于中国广东省广州市番禺区,它位于郊区,距离广州市中心约 17 公里。杭州东站,1992 年 4 月 1 日建成,2008 年 12 月 27 日进行了改建和扩建,2013 年 7 月 1 日改造后正式投入运营,位于杭州市江干区,距杭州市政府以东约 6 公里,是一个典型的市中心车站。为了了解高铁站点位置对周边地区发展的影响,以房地产价值作为被解释变量。研究发现,位于城区的杭州东站对周边地区住宅物业价值具有正向影响。然而,位于郊区的广州南站并没有显著提高周边地区住宅物业的价值(Diao 等,2017)。

第六节　结论和讨论

一、主要结论

中国正在经历高铁线路的快速发展。许多高铁沿线城市都试图抓住机遇，建设高铁站，从而促进城市空间扩张。因此，高铁站周边区域成为许多城市的重点发展空间。截至 2013 年底，中国有 105 个城市开通了高铁服务，主要位于中国东部地区。从城市高铁站点分布来看，新建高铁站点大多位于郊区。如何准确识别和评价高铁站区的发展状况，揭示影响高铁站区发展的因素，是重要的研究目标。本研究利用校准后的夜间光数据，测量了我国 124 个高铁站区的真实发展状况，并通过与城市发展数据的连接，探讨了影响其发展的因素。

从研究中可以得出三个结论。第一，有 87 个高铁站区夜光亮度超过 50，占所有高铁站区的 70%，其中 73 个高铁站区夜间亮度在 60 以上（59%），主要分布在北京、天津、长三角城市群和珠三角城市群，夜间照明亮度快速增加的高铁站区主要分布在河北省、河南省和安徽省。第二，高铁站区的发展与城市经济发展水平、城市等级和高铁站区位置三个重要因素密切相关。第三，影响新建和现有高铁站区发展的因素存在差异，城市经济发展水平对其发展仍有显著的正向影响，但对新高铁站区发展的影响大于现有高铁站区的影响；城市等级和高铁站点位置对新高铁站点周边的开发有显著影响，但对现有高铁站点周边的开发没有显著影响。

二、政策影响及讨论

研究结果提出了几个重要的政策启示，以促进有效的高铁主导的片区发展。

第一，地方政府应该建立一个高效的公共交通系统，提高高铁站区的可达性。从高铁站点的位置来看，位于市中心的高铁站区一般发展较好。然而，目前许多高铁站都位于郊区。高铁站区由于远离市中心，发展缓慢，交通连接不便，导致车站与市中心之间的经济联系薄弱。因此，为了促进位于郊区的高铁站区发展，当地政府应该大力构建良好的公共交通系统，强调通过城市公共交通加强市中心与高铁站区之间的无缝连接，使出行更方便，并与城市中心保持良好的连接。

第二，地方政府要大力发展城市经济。从城市经济发展水平与高铁站区发展的关系来看，城市经济发展越好，高铁站区发展越好。现阶段高铁站区的发展主要由地方政府投资主导，经济发展好的城市在获得基础设施、财政收入和人力资本方面具有优势。对于经济属性较弱的城市，加强城市自身的经济活力，提高公共服务水平，大力吸引人才，将结合起来加速高铁站区的发展。此外，地方政府应积极引导和刺激民间投资，实现与社区共享发展效益。

第三，地方要实施差别化发展战略，推动高铁新老站区发展。我们的发现证实了影响现有高铁和新高铁发展的因素是不同的。因此，地方政府在制定促进高铁站区发展的政策时，应因地制宜，结合当地资源开展研究和实践。在推进高铁站区发展的实践中，应根据新建和现有高铁站区的不同特点，采取不同的发展模式，而不是单一的发展模式。

高铁站区建设不仅是一个学术课题，也是一个非常重要的现实问题。高铁具有方便、快速和安全的优点。因此，许多国家都在建设高铁，首先是日本，随后是许多欧洲国家（西班牙、德国和意大利），然后是亚洲国家（中国、韩国和越南），当前是南美国家（巴西和阿根廷）在追求高铁。本章以我国高铁站区为例，定量评价了高铁站区的发展状况，探讨了影响高铁站区发展的因素。本章的结论可为有关部门和规划部门评估和促进高铁站区的发展提供一些有益的线索。此外，本章提出的分析框架可以有效地为发展中国家和发达国家提供研究类似现象的机制。

由于 DMSP/OLS 夜间照明数据的时间范围为 1992—2013 年，因此本章的具体限制是仅使用 2013 年的 DMSP/OLS 夜间照明数据来评价高铁站区发展情况。因此，今后努力的一个方向是取得最新和更全面的数据。当前，新型数据快速涌现，这为高铁发展效应研究提供了新的分析思路，如腾讯位置数据、微信和微博数据、百度地图的兴趣点数据等。未来的研究可以尝试结合这些新型数据来评估高铁站区发展。

参考文献

[1]Albalate D, Campos J, Jiménez J L. Tourism and high speed rail in Spain: Does

the AVE increase local visitors [J]. Annals of Tourism Research, 2017, 65: 71—82.

[2]Andersson D E, Shyr O F, Lee A. The successes and failures of a key transportation link: accessibility effects of Taiwan's high-speed rail [J]. Annals of Regional Science, 2012, 48: 203—223.

[3]Bhatta S D, Drennan M P. The Economic Benefits of Public Investment in Transportation: A Review of Recent Literature [J]. Journal of Planning Education and Research, 2003, 22: 288—296.

[4]Bian Y C, Wu L H, Bai J H. High-speed Rail, Factor Flow and Regional Economic Disparities [J]. Finance & Trade Economy, 2018, 39(6): 147—161. (in Chinese)

[5]Campa J L, Lopez-Lambas M E, Guirao B. High speed rail effects on tourism: Spanish empirical evidence derived from China's modelling experience [J]. Journal of Transport Geography, 2016, 57: 44—54.

[6]Chen C L, Hall P. The impacts of high-speed trains on British economic geography: a study of the UK's InterCity 125/225 and its effects [J]. Journal of Transport Geography, 2011, 19: 689—704.

[7]Dai G W. The impact of policy networks on the urbanisation around High-Speed Railway stations in China: the case of Wuhan [J]. Environment and Planning C: Government and Policy, 2015, 33: 533—551.

[8]Deng T T. Impacts of Transport Infrastructure on Productivity and Economic Growth: Recent Advances and Research Challenges [J]. Transport Reviews, 2013, 33(6): 686—699.

[9]Deng T T, Wang D D. Has China's High Speed Railway Construction Aggravated "Urban Sprawl"? An Empirical Evidence from Prefecture-Level Cities [J]. Journal of Finance and Economics, 2018, 44(10): 125—137.

[10]Diao M. Does growth follow the rail? The potential impact of high-speed rail on the economic geography of China [J]. Transportation Research Part A, 2018, 113: 279—290.

[11]Donaldson D, Storeygard A. The View from Above: Applications of Satellite Data in Economics [J]. Journal of Economic Perspectives, 2016, 30(4): 171—198.

[12]Dong X F. High-speed railway and urban sectoral employment in China [J]. Transportation Research Part A,2018,116:603—621.

[13]Forbes D J. Multi-scale analysis of the relationship between economic statistics and DMSP-OLS night light images [J]. GIScience & Remote Sensing,2013,50(5):483—499.

[14]Garmendia M,Romero V,Urena J M D,et al. High-Speed Rail Opportunities around Metropolitan Regions:Madrid and London [J]. Journal of Infrastructure Systems,2012,18(4):305—313.

[15]Garmendia M,Ureña J M,Ribalaygua C,Jesús L,Coronado J M. Urban Residential Development in Isolated Small Cities That Are Partially Integrated In Metropolitan Areas By High Speed Train [J]. European Urban and Regional Studies,2015,3:249—264.

[16]Guirao B,Campa J L,Casado-Sanz N. Labour mobility between cities and metropolitan integration:The role of high speed rail commuting in Spain [J]. Cities,2018,78:140—154.

[17]Geng B,Bao H J,Lian Y. A study of the effect of a high-speed rail station on spatial variations in housing price based on the hedonic model [J]. Habitat International,2015,49:333—339.

[18]Henderson J V,Storeygard A,Weil D N. Measuring Economic Growth from Outer Space [J]. American Economic Review,2012,102(2):994—1028.

[19]Henneberg M J. Attracting travellers to the high-speed train:a methodology for comparing potential demand between stations [J]. Journal of Transport Geography,2015,42:145—156.

[20]Hodler R,Raschky P. Regional Favoritism [J]. Quarterly Journal of Economic,2014,192(2):2033—2095.

[21]Jones J,Cloquet C,Adam A,Decuyper A,Thomas I. Belgium through the Lens of Rail Travel Requests:Does Geography Still Matter? [J]. International Journal of Geo-Information,2016,11:216.

[22]Lakshmanan T R. The broader economic consequences of transport infrastructure investments [J]. Journal of Transport Geography,2011,19:1—12.

[23]Lee Y S. International isolation and regional inequality：Evidence from sanctions on North Korea [J]. Journal of Urban Economics，2018，103：34—51.

[24]Long F J，Zheng L F，Song Z D. High-speed rail and urban expansion：An empirical study using a time series of nighttime light satellite data in China [J]. Journal of Transport Geography，2018，72：106—118.

[25]Meng X C，Lin S L，Zhu X C. The resource redistribution effect of high-speed rail stations on the economic growth of neighbouring regions：Evidence from China [J]. Transport Policy，2018，68：178—191.

[26]National Bureau of Statistics. China City Statistical Yearbook[M]. China Statistics Press，2014.

[27]Ortega E，Monzón A，López E. The influence of spatial data allocation procedures on accessibility results：The case of high-speed rail networks[J]. Applied Geography，2018，94：241—250.

[28]Qin Y. "No county left behind?" The distributional impact of high-speed rail upgrades in China[J]. Journal of Economic Geography，17(3)，489—520.

[29]Peek G J，Bertolini L，Jonge H D. Gaining Insight in the Development Potential of Station Areas：a decadeof node-place modelling in the Netherlands[J]. Planning，Practice & Research，2006，21(4)：443—462.

[30]Shi Y N，Zhou L A. Regional Decentralization and Economic Efficiency：Evidence from Separate-Planning Cities in China[J]. Economic Research Journal，2007，1：17—28.

[31]Vickerman R. Transit investment and economic development[J]. Research in Transportation Economics，2008，23：103—115.

[32]Wang C H，Chen N，Chan S L. A gravity model integrating high-speed rail and seismic-hazard mitigation through land-use planning：Application to California development[J]. Habitat International，2017，62：51—61.

[33]Wang L，Wang C，Chen C，Gu H. Development and Planning of the surrounding areas of High-speed Rail stations：Based on an Empirical Study of Beijing-Shanghai Line[J]. Urban Planning Forum，2014，4：31—37.

[34]Wang L，Yuan F，Duan X J. How high-speed rail service development influ-

enced commercial land market dynamics：A case study of Jiangsu province，China[J]. Journal of Transport Geography，2018，72：248—257.

[35]Wang X B，Nie H F. Administrative Division Adjustment and Economic Growth[J]. Management World，2010，4：42—53.

[36]Wang J X，Lin C H. High-speed Rail and Its Impacts on the Urban Spatial Dynamics in China：the Background and Analytical Framework[J]. Urban Planning International，2011，26(1)：16—23.

[37]Xu K N，Chen F L，Liu X Y. The Truth of China Economic growth：Evidence From Global Night-time Light Data[J]. Economic Research Journal，2015，50(9)：17—29.

[38]Xu W B，Wang X P. A Study on Characteristics of Spatial Development High-speed Railway Station：An Empirical Analysis Based on the Case of Beijing-Shanghai High-speed Railway Line[J]. Urban Planning Forum，2016，1：72—79.

[39]Yin M，Bertolini L，Duan J. The effects of the high-speed railway on urban development：International experience and potential implications for China[J]. Progress in Planning，2015，98：1—52.

[40]Zhang H M，Zhang Z Y. Empirical Study on The Relationship Between Fiscal Revenue and Economic Growth in Chongqing[J]. Public Finance Research，2011，5：50—52.

[41]Zhang W X，Nian P H，Lyu G W. A multimodal approach to assessing accessibility of a high-speed railway station[J]. Journal of Transport Geography，2016，54：91—101.